辽宁省教育厅科研项目（ldxy2017011）
辽宁省教育厅科研项目（LJKR0544）

U0674793

Research on the Transformation and Upgrading
of Liaoning Industrial Structure from the Perspective
of Trade Structure Optimization

周静言 ◎ 著

贸易结构优化视角下
辽宁产业结构转型升级研究

东北财经大学出版社　　大连
Dongbei University of Finance & Economics Press

图书在版编目（CIP）数据

贸易结构优化视角下辽宁产业结构转型升级研究 / 周静言著. —大连：东北财经大学出版社，2022.12

ISBN 978-7-5654-4752-5

Ⅰ.贸… Ⅱ.周… Ⅲ.产业结构升级-研究-辽宁 Ⅳ.F269.273.1

中国版本图书馆CIP数据核字（2022）第250137号

东北财经大学出版社出版发行

　　大连市黑石礁尖山街217号　邮政编码　116025

　　网　　址：http：//www.dufep.cn

　　读者信箱：dufep @ dufe.edu.cn

大连永盛印业有限公司印刷

幅面尺寸：170mm×240mm　　字数：220千字　印张：15　插页：1

2022年12月第1版　　　　　2022年12月第1次印刷

责任编辑：李　彬　孙　平　　责任校对：吴　奂

封面设计：冀贵收　　　　　版式设计：原　皓

定价：58.00元

教学支持　售后服务　　联系电话：（0411）84710309
版权所有　侵权必究　　举报电话：（0411）84710523
如有印装质量问题，请联系营销部：（0411）84710711

前言

　　本书研究内容为辽宁省教育厅科研项目"贸易结构优化视角下辽宁产业结构转型升级研究（编号：ldxy2017011）"和"辽宁中朝边民互市贸易发展问题研究（编号：2019JT034）"后续总结性研究成果，亦是辽宁省教育厅科研项目"互市贸易创新发展引领辽宁边境地区高水平开放的路径研究（编号：LJKR0544）"的阶段性成果，并且本研究内容为《丹东市互市贸易创新发展引领对外开放"十四五"规划》《丹东市"十四五"服务业高质量发展规划》编制奠定了深厚的理论基础。

　　辽宁作为我国工业崛起的摇篮，曾经的"共和国长子"，在经济转型中迷失了方向，2016年，还是全国唯一一个经济负增长的省份。作为经济增长双轮驱动力的产业结构升级与贸易结构优化之间理应相互促进，但是辽宁不仅产业结构失衡，贸易结构低级化，而且对外贸易对产业结构升级作用机制失灵。因此，辽宁经济增长严重下滑表明长期增长的动力机制不足，究其根本原因还是经济结构不合理、产业结构单一。在东南沿海省份得益于对外贸易对经济增长、产业升级的促进作用的同时，辽宁低水平对外开放不仅制约了辽宁产业结构的调整升级，更是辽宁经济发展的短板所在。

本书在对辽宁产业结构与贸易结构的演进梳理的基础上，通过对外贸易对辽宁产业结构优化升级的应然与实然状态的对比分析，结合对外贸易通过贸易结构先导效应、产业关联效应、贸易自由化竞争效应、收入效应、物质资本积累效应、技术进步效应和知识溢出效应对区域产业结构升级的作用机制，从对外贸易进口和出口两个角度剖析辽宁产业结构失衡的原因，并提出相应的对策建议。本书共分为6章，第1章为绪论，第2到5章为主体部分，第6章为对策建议。主要内容如下：

第1章主要介绍本书的研究背景及意义、文献综述及评价、研究思路及方法、创新及不足。

第2章主要是对外贸易结构与产业结构关系的理论分析，包括对外贸易结构的演进理论和产业结构相关理论，从产业结构演进理论、产业结构软化理论、工业结构深化理论角度，论证了辽宁产业结构演进的理论依据，并界定了贸易结构与产业结构之间存在一致和错位两种关系。

第3章主要是对辽宁对外开放及产业结构的现状分析，包括辽宁对外开放呈现的新特征及存在的主要问题，辽宁对外贸易结构演进分析和产业结构的现状分析，剖析了辽宁产业结构失衡表现。

第4章主要是辽宁贸易结构与产业结构失衡形式及原因分析。从辽宁产业结构对贸易结构调整的决定作用微弱、对外贸易结构并未反映辽宁产业竞争力、产业结构表象优化并未改善贸易条件3个方面，论证辽宁对外贸易结构与产业结构之间的错位发展现状，从出口路径和进口路径两个方面剖析了辽宁产业结构失衡的原因。

第5章主要是展望辽宁贸易结构与产业结构良性互动的前景。在辽宁贸易结构与产业结构纠偏背景分析的基础上，探寻二者良性互动的新机遇和基本原则，认为贸易结构与产业结构错位现象短期内难以扭转，创新驱动发展战略是促进二者良性互动的必由之路，产业政策积极引导是促进二者良性互动的重要手段。

第6章主要是辽宁贸易结构与产业结构良性互动的对策建议，包括对外贸易推动辽宁产业结构升级的对策建议，产业结构升级促进对外贸易结构优化的对策建议，还包括构建数字化服务产业、深化国有企业混合所有制改革、积极推进辽宁边民互市贸易创新发展、提升区域合作新水平等方面促进二者良性互动。

本书是我进入高校工作后完成的第一本学术专著，书稿从查阅文献到写作用了近3年的时间，写作贯穿于工作和生活中的所有空余时间。我时常查阅数据资料到凌晨，经历过各种紧急任务冲击导致研究内容搁浅重头再捡起来的郁闷，也曾经历过电脑崩溃从头再来的恼火。总之，亦苦亦甜的写作感受将成为我人生中最难忘的一段经历，在课题研究基础上完成的此书，不仅是我近4年研究的总结，还是我今后工作和学习的一个新起点。

本书得以出版问世，感谢经济学院领导及同事的大力支持与鼓励，感谢爱人、父母的分担，使我有更多的精力投身于书稿的写作当中，感谢女儿的相伴与理解。本书面世之际恰逢女儿升入小学六年级，谨以此书献给我最爱的女儿，愿你在未来找到自己喜欢的方向，成就更好的自己！

感谢东北财经大学出版社的工作人员对本书进行编校工作。

虽然使出浑身解数，但由于本人水平有限，本书可能存在许多不足和值得推敲之处，恳请学界前辈批评指正。

周静言

2022年10月于江城丹东

目录

第1章 绪论

1.1 问题的提出

    辽宁作为老工业基地，工业基础雄厚且门类齐全，曾被誉为"共和国长子""东方鲁尔"，为我国独立完整的工业体系的构建作出了巨大贡献。然而长期积累的体制机制问题不断显现，从纵向看，改革开放至21世纪之前辽宁经济增长缓慢，2000—2002年，辽宁经济增长较为平稳，由8.9%增加到10.2%。2003年，随着国家支持东北老工业基地振兴的战略举措的不断实施，辽宁经济获得了快速发展，2003—2011年均以两位数的速度增长，但是，2011年辽宁经济开始下滑，2014年辽宁经济增速开始低于全国平均水平，2015年位列全国倒数第一位，2016年经济下降2.5%，成为唯一一个经济负增长的省份。2017年，辽宁经济开始复苏，但是2020年受新冠肺炎疫情的冲击又开始回落（如图1-1所示）。在我国经济进入新常态的大背景下，辽宁经济增长严重下滑表明长期增长的动力机制不足，究其根本原因还是经济结构不合理、产业结构单一造成的。

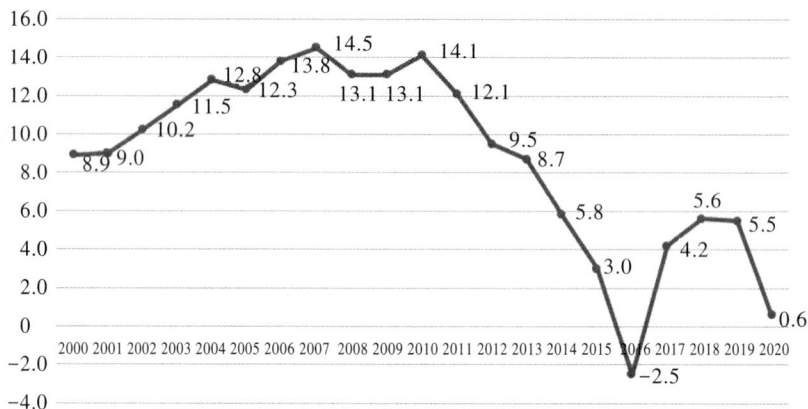

图1-1　辽宁GDP增长率（%）

数据来源：《辽宁省统计年鉴（2020）》《辽宁省统计公报（2021）》，图形根据相关数据整理绘制。

理论分析认为，促进产业结构升级和提高对外贸易开放度是促进一国（或地区）经济增长的双轮驱动力。但是辽宁以工业为主的单一产业结构，不仅整体层次不高，而且经济对工业产业发展依赖程度过高，因此，后危机时期工业增长率的下降直接导致辽宁经济整体随之迅速下滑。从对外贸易发展来看，后危机时期外需不足的背景下辽宁出口贸易受阻，并且出口产品附加值较低，对外贸易发展不平衡且波动幅度较大，进出口总额增长率由2010年的28.1%下降到2015年的-15.7%，再到2016年的-9.8%，这一结果对辽宁的产业结构调整起到较大的制约作用，更是辽宁经济发展的短板所在。因此，如何破解对外贸易对产业结构升级作用机制的失灵问题是今后辽宁经济增长需要解决的一个重要课题。

"十四五"时期，是辽宁由全面建成小康社会向基本实现社会主义现代化迈进的关键时期，对外开放作为老工业基地振兴的两翼之一，扩大开放将成为推动辽宁经济高质量发展的必由之路。2017年4月，辽宁省自由贸易试验区的正式挂牌成立，为辽宁扩大对外开放、促进产业结构新一轮的调整升级提供了有利契机，从根本上克服辽宁经济增长动力不足的缺陷，进而促进辽宁经济平稳健康发展。

1.2 研究背景和意义

1.2.1 研究背景

（1）国际环境分析

从世界层面看，国际形势正在经历复杂、深刻的变化，和平、发展、合作仍然是时代潮流，世界多极化和经济全球化趋势深入发展，科技进步日新月异，世界经济总体保持增长，但是冷战思维依然存在，不确定性因素仍旧较多。

一是单边主义、保护主义蔓延，大国安全关系不进反退。霸权主义和强权政治依然将长期存在，国际政治格局不稳定性可能上升。随着中国实力越来越强大，美国已经将中国作为竞争对手，而非合作伙伴，特朗普政府提出"美国优先"战略，奉行单边主义。其后，拜登政府依然奉行"美国优先"战略，大力推行单边主义和保护主义等霸凌政策，与传统盟友关系裂痕也将持续加深，大国安全关系将持续受到强烈冲击。美国与俄罗斯在中东地区的博弈将更趋复杂，美伊矛盾将进一步激化，中东、拉美地区局部性的战争、动荡与紧张形势也将有所加剧。同时美国与中国的战略竞争将不断加剧，与日本、澳大利亚等国继续在军事、政治、金融、经济等领域对我国实行对抗性的封锁或者压制政策，继续抹黑、阻挠中国推进"一带一路"建设；可能采取更加极端的贸易政策，对包括中国在内的发展中国家出口带来消极影响，制约出口型企业和行业发展，引发国际贸易波动，削弱全球各国经济发展速度和发展质量，少数国家或地区的经济环境可能更加恶化。

二是全球产业链、供应链和价值链或许发生颠覆性调整，出现本地化、区域化、碎片化格局。2020年初爆发的新冠肺炎疫情在全球蔓延，造成世界资本市场剧烈波动，欧美股市重挫，美国10年期国债收益率创历史性新低，降至1%以下，黄金大涨、石油价格史诗级暴跌，制造业大幅下滑，航空、旅游、餐饮、贸易等受到严重冲击，出现全球性封城、断路、断航、闭关、拒签和物资截留现象，实体经济供需两端受损，造成经济和贸易全球化的产业链、供应链和价值链出现动摇，进而引发产业布局的观念动摇，可能导致"十四五"时期世界产业模块出现分散化、多元化、便利化，关键产品如呼吸机生产再本土化也许会成为趋势。经济主权将重新得到确认，流行多年的贸易体系和全球化进程或蒙重挫。

三是全球新一轮科技革命与产业变革全面兴起，加速重构全球创新版图、重塑全球经济结构。"十四五"时期，新一轮科技革命和产业革命将全面推动传统商业模式和生产方式的变革，改造服务业态，促进二三产业融合发展。新科技革命或将在新一代信息技术、新材料、新能源、智能制造以及生物技术等领域取得突破，其科技成果产业化过程将催生新行业，重塑产业格局。一方面，新技术融入传统制造业的全过程，使其由大批量标准化生产转变为互联网+定制化生产，全面提升传统制造业发展能级及空间；另一方面，新技术全面嵌入现代制造业和服务业领域，打破原有制造业生产流程及服务业态，促进二者在产业链上的深度融合，加速重构现代产业体系，并且随着新技术在新材料、新能源、生物技术等领域的不断应用，将催生出关联带动效应更强的新兴产业，推动全球经济进入新一轮繁荣期。

四是全球贸易环境复杂多变。2008年国际金融危机以来，全球贸易环境发生了明显的变化。由于多哈回合谈判始终无果且WTO争端解决机制存在问题，迫切需要WTO改革，但是美国作为全球经济贸易治理领导者并不重视WTO改革，造成改革并无实质进展，使得以WTO为核心的国际多边经贸规则遭受挑战。全球呈现出明显的经贸区域化趋势，比如CPTPP、TTIP、USMCA等，欧美、日本及中国都在加速构建有利于本国或本地区的自贸网络。中美贸易摩擦虽然暂缓，但是中国企业缺乏自主知识产权及核心竞争力的问题仍然存在，已经把中国视为竞争对手的美国将会长期向中国施压，导致中国的外贸环境可能随时变化。国际经贸多边规则发展受阻，催生了发达国家占据主动权的新经贸规则的重构，而发达国家尤其是美国，无论是在主导TPP谈判时，还是主导USM-CA谈判时，所提出的经贸规则标准既高又苛刻，并且其中不乏有针对中国的"非市场经济国家"条款。如果这种新规则一旦形成，将极大削弱中国加入 WTO、融入全球化的成果，势必产生非常不利的影响。

五是非传统安全问题日益突出，成为国际社会最重要的安全威胁。随着全球化的进一步发展和互联网信息技术的进一步普及，网络安全、太空安全、极地安全、宗教极端主义、恐怖主义、民族分裂主义、资源短缺、环境污染、气候变暖、难民潮、传染病的传播等重大国际问题，依靠现代技术构筑的社会网络，如互联网、航空网、电力网、输油管道、海上航运等成为国际社会安全的薄弱环节，由此带来的能源安全威胁、生态安全威胁、粮食安全威胁、公共卫生威胁、跨国犯罪等非传统安全，将与全球化、经济与贫困、气候变化等其他全球性事物相互交织、相互影响、相互渗透，成为国际社会面临的紧迫挑战。

（2）国内环境分析

近年来，国家稳定投资、保持投资增长的政策和意愿加强，我国基础设施投资领域需求较大，房地产投资趋于合理和稳定，投资效益持续改善，新冠肺炎疫情推动新基建投资加速等，为我国"十四五"时期经济发展提供了新的机遇期。特别是有习近平总书记领航掌舵，有中国特色社会主义制度的显著优势，有改革开放以来积累的雄厚物质技术基础，有超大规模的市场优势和内需潜力，有庞大的人力资本和人才资源，我国经济稳中向好、长期向好的基本趋势不会改变。与此同时，国家和地方层面需要应对的经济发展困难和社会改革的阻力等将会继续存在，我国经济社会发展仍将面临着一系列问题和挑战。

①国内面临的机遇

一是新一轮产业革命持续催生新经济。习近平总书记发表重要讲话时曾指出，现在世界科技发展有这样几个趋势：第一，移动互联网、智能终端、大数据、云计算、高端芯片等新一代信息技术发展将带动众多产业变革和创新；第二，围绕新能源、气候变化、空间、海洋开发的技术创新更加密集；第三，绿色经济、低碳技术等新兴产业蓬勃兴起；第四，生命科学、生物技术带动形成庞大的健康、现代农业、生物能源、生物制造、环保等产业。"十四五"期间，随着新技术、新产业的发展，不同产业之间边界将渐趋模糊，新兴产业的空间巨大广阔。

二是高质量发展推动实体经济、科技创新、现代金融及人力资源协同发展。党的十九大报告已经作出非常明确的判断：中国特色社会主义进入新时代，我国经济已由高速增长阶段转向高质量发展阶段，正处在转变发展方式、优化经济结构、转换增长动力的攻关期，推动高质量发展是我国当前和未来一段时期确定发展思路、实施宏观调控的根本要求，加快建设实体经济、科技创新、现代金融、人力资源协同发展的产业体系，是建设现代化经济体系、实现高质量发展的重要内容和关键所在。

三是宏观政策将更趋向于灵活适度。未来五年，财政政策仍将大力提质增效，国家将大力压缩一般性财政开支，增加基础设施建设投资，国家专项债券支持一批重大项目，也将在"十四五"时期对全国经济社会发展起到巨大的支撑作用；货币政策会继续根据实际情况进行灵活调整，进一步凸显金融供给侧结构性改革成效，确保货币政策传导机制的顺畅，提高制造业的中长期融资水平，必将有效地缓解民营企业及中小微企业融资难、融资贵的问题。

四是新冠肺炎疫情推动国家在基建领域的投资持续加码，基建特别是新基建将成为拉动经济增长的新动能。在经济下行压力持续加大和新冠肺炎疫情的冲击下，中央对基础设施建设特别是新型基础设施建设投资持续加码。在传统基建领域，国家投资政策将在加快高速铁路、高速公路、地铁和机场等大型基础设施建设的同时，更多地转向支持城镇老旧小区和配套基础设施改造，加大城市停车场、城乡污水垃圾处理设施、采煤沉陷区综合治理、自主独立工矿区和城区老工业区搬迁改造等的建设力度。在新基建领域，将会进一步加快推动5G全产业链发展，优化基础设施布局特别是加快互联网医疗、在线教育、网上办公、人工智能等新基建的投资，加快放开低空空域限制，推动通用航空产业发展。

五是人民健康观念转变，推动产业链向高价值环节延伸。习近平总书记在2016年明确提出，要把人民健康放在优先发展战略地位，随后国家出台了《"健康中国2030"规划纲要》，党的十九大报告中又旗帜鲜明地提出要实施健康中国战略，完善国民健康政策，为人民群众提供全方位、全周期健康服务，大健康产业将成为推动地方经济增长的新动力。受全球性新冠肺炎疫情冲击，人们的健康消费理念发生重大转变并将持续深化。"十四五"时期，20世纪七八十年代出生的人群将成为社会各领域的中流砥柱和财富的主要拥有者及主流消费人群，他们的消费理念与20世纪五六十年代出生的人群有着本质的不同，他们崇尚自然、追求健康和高品质的消费观念，也正是由这批高收入、健康理念先进的人群带动，关于健康消费的社会价值观正在并将持续发生根本性变化，人们将从关心治疗逐渐转向关心预防、养生及整体健康管理。

六是服务业拉动经济增长的贡献率不断提高，新业态、新模式发展潜力巨大。"十四五"时期，我国服务业增加值比重将保持平稳上行态势，预计可达65%左右。在流通性服务业增加值比重出现缓步回落的同时，生产性服务业增加值比重将会持续上升，个人服务业增加值比重将呈现稳中有增的明显态势，社会服务业增加值比重也将持续提高。先进制造业和现代服务业将会走向深度融合。互联网经济、数字经济、共享经济等新模式与传统业态也将日趋融合，为经济增长提供新动力、新引擎。

②国内面临的挑战

一是人口自身均衡压力进一步增大。当前，我国人口发展已经进入关键转折期，人口自然增长率长期低于预期、人口老龄化程度不断加深、劳动力老化程度加重等问题凸显。"两孩"政策虽然对城市地区特别是发达城市地区的影响效果较为明显，但对农村地区来说影响缓慢。"十四五"期间，国家在"人口自身均衡发展"上将会持续发力，不排除推出"三孩"政策的可能，这一历史性任务也可能是未来10年、20年考虑的重点。鼓励人口增长、提高人口素质、推进家庭能力建设、强化养老保障等将成为"十四五"期间各地区重点考虑的问题。而"人口吸引力""人才竞争力"也将成为各地区在"十四五"期间的重要课题之一。

二是"卡脖子"技术制约受国际贸易环境影响将持续加大。"十四五"时期，我国东部地区已经进入工业化后期，中部和东北将进入工业化后期，但西部地区进入工业化后期难度较大。我国工业化仍具有广阔的市场空间，工业将仍然是支撑经济增长的主要动力。而"压缩式的工业化"导致我国产业发展面临"卡脖子"技术制约，工业化的根基不牢，关键基础材料、核心基础零部件（元器件）、先进基础工艺、产业技术基础等对外依存度仍在50%以上。美国对中国的打压将是全方位、全领域的，受美国贸易霸凌主义和国际贸易保护主义影响，我国工业领域核心技术所面临的风险将持续增大。

三是我国全要素生产率将会有所下降。随着新旧动能转换，劳动密集型产业生产率逐步下降，技术创新正扮演着越来越重要的角色，综合考虑国际经验和我国发展的阶段，未来我国全要素生产率将会稳中有降。"十四五"期间，要通过深化改革开放和鼓励创新等措施提升全要素生产率的空间。

四是我国生态环境压力依然较大。改革开放40多年来，我国经过了快速工业化、城镇化进程，积累的环境问题在"十二五"时期集中爆发，"十三五"时期成为我国生态环境保护的"攻坚期"，生态环境保护事业经历了改革发展的关键转折。"十四五"时期我国生态环境保护将走出环境库兹涅茨曲线峰值期，但继续提升生态环境质量的边际成本会上升。此外，"十四五"时期也将是生态环境保护的主次矛盾转化期，经济社会发展和生态环境保护的阶段性、区域性分异并存期。

五是我国面临大国战略竞争的严峻考验。"十四五"时期由于世界大国之间力量对比的不断变化，给世界经济发展带来严重的不确定性，重点表现在四个方面：第一，全球性贸易保护主义抬头、劳动供给下降及技术创新缓慢将导致各国经济增长出现下降；第二，国际贸易增速受阻，国际直接投资缺乏稳定性；第三，全球债务水平不断攀升，尤其以新兴经济体为代表的金融市场风险不断加大；第四，不同经济体之间增长周期不同步，特别是发达国家货币政策负外溢性加大。

（3）辽宁省环境分析

"十四五"时期，在融入"一带一路"建设和中东欧"17+1"经贸合作的大背景下，在中央支持东北振兴的政策"组合拳"持续推动下，供给侧结构性改革将持续深入，新旧动能转换加速，辽宁经济将有望保持稳定的恢复性增长，实现"二次崛起"。与此同时，受国际国内不确定性因素和财政、金融等领域的风险隐患影响，全省经济仍然存在较大下行压力。

①辽宁省面临的机遇

一是中央支持东北振兴的政策"组合拳"持续发力。2019年，习近平总书记在深入推进东北振兴座谈会上指出了东北振兴发展存在的"四个短板""六项重点工作"，随后中央下发了37号文件，国务院批准通过了《东北东部绿色经济带发展规划》等，为推进辽宁全面振兴、全方位振兴和高质量发展明确了发展方向，提供了根本遵循。

二是辽宁沿海港口整合推动海洋强省建设。2019年初招商局集团与辽宁省携手整合大连港与营口港，挂牌成立了辽宁港口集团，正式拉开辽宁沿海经济带一体化发展大幕，2020年丹东港已经完成重整，锦州港、盘锦港和葫芦岛港也将在"十四五"前半期完成整合。届时，辽港集团将按照"一环一带一路+专项物流"的发展战略构想，全力推进国际物流通道及专项物流体系建设，大力发展口岸经济、海洋经济、临港产业集群和生态产业区，提升港口综合效益，打造世界一流港口产业，建立起完善的港口网络群，建成中国北方外贸枢纽港。"十四五"末期，辽宁港口可完全实现业务结构调整到位和专业化运营，总资产有望超过2 500亿元，创造净利润20亿元至50亿元。辽宁也将继续抓住辽宁沿海经济带全面开放这一重点，全力推进"港产城"融合发展，打造服务辽宁、辐射东北、影响东北亚的"港口经济圈"，带动辽宁沿海城市的发展壮大，逐步实现港航强省、海洋强省和美丽海洋建设的目标。

三是辽宁自贸试验区将成为拉动辽宁经济增长的新引擎。作为我国东北区域唯一的自贸试验区，中国（辽宁）自由贸易试验区自2017年4月1日挂牌以来，进行了一系列"首创性"探索，制度创新与扩大开放相叠加，建立起适应改革开放的新型外商管理体制，以市场主体信用分类管理、政府综合执法为特征的事中事后监管体系。大连、营口等沿海口岸城市作为对外开放前沿，与日本、韩国的经贸合作潜力持续释放，参与国际竞争的能力持续增强，为辽宁老工业基地经济发展注入了新活力，同时为辽宁深度融入"一带一路"建设、深化中东欧"17+1"经贸合作，打造对外开放新前沿提供了更多的机遇。

四是辽宁"一带五基地"建设和"五大区域战略"的实施将加快推动辽宁实现高质量发展。2018年初，为了加快老工业基地振兴，辽宁提出：东北地区实现全面振兴，走在全国现代化建设前列，成为全国重要的经济支撑带，具有国际竞争力的先进装备制造业基地、重大技术装备战略基地、国家新型原材料基地、现代农业生产基地和重要技术创新与研发基地，简称为"一带五基地"建设。辽宁省制订印发了"一带五基地"的总体建设框架方案，以及与五基地建设相对应的五个实施方案。目前看，第一个阶段性目标"到2020年我省与全国同步全面建成小康社会，五基地建设顺利推进"已经完成；第二阶段目标"到2030年现代产业体系基本形成，五基地全面建成"有望在"十四五"期间全面加速。2018年5月，辽宁又提出实施建设"沈阳经济区、沿海经济带、辽西北、县域经济、沈抚新区"的"五大区域发展战略"及三年攻坚计划，当前五大区域正按照各自的目标定位，共同推动辽宁在高质量发展道路上稳步前进。"十四五"时期，辽宁"一带五基地"建设和"五大区域战略"必将推动全省经济开始朝着更高质量、更有效率、更加公平、更可持续的方向发展。

五是"飞地经济"可能成为辽宁经济走出低谷的突破口。2019年初，辽宁制定出台了《关于支持"飞地经济"发展的实施意见》，打破行政区划界线支持市县和区域之间联合共建"飞地经济"园区，并以"飞地经济"模式鼓励外省产业向辽宁梯度转移，从而调动地方乡镇、街道的招商引资积极性，形成大招商格局，成为吸引投资和搞活县域经济的有力抓手，为"十四五"时期县域经济发展带来新契机。

②辽宁省面临的挑战

一是工业发展后劲明显不足。辽宁制造业规模大、基础好、体系全、领域广，多个领域在国际上具有一定竞争力。但是，面对国际国内双重竞争压力和核心技术"卡脖子"制约，辽宁制造业的竞争力正在逐渐失去。与此同时，受制于融资难、用工难，辽宁中小型工业企业和大型民营工业企业普遍投资意愿不强，导致制造业投资趋于放缓，工业增长动力明显不足。

二是外贸进出口面临较大压力。受全球经济增势减弱和不确定、不稳定因素较多的影响，加上中美经贸摩擦、联合国制裁朝鲜和人民币贬值效应减弱，未来辽宁外贸进出口可能会面临较大的压力，"十四五"前期外贸进出口将低速增长。

三是大型企业发展危机凸显。企业负担重、资产负债率较高。辽宁产业结构以重工业为主，过大规模、过快速度的投资扩张，以及前期投资大、回报周期长的项目特性，导致近年来企业资产负债率快速攀升，在这些行业中，企业去杠杆又与去产能、补短板等任务相交织，进一步加剧了企业财务成本和经营压力，比较典型的就是东北特钢、辉山乳业和丹东港集团债券违约事件，"十四五"期间类似事件有可能重复上演。同时，受僵化的体制机制制约，以及辽宁地方政府行政干预较多、意识观念相对落后、市场化水平偏低等因素制约，导致企业普遍自主创新能力偏低，特别是在新兴产业和高新技术研发方面，与东部沿海地区差距将进一步拉大，企业创新驱动能力不足、发展后劲不足也将进一步凸显。

四是养老金支付风险增大。按照国务院统一部署，辽宁在 2019 年下半年开始进行养老保险全省统筹改革，从 2020 年起实行基金省级统收统支统管。近年来，辽宁经济发展缓慢，各级财政增收乏力，全省大多数城市在养老金改革前就已经入不敷出，加上 2020 年新冠肺炎疫情导致各级财政大面积增支减收，改革后仅仅依靠省本级财力估计只能维持一年左右，也就是说进入"十四五"以后，全省养老基金可能告急，如果没有中央调剂金支持或者实现养老保险国家统筹，可能出现养老金支付不及时，引发社会不稳定情况。

五是人口老龄化和人口流失加剧。自 2011 年起，辽宁省人口开始进入负增长时期，其中，2016—2018 年辽宁省人口自然增长率分别为 −0.18‰、−0.44‰和−1‰。这三年正是全面二孩政策实施的头三年，辽宁没能扭转人口负增长的势头，可见辽宁人的二孩生育意愿之低迷。与此同时，因为辽宁经济与发达地区存在明显差距，特别是南方大中型城市纷纷开始"抢人大战"之时，辽宁行动迟缓，可以说已经败下阵来。同时，辽宁青壮年劳动力特别是高素质大中专院校毕业生回辽就业意愿持续降低，外来人口持续减少。人口流失、人才流失以及由此导致的人口结构的变化，已成为辽宁经济衰退的关键影响因素。"十四五"期间，如无特殊政策刺激，这一趋势将难以逆转，而且辽宁人口老龄化可能进一步带来一系列社会问题。

1.2.2 研究意义

在理论上，关于贸易结构和产业结构各自都有相对成熟的理论体系，但是在新的国际分工背景下二者之间的联动理论尚未成熟。本书构建的贸易结构与产业结构优化互动的理论框架，有助于推进二者的耦合研究进程，适应经济全球化和国际分工程度不断深化的进程，通过对二者之间作用途径及机制的研究，改变目前二者之间理论发展滞后于实践的客观状况，进一步延伸和补充国际贸易和产业经济学的研究领域，同时也为政府部门制定贸易政策及产业政策提供理论依据。

在实践上，产业结构调整是当前辽宁发挥东北老工业基地振兴的龙头作用和摆脱经济增速放缓的重要内容，而对外贸易结构已经成为影响产业结构最主要的外部因素。因此，在经济下行的背景下调整产业结构不是简单注重产业间"量"的比例关系，而是要把辽宁放在整个东北亚区域乃至国际市场的分工和合作中谋划产业结构调整的方向，即注重贸易结构优化视角下产业结构"质"的提高，摆脱国际分工链条末端的处境。这既是振兴辽宁的迫切需要，也是其发挥示范效应、振兴东北老工业基地的需要，同时也为辽宁省决策部门调整经济发展战略、优化贸易结构和产业结构提供实践依据。

1.3 研究文献综述

1.3.1 对外贸易与产业结构关系研究

（1）对外贸易促进产业结构优化升级

关于对外贸易促进产业结构优化升级的理论研究，最早可以追溯到大卫·李嘉图的比较优势理论，古典自由贸易理论认为通过出口优势产品来壮大优势产业，进而影响贸易双方的产业结构变化。其后，新古典自由贸易理论提出以生产要素禀赋为基础的对外贸易可以提高一国国内的产业结构层次，如 Kaname Akamatsu（1932）提出的雁形产业发展学说，Balassa（1978）和 Dollar（1992）提出的出口提高全要素生产率观点，均认为有利于产业结构的转型升级。

大卫·李嘉图的比较优势理论是国际贸易的理论基石，也是最早的对外贸易促进一国国内产业结构升级的思想，认为提高人均资本劳动比率（K/L）是一国产业结构升级的关键，立足于本国的要素禀赋发展国内产业，遵循比较优势原则发展对外贸易，实现资本积累，提高人均资本比率，带动国内产业结构优化升级。

从贸易对象促进产业结构升级的角度来看，周振华（1990）、肖云（1994）是较早研究的学者，将贸易对象由一般商品贸易拓展到资本和技术要素领域，得出通过对外贸易可以促进一国产业结构优化升级的作用①。陈明森（2003）指出不同的贸易对象对其国内产业结构升级的影响程度不同，认为资本及技术密集型产品的对外贸易对一国产业结构影响最大，其次是中间产品，指出最终产品贸易有利于该国保持相对的比较优势。林毅夫（1999，2002，2003，2012）认为按照比较优势原则进行对外贸易可以促进国内产业结构升级，反之对外贸易则无法促进其国内产业结构升级，主张中国按比较优势原则参与国际贸易分工。Li Li，Michael Dunford，Godfrey Yeung（2012）通过对中欧货物贸易研究，指出我国相对比较优势已经从劳动密集型转向资本密集型制造业，认为我国应该转向出口导向型贸易政策，应借助产业结构优化升级和技术进步提升我国在国际价值链中的地位②。

从对外贸易促进产业结构升级的传导路径角度看，牛文育（1995）通过对开放经济模式下对外贸易带动效应和优化效应的考察，分析其对国内产业结构升级的影响。夏刊、王国顺（2000）研究了开放条件下，对外贸易通过"资源转换"对湖南产业结构升级途径的影响。王丽萍（2000）指出发挥本国生产要素禀赋优势的对外贸易能够带动国内产业结构转型升级。原毅军（2005）通过国际利益比较机制的研究，认为国

---

① 肖云. 我国产业结构的演进及对外经济的战略选择［J］. 贵州社会科学，1994（5）：15-19.
② LI LI, DUNFORD M, YEUNG G. International trade and industrial dynamics: Geographical and structural dimensions of Chinese and Sino-EU merchandise trade［J］. Applied Geography，2012（32）：130-142.

际贸易推动国内产业结构优化升级，尤其是扩大出口有利于国内产业结构升级。

从对外贸易影响产业结构升级的机制角度看，蒋昭侠（2005）指出对外贸易出口有助于刺激国内需求，对外贸易进口可以增加国内供给进而影响国内的投入产出关系，最终影响国内的产业结构升级。张亚斌（2004），张伟、李勇（2004），尹肖妮（2008）以出口战略导向为研究视角，指出通过采取鼓励出口的政策措施，使得工业制成品逐渐取代初级产品出口，最终借助对外贸易出口带动国内产业结构转型升级以及促进本国经济增长[①]。

从实证研究的角度看，江小涓（1996）运用实证分析方法考察贸易与产业结构升级关系，认为贸易质量是影响我国经济增长和产业结构转型升级的重要因素。杨全发（1999）运用半对数回归方程分析改革开放以来我国对外贸易与产业结构之间的相关关系。黄庆波（2010）以亚洲四小龙数据为研究对象，分析得出对外贸易是影响一国（或地区）产业结构升级的最大因素，认为对外贸易对其国（或地区）内第三产业的拉动效应最大，其次是对第二产业的拉动效应[②]。除研究国（或地区）别数据外，我国还有很多学者，如钟昌标（2000），黄先海、郑亚莉（2000），姬沈育（2001），吴进红（2005，2006），谢涓、廖进中（2012），龚新蜀、达月霞（2015），王莹、成艳萍（2018），左永华、刘斌斌（2019），吴鹏、夏楚瑜、何冲冲（2020）等采用实证分析方法，以我国国内某一省份（区域）数据为研究对象，分析对外贸易对区域产业结构升级的促进作用。

上述学者从不同角度分析对外贸易促进国内产业结构升级，分析表明对外贸易促进国内产业结构升级，而实证研究以国内学者居多，其研究视角多以我国整体或者区域数据为分析对象，结论基本认为对外贸易对国内（或区域内）第二产业的影响作用小于第一、三产业的影响作用。

（2）对外贸易阻碍产业结构优化升级

国外学者辛格、普雷维什（R. Prebiseh）、缪尔达尔（K. G. Myrdal）

---

① 邱继洲，尹肖妮. 国际贸易学 [M]. 北京：清华大学出版社，2008：128.
② 黄庆波，范厚明. 对外贸易、经济增长与产业结构升级：基于中国、印度和亚洲"四小龙"的实证检验 [J]. 国际贸易问题，2010（1）：77-82.

在20世纪50年代以发展中国家为研究对象，分析认为原有的国际分工和国际贸易关系使得发展中国家与发达国家之间的差距越来越大。后来也有不少国内学者认为对外贸易促进国内产业结构优化升级是在一定条件下成立的，肖云（1994）、谭清文（1997）的研究表明，对外贸易只有符合国际比较利益分工才能促进一国国内的产业结构转型升级，否则会引致其国内产业结构畸形①。林毅夫（1999）指出对发展中国家而言，只有建立在比较优势基础上的对外贸易才能促进一国国内产业结构优化调整。赵东（2006）指出产业结构只有建立在真正的比较优势和竞争优势基础上才能实现贸易结构与产业结构之间的良性互动，认为以落后的比较优势参与国际贸易会阻碍国内产业结构优化。

长期以来，也有不少国内学者反对按照比较优势参与国际分工，认为以静态比较优势参与国际贸易会固化国内产业结构。如高鸿业（1982）作为国内较早反对比较优势理论的学者之一，分析指出比较成本学说成立的前提假设条件与我国当时的对外贸易实际情况不相符合，导致我国参与国际贸易可能会受到损害。黄晓玲（2002）、蒋昭侠（2005）分别通过对发展中国家对外贸易与产业结构关系的研究，指出发展中国家静态的比较优势下参与国际贸易阻碍其国内产业结构转型升级。王金亮（2006）运用实证分析方法，指出对外贸易对俄罗斯经济增长起到的作用是有限的，从短期来看对外贸易静态效应明显，从长期来看对外贸易动态效应微弱，以能源原材料为主的出口贸易结构使俄罗斯经济增长长期陷于资源依赖型发展模式的怪圈中②。贾根良（2010）反对我国按照比较优势理论参与国际贸易，指出中国经济问题的根源所在就是按照比较优势参与国际分工，使得我国只能处于制造业的低附加值环节，不能靠近工业生产中规模报酬递增的高质量环节，进而导致产业结构升级缓慢等一系列问题。袁欣（2010）认为中国"两头在外"的加工贸易并不能带动国内产业结构升级，仅使我国对外贸易结构呈现超前发展的表象，实际上并不与我国的产业结构之间存在必然联系，也就是说我国对外贸易结构的"镜像"并未反映出国内产业结构的"原像"。

---

① 谭文清. 我国产业结构调整的问题与对策 [J]. 经济体制改革，1997（4）：67-72.
② 王金亮. 转轨时期俄罗斯经济增长与对外贸易关系研究 [D]. 沈阳：辽宁大学，2006.

Бурмистров В. Н.（2012），史学贵、施洁（2015）均认为以静态比较优势为特征的对外贸易固化其对应的产业结构。

上述学者以发展中国家为研究对象，认为发展中国家依赖比较优势的对外贸易阻碍其国内产业结构升级。

1.3.2 对外贸易结构与产业结构关系研究

（1）对外贸易结构与产业结构相互促进研究

以经济发展动力为视角，考察二者之间的相互促进。张伟、李勇（2004）指出进出口贸易结构对其国内产业结构的影响不同，其中，出口贸易结构优化有助于促进国内产业结构高级化，进口贸易结构优化既给国内企业带来较大冲击又迫使其国内产业结构转型升级。蒋昭侠（2005）把商品贸易结构等同于对外贸易结构，认为对外贸易商品结构的转换既可以推动该国产业结构合理化，也可以助推产业结构高度化，并指出对发展中国家而言，其比较利益优势在一定程度上固化了资源配置向低端产业倾斜的趋势，得出与该国产业结构高级化发展相矛盾的结论。孙金秀、杨文兵（2011）指出产业结构转型升级是一国经济增长的内生动力，产业结构决定该国经济发展水平和经济实力，而对外贸易结构优化则是该国经济增长的外在动力，影响其经济发展水平、产业竞争力和产业分工层次[1]。

以产业间分工为视角，考察二者之间的促进作用。洪银兴（1997）指出，一国静态的比较优势不一定能转化为对外贸易的竞争优势，只有将比较优势转化为对外贸易的竞争优势，才能实现贸易结构与其国内产业结构同步升级。Dowling M.和 Ray D.（2000）指出，亚洲金融危机爆发前东南亚各国的对外贸易结构由初级产品转向工业制成品，各国的对外贸易结构与产业结构均实现优化升级，亚洲经济整体得到了快速发展[2]。吴颖（2005）、赵东（2006）分别以传统产业间贸易为研究对象，指出建立在比较优势基础上的贸易结构与产业结构之间存在良性互动关

① 孙金秀，杨文兵. 经济增长：产业结构和贸易结构互动升级之结果［J］. 现代财经（天津财经大学学报），2011（9）：118-123.

② DOWLING M，RAY D. The structure and composition of international trade in Asia：Historical trends and future prospects［J］. Journal of Asia Economics，2000（11）：301-318.

系，而对于新国际分工下的产业内贸易而言，二者之间是否存在良性互动及联动机理并未作出研究。刘秉镰、刘勇（2006）通过考察发达国家与发展中国家之间的产品循环，指出产业结构促进对外贸易结构，同时对外贸易结构又可以促进其国内产业结构高级化，贸易结构与产业结构之间是动态演进的过程。

　　运用实证分析方法，考察二者之间的相互促进。张亚斌（2000）认为一国的比较优势决定了其对外贸易出口结构，如果出口结构优化必然会进一步巩固比较优势的积累，最终促进其国内的产业结构优化升级[①]。王岳平（2002）通过将对外贸易作为内生变量考察其对国内产业结构优化的影响，认为产业结构决定对外贸易结构，而贸易结构优化又可以进一步促进其国内产业结构转型升级[②]。蓝庆新、田海峰（2002）在定义产业结构和贸易结构指标的基础上，将结构变化的效应从总量经济增长中分离出来，认为对外贸易结构与其国内经济转型之间存在显著的线性相关关系[③]。高越（2003）运用协整理论和 Granger 因果关系方法，考察了 1952—2001 年我国贸易结构与产业结构以及经济增长之间的相关关系。武海峰、刘光彦（2004）运用实证分析方法，认为我国对外贸易结构与产业结构相互促进，但产业结构的变动超前于出口结构的变动。Jesiis Crespo Cuaresma，Julia Worz（2005）通过对 45 个工业化国家及发展中国家 33 个行业出口数据的分析，认为出口产品技术越高获得外部性也越高，也就是技术密集型产品对产出增长的影响差异明显[④]。李勇、仇恒喜（2007），董智勇（2008），姜茜、李荣林（2010），赵冲（2013）运用计量分析方法考察了我国贸易结构与产业结构之间的实证关系，均认为二者之间变动趋势基本一致，也就是二者是相互促进关系。陈建华、马晓远（2009）通过对 1989—2007 年我国对外贸易数据的分析，得出我国的产业结构与对外贸易结构之间存在长期稳定的协整关系，而 Granger 因果检验则表明二者之间是单项因果关系的结论，

---

　　① 张亚斌. 所有制结构与产业结构的耦合研究 [M]. 长沙: 湖南人民出版社，2000: 80.
　　② 王岳平. 开放条件下的工业结构升级研究 [D]. 北京: 中国社会科学院，2002.
　　③ 蓝庆新，田海峰. 我国贸易结构变化与经济增长转型的实证分析及现状研究 [J]. 株洲工学院学报，2002（3）: 39-44.
　　④ CUARESMA J C，WORZ J. On export composition and growth [J]. Review of World Economics，141，1（Apr. 2005）: 33-49.

认为产业结构升级与对外贸易出口结构优化对我国经济增长具有长远意义①。王菲（2011）以外贸结构为研究视角，采用 VAR 模型，考察了1994—2008年中国对外贸易数据，指出对外贸易结构优化有助于促进产业结构优化，并且出口贸易结构优于进口贸易结构的正向作用②。彭华（2013）运用 VAR 模型考察了1960—2010年日本制造业的贸易数据，认为当产业结构处于非稳定时期，对外贸易结构变化对其国内产业结构升级的影响较小；当产业结构处于稳定时期，对外贸易结构变化对其国内产业结构变化的影响显著③。

（2）对外贸易结构与产业结构错位发展研究

对二者之间错位关系的研究最多的是研究俄罗斯问题的学者，他们普遍认为俄罗斯贸易结构与产业结构之间是一种偏离关系。靳会新（1998）认为转轨的现实困境，使得俄罗斯贸易结构导致其国内产业结构更加畸形。冯舜华、杨哲英、徐坡岭等（2001）认为，以初级产品、半成品及劳动密集型产品为主的出口结构使得转轨国家在国际分工中处于产业链的低端，低档化的出口商品结构阻碍国内生产结构升级，致使俄罗斯经济结构呈现自发性及退化性的逆工业化的发展趋势④。程伟、殷红（2009）认为在进出口结构、技术结构、所有权结构等领域发展相对滞后条件下，俄罗斯的产业结构优化是表面意义上的，指出转轨初期俄罗斯的产业结构优化是在产量下降过程中呈现的非常规结果，是在经济恶化背景下的虚假优化⑤。崔凯、周静言（2016）运用静态比较优势理论说明俄罗斯的贸易结构和产业结构均处于一种落后状态，并没有形成良性互动⑥。以国际金融危机为视角，学者们均认为，俄罗斯错位的产业结构和贸易结构是其遭受国际金融危机重创的主要原因。王维然（2008）、王智辉（2008）和杨强（2009）等学者从实证角度认为俄罗斯

---

① 陈建华，马晓远. 中国对外贸易结构与产业结构关系的实证分析 [J]. 北京工商大学学报（社会科学版）2009（3）.
② 王菲. 中国外贸结构与产业结构综合效应关系分析 [J]. 统计与决策，2011（19）：132-135.
③ 彭华. 日本贸易结构与产业结构变化的关联研究——基于1996—2010年制造业数据的 VAR 模型 [J]. 经济问题探索，2013（4）：180-190.
④ 冯舜华，杨哲英，徐坡岭，等. 经济转轨的国际比较 [M]. 北京：经济科学出版社，2001.
⑤ 程伟，殷红. 俄罗斯产业结构研究 [J]. 俄罗斯中亚东欧研究，2009（1）：37-43.
⑥ 崔凯，周静言. 俄罗斯贸易结构与产业结构错位现象分析 [J]. 延边大学学报，2016（7）：38-43.

贸易结构不利于产业结构升级。

国内学者以中国为研究对象分析二者错位关系的学者也较多。金哲松（2003）运用实证分析方法，认为我国的贸易结构与产业结构之间偏离关系明显[1]。尹翔硕（2003）以制造业为研究对象，认为其贸易结构与产业结构之间是分离的。王晓艳（2006）运用出口内生增长扩展模型分析，认为我国出口贸易结构对国内产业结构变动有明显的滞后效应，而进口贸易结构对当期产业结构具有明显的促进作用，得出我国的贸易结构与产业结构之间是对立统一关系的结论[2]。袁欣（2010）认为对外贸易结构和产业结构是"原像"与"镜像"的耦合关系，但是通过中国和日本的贸易结构对比分析，指出中国以加工贸易为主的贸易结构的"镜像"并没有反映产业结构的"原像"[3]。黄凯、唐根年（2012）通过产业比重、贸易竞争性指数等指标分析，认为贸易结构与产业结构之间存在偏差[4]。

综上，在对外贸易促进产业结构转型升级的研究中，国外学者以规范性分析为主，国内学者多以实证分析为主。以发展中国家为研究对象的学者提出了对外贸易阻碍产业结构转型升级的结论。现有研究中对辽宁贸易结构对其产业结构升级的分析较少，而辽宁经济严重下滑的重要原因之一就是结构问题，首当其冲的就是产业结构的问题。因此，本书以辽宁产业结构为研究对象，以对外贸易结构优化为视角，分析对外贸易对辽宁产业结构升级作用机制失灵的原因及对策。

1.4　研究思路和研究方法

1.4.1　研究思路

本书在贸易结构优化及产业结构转型升级理论分析的基础上，首

---

[1]　金哲松. 中国贸易结构与生产结构偏离的原因分析 [J]. 中央财经大学学报，2003（3）：38-42.
[2]　王晓艳. 中国贸易结构与产业结构耦合研究 [D]. 天津：天津财经大学，2006.
[3]　袁欣. 中国对外贸易结构与产业结构："镜像"与"原像"的背离 [J]. 经济学家，2010（6）：67-73.
[4]　黄凯，唐根年. 我国贸易结构与产业结构的偏差 [J]. 经营与管理，2012（11）：62-66.

先，对辽宁贸易结构和产业结构的演进进行梳理，界定二者之间的发展状态。其次，对贸易结构与产业结构失衡形式及原因进行分析。再次，对辽宁贸易结构与产业结构良性互动的前景进行展望，包括分析贸易结构与产业结构纠偏的背景、良性互动的新机遇、基本原则和前景展望。最后，提出辽宁产业结构转型升级的对策建议，即加快贸易结构优化、提高贸易结构与产业结构的融合度。

本书研究框架如图1-2所示。

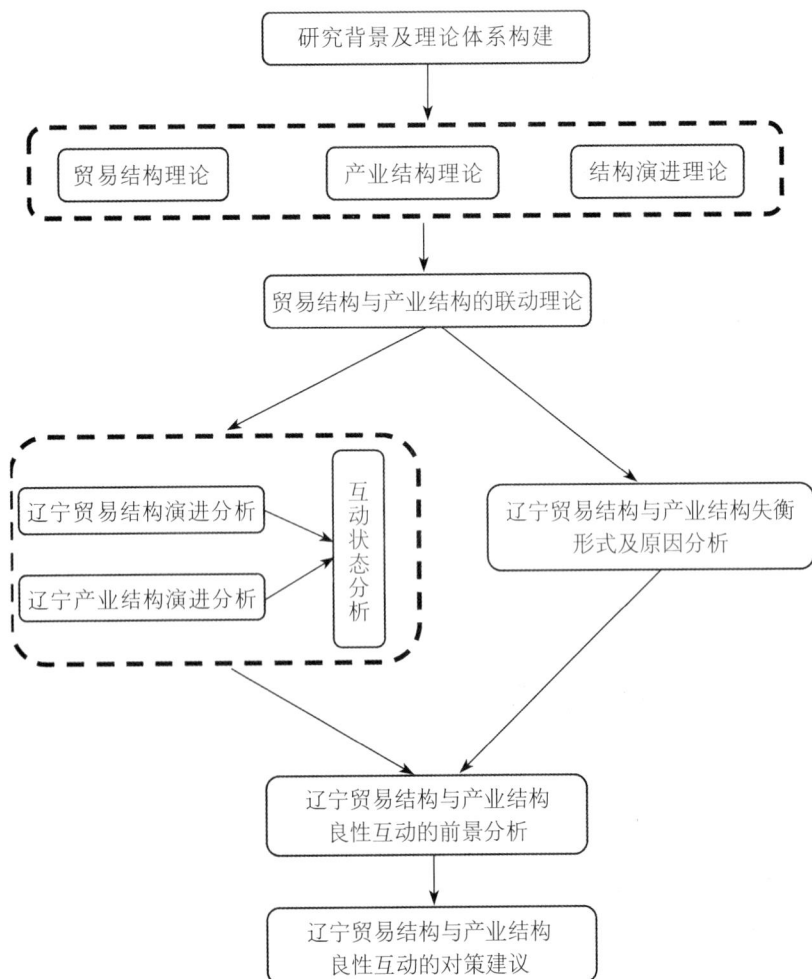

```
┌─────────────────────────┐
│   研究背景及理论体系构建   │
└─────────────────────────┘
           │
  ┌────────────────────────────────────────┐
  ┊  贸易结构理论   产业结构理论   结构演进理论  ┊
  └────────────────────────────────────────┘
           │
┌─────────────────────────────┐
│ 贸易结构与产业结构的联动理论 │
└─────────────────────────────┘
```

图 1-2 本书研究框架

1.4.2　研究方法

本书以国际贸易学、产业经济学理论为指导，主要运用规范分析与实证分析相结合、动态分析与静态分析相结合的分析方法，通过对辽宁贸易结构与产业结构的演进的实证分析，找出二者失衡形式及原因，剖析二者良性互动的前景，提出二者优化互动的政策建议。

（1）实证分析和规范分析相结合的方法

具体而言，实证分析着重对研究主体进行客观性描述，而规范分析则是对研究主体作出理性判断。本书在研究辽宁贸易结构与产业结构演进时运用了实证分析，在对二者失衡形式及原因分析时运用了规范分析，运用实证分析与规范分析相结合的方法，使得本书对良性互动的前景及对策建议更具备科学性和可操作性。

（2）动态分析和静态分析相结合的方法

本书的研究主线——辽宁贸易结构与产业结构演进问题本身就处于动态变化之中，本书对贸易结构与产业结构演进的实证分析均采用动态分析方法，而在理论分析及探讨二者之间失衡形式时注重考察多个时点截面的静态构成，也就是侧重运用静态分析方法。

1.5　创新与研究不足

综上，在对外贸易促进产业结构转型升级的研究中，国外学者以规范分析为主，国内学者多以实证分析为主。以发展中国家为研究对象的学者提出了对外贸易阻碍产业结构转型升级的结论。

本书以辽宁贸易结构与产业结构互动关系为研究对象，主要有以下两点创新：一是研究视角较新。现有研究中对辽宁贸易结构对其产业结构升级的分析较少，而辽宁经济严重下滑的重要原因之一就是结构问题，首当其冲的就是产业结构的问题。因此，本书以辽宁产业结构为研究对象，以对外贸易结构优化为视角，分析对外贸易对辽宁产业结构升级作用机制失灵的原因及对策，选择这一问题本身就具有创新性。二是研究数据较新。本书重点研究21世纪以来辽宁贸易结构与产业结构关系，最新数据已经更新到2020年，使得本书的研究结论更贴近现实，对策建议更具有可操作性，同时具有一定的创新性。

　　诚然，由于本人学识有限，本书研究也存在三点不足之处：一是对辽宁贸易结构与产业结构互动关系的研究仅仅以货物贸易为对象，并未对辽宁服务贸易加以分析，使得研究具有一定的局限性。二是对辽宁贸易结构与产业结构失衡分析仅仅使用了二者互动关系理论作为分析基础，缺少经典的理论模型基础，导致对二者失衡关系缺乏完善的推演。三是由于数据的获得性受限，本书的贸易结构分析仅包括初级产品和工业制成品，产业结构分析包括第一、二、三产业，均属于粗略划分而并不细致，实际上二者结构划分得越细致，对二者之间的互动关系尤其是失衡关系的分析才能更加深刻。以上三点既是本书研究的不足，也是本人今后值得进一步深入挖掘与研究的方向。

第2章 对外贸易结构与产业结构关系的理论分析

贸易结构与产业结构之间关系是一国（或地区）经济领域重点关注的问题之一。对外贸易结构优化与产业结构升级之间并不是孤立的，二者之间是相互影响、相互制约的关系，即产业结构决定一国（或地区）对外贸易结构，同时对外贸易结构也反作用于该国（或地区）产业结构。辽宁作为东北老工业基地振兴的龙头省份，不仅产业结构失衡，贸易结构低级化，而且对外贸易对产业结构升级作用机制失灵，如何促进二者良性互动，已经成为辽宁经济增长需要解决的一个重要课题。

2.1 对外贸易结构相关理论及分析

2.1.1 对外贸易结构的概念界定

学术界很多学者对对外贸易结构概念进行了界定，较为典型的包括：张曙霄（2003）认为，对外贸易结构是指对外贸易活动的主体、客体及其相互之间的比例关系，指出广义的贸易结构包括对外贸易的商品结构、区域结构、方式结构和模式结构四种类型，而狭义的对外贸易结构仅指对外贸易商品结构[①]。樊纲（2006）、尹栾玉（2007）认为对外贸易结构是指一国对外贸易的各个组成部分在国际贸易中所占的比重[②]。李斐斐（2009）认为，广义的对外贸易结构包括商品结构、方式结构及市场结构等，狭义的对外贸易结构也是仅包括对外贸易商品结构。

可以看出，学者们普遍认为，对外贸易结构体现为数量上的一种比例关系，同时反映出某种要素在一国（或地区）的对外贸易中与其他要素间相互影响的程度。在本书中采用张曙霄（2003）及李斐斐（2009）关于对外贸易结构的狭义观点，也就是对辽宁对外贸易结构的分析仅指对外贸易商品结构，即对辽宁对外贸易结构仅分析一定时期内各类商品在进出口贸易中所占的比重，同时反映辽宁的资源禀赋状况、产业结构转型升级的特征、产业竞争力及经济社会发展水平等情况。

2.1.2 对外贸易结构演进理论

（1）比较优势理论

作为国际贸易理论研究基石的比较优势理论，是英国古典政治经济学家大卫·李嘉图在亚当·斯密的绝对优势理论基础上提出的，按照比较优势理论的发展历程，通常分为静态比较优势和动态比较优势，前者属于传统国际贸易理论，后者属于现代国际贸易理论。具体来看，传统国际贸易理论认为，决定一国贸易结构及国际分工地位的是要素禀赋差异。但是随着国际贸易的进一步发展，学者们不断发现，发展中国家如果单纯依靠劳动力、资源禀赋等静态优势参与国际贸易，那么通常会被锁定在国际分工价值链的最低端。从区域对外贸易发展来看，这一理论仍然成立。从辽宁对外贸易来看，依托老工业基地优势，贸易出口以低端的机电产品和高科技产品占比最大，不仅附加值较低，而且辽宁机电产品和高科技产业出口贸易额占全国出口比重较低。贸易进口以高端的

---

① 张曙霄. 中国对外贸易结构论［M］. 北京：中国经济出版社，2003：215-217.
② 尹栾玉. 论我国对外贸易结构的战略调整［J］. 学习与探索，2007（2）：172-174.

机电产品和高科技产品占比最大，附加值较高。低端化的贸易结构并未带动辽宁产业结构的优化升级。因此，静态比较优势理论使发展中国家（或地区）的贸易结构和产业结构处于一种落后状态，并未形成良性互动①。

随着国际贸易理论的进一步发展，现代国际贸易理论注重动态比较优势，强调通过宏观政策手段不断变换比较优势基础，使原来不具备竞争优势或优势并不明显的产业，借助政策扶植为具有较强竞争优势后进行对外贸易。较为典型的是日本学者提出的"雁形理论"（Akamatsu，1935），认为后发国家通过引进国外先进技术，在本国形成比较优势后再向国外出口，从而带动国内产业结构优化。按照动态比较优势理论，后发国家可以通过引进—消化—吸收先进技术，形成后发优势出口，带动国内产业结构升级，从而进一步优化对外贸易结构，最终实现对外贸易结构与国内产业结构的良性互动。因此，比较优势理论是在开放经济下，探讨一国（或地区）对外贸易结构与产业结构关系的理论基石。

（2）要素禀赋理论

由于比较优势理论并未阐释各国出现不同生产成本的原因，经济学家赫克歇尔和其学生俄林从生产要素比例的差别出发，提出了要素禀赋理论（也称H-O理论），解释各国生产成本差异的原因，考察各国在比较优势基础上参与国际贸易的程度。要素禀赋理论认为，各国在技术水平相同的条件下，生产要素价格的不同会导致产品成本的不同，从而使得最终产品的价格不同，而一国生产要素价格的差异主要取决于本国生产要素的相对丰裕程度。H-O理论不仅论证了各国比较优势产生的原因，也阐述了各国国内产业结构形成的原因。也就是说，各国参与国际贸易应该出口本国相对丰裕的生产要素生产的产品，进口本国相对稀缺的生产要素生产的产品。该理论的分析表明，各国要素禀赋的状况及价格的差异，决定该国的贸易结构，也就意味着国内的产业发展状况会影响其对外贸易结构。一般来说，当某产业的生产能力超过本国市场需求的情况下，该国将增加该产品的出口规模；相反，则增加对该产品的进

---

① 崔凯，周静言. 俄罗斯贸易结构与产业结构错位现象分析［J］. 延边大学学报（社会科学版），2016（4）：38.

口数量。特别是对于那些投资规模较大、退出成本较高的行业，借助国际市场调节生产与需求之间矛盾是一种重要选择手段。因此，要素禀赋理论认为发展中国家对外贸易同国内产业结构是相互促进、同方向变化的。具体来说，通过对外贸易可以提高各国之间生产要素的配置效率并提高国民福利，从而达到促进产业结构优化升级的目的。

（3）产业内贸易理论

产业内贸易作为第二次世界大战后国际贸易的新形式，其理论研究起源于沃顿（Verdoon，1960），认为产业内贸易是一国既出口同时又进口某种类型产品[①]。20世纪70年代，格鲁贝尔和洛伊德（Grubel and Lioyd）在林德（Linder，1961）的需求相似理论、波斯纳（Posner，1959）的技术差距理论、弗农（Vernon，1966）的产品生命周期理论和基辛（Kissing，1968）的人力资本理论等基础上探索产业内贸易理论并使其得到迅速发展。

产业内贸易理论可以分为两类：一类是研究最终产品产业内贸易的传统产业内贸易理论，另一类是研究中间产品产业内贸易的产业内贸易理论拓展。传统产业内贸易理论又从厂商对最终产品的供给和消费者对最终产品的需求两个角度加以细分研究。从供给角度看，分为水平型产业内贸易理论和垂直型产业内贸易理论。其中，水平型产业内贸易理论主要分析质量相同但特性（或属性）不同的产品，也就是使用相同（或相近）要素生产的产品存在水平差异时的国际交换，通常发生在技术水平、收入水平都接近的发达国家之间。20世纪后期，产业内贸易开始转向发达国家与发展中国家之间的垂直型产业内贸易，主要以物理特征及质量等存在差异，尤其是价格存在差异的同类产品为研究对象，通过细化产业内分工提高参加国际贸易各国的生产效率，有助于发达国家提高技术核心竞争力，有助于发展中国家增加贸易机会、就业机会，最终实现技术溢出效应。从需求的角度看，林德的需求相似理论是从需求角度对产业内贸易进行解释。需求相似理论认为，工业制成品成为出口产品的前提是本国生产或消费的产品，并且如果两个国家的需求结构越相

---

① 章丽群. 产业内贸易理论演进 [J]. 国际商务研究，2011（3）：14.

似，则两国之间的潜在贸易量才有可能越大。该理论用人均收入的相似性解释国际贸易地理方向，论证了随着收入水平的上升发达国家之间工业制成品贸易不断发展。可以说，传统的产业内贸易理论对国际贸易的研究是建立在比较优势的基础上，注重对规模经济、不完全竞争的市场结构以及消费者不同需求的分析，在一定程度上为各国尤其是发展中国家贸易结构调整及贸易模式发展提供了研究思路。随着贸易自由化的不断发展及跨国直接投资的快速发展，垂直型产业内贸易不断拓展，在发达国家和发展中国家之间由原来的同一产业不同质量的最终产品进出口贸易，深化为跨国公司全球价值链主导下同一产业内不同生产阶段（或不同生产工序）下零部件、中间产品及加工产品的进出口贸易。也就是说，在拓展的垂直型产业贸易中植入了全球化的因素。对于辽宁而言，既出口同时又进口机电产品及高科技产品均属于产业内贸易，但是无论辽宁参与的"产业内贸易"还是"中间产品贸易"，均表现为以加工贸易为主。

（4）战略性贸易政策理论

20世纪70年代末，加拿大经济学家布兰德（James Brander）和斯潘塞（Barbara Spencer）突破传统国际贸易理论关于完全竞争和规模经济的假设，提出战略性贸易政策理论。该理论建立在不完全竞争市场结构和规模收益递增的现实背景下，一国政府可以通过生产补贴、出口补贴和实施关税保护等措施扶持国内特定产业的发展，属于新贸易保护政策。战略性贸易政策理论有狭义和广义两种分类方法。从狭义的角度看，主要指包括战略性出口政策、战略性进口政策和保护促进出口政策在内的利润转移理论。从广义角度看，不仅包含利润转移理论，还包括外部经济理论，但是由于外部经济理论已经超越贸易政策的范畴，因此，对于战略性贸易政策理论的考察以狭义概念为主。该理论认为，通过增强企业实力来提高本国产业的国际竞争力，以取得规模经济效益。也就是说，政府干预市场，改变本国企业与外国企业之间的博弈，目的是使博弈结果有利于本国企业，使市场竞争转化为市场博弈[①]。

---

① 邢国繁. 俄罗斯货物贸易结构研究 [D]. 长春：东北师范大学，2012：29.

战略性贸易政策理论在贴近于现实的假设前提下，在重商主义和幼稚工业保护理论的基础上，强调政府的主动干预，注重通过对本国战略性企业的保护实现对贸易国垄断利润的转移，其本质是发达国家通过跨国公司在国际市场上掠夺财富，是国际垄断资本主义政策。发达国家通过实施战略性贸易政策影响国内的产业政策，促进其国内经济发展。如美国、日本的经济发展均较好地运用了这一政策。战略性贸易政策理论在传统国际贸易理论的基础上，针对本国的实际情况，选择一批有潜力的战略性产业，通过政府的贸易扶持手段，快速提升产业及产品的国际竞争力，以取得规模经济效益。战略性贸易政策理论对我国对外贸易的发展具有一定的借鉴意义，但是其实施条件及攻击性、掠夺性特点，不符合我国经贸发展实际，因此，该理论不能成为指导我国对外贸易发展的主要理论依据。

（5）国家竞争优势理论

20世纪80年代末，美国迈克尔·波特（Michael Porter）教授提出了国家竞争优势理论，该理论认为一国的竞争优势取决于该国的创新机制和创新能力。创新机制主要取决于微观、中观和宏观三个层次，其中，宏观层面的竞争机制取决于生产要素、需求状况、相关和支撑产业状况及企业自身的竞争条件等四个基本要素和政府及机遇两个辅助因素。波特将生产要素又分为基本要素和推进要素，其中，基本要素指一国所拥有的或者比较容易获得的，如自然资源；推进要素指一国通过长期投资或培育才能创造出来的，如知识要素和人力资源。

波特认为，对一国而言推进要素比基本要素更为重要，基本要素劣势可能会刺激该国创新，形成推进要素优势。波特竞争优势理论认为政府的产业政策要为企业创造公平竞争的外部环境，既反对"干预主义"，也反对"自由放任"，不赞同政府对个别企业的扶植政策，主张鼓励国内企业竞争。波特将国家竞争优势的培育分为四个阶段：基本要素优势推动阶段、资本要素优势推动阶段、创新优势推动阶段、财富优势推动阶段。该理论认为，产业竞争优势决定国家竞争优势，也决定企业竞争战略。以中观的产业层次为出发点，向上扩展到宏观国家层面，向下延伸到微观企业层面，与以往从贸易分析着手附带研究国内产业不同，波特从一国产业分析着手探讨其对贸易的决定作用，这种产业分析框架及竞争优势的演进对各国制定产业政策具有很重要的参考意义。

2.1.3　对外贸易结构的影响因素

（1）传统国际贸易理论视角

以上分析的比较优势理论、要素禀赋理论及产业内贸易理论既是新贸易理论研究的基石，也是分析一国（或地区）对外贸易结构影响因素的理论起点。

Romalis J.（2004）结合美国、德国等国家的贸易数据，运用实证分析方法，将 H-O 模型拓展后引入产业内贸易模型中，考察一国的要素禀赋对其对外贸易的影响。分析假定垄断竞争的市场结构和成本变化，得出结论如下：一是密集使用国内生产要素生产的产品，不仅可以使其在对外贸易中具有竞争优势，同时还可以使其在国际市场上占据较大的市场份额；二是如果一国国内的生产要素集中地流向某一种出口产业，必然会带来该国该产业的生产及产品出口密集地使用该生产要素[①]。

Lal 和 Lowinger（2002）重点考察了要素禀赋中的人力资本因素，并将其引入拓展后的 H-O 模型之中，认为在各国经济发展中人力资本才是最重要的因素，一国对外贸易结构的优化调整取决于人力资本的有效利用。分析表明，劳动力及资本等要素禀赋的差异是各国进行国际贸易的主要动力来源，各国人力资本方面的不均衡状态决定了劳动力资源的差异。后续学者在这一研究结论的基础上，运用大量的实证分析，认为劳动者技能差异是各个国家人力资本的重要考量内容之一[②]。

（2）新贸易理论视角

随着对外贸易的不断发展，传统贸易理论关于完全竞争市场结构和规模报酬不变的假设与现实偏差越来越大，因此，以不完全竞争市场结构和规模报酬递增为假设前提的新贸易理论应运而生，导致各国对外贸易的影响因素随之发生变化。

---

① ROMALIS, J.Factor proportions and the structure of commodity trade ［J］. American Economic Review，2004（1）：1-49.
② LAL A K, LOWINGER T C.Nominal effective exchange rate and trade balance adjustment in South Asia counties ［J］. Journal of Asian Economics，2002（13）：371-383.

20世纪80年代以来，以跨国公司为主体的FDI获得了快速发展，从FDI的投资途径来看，主要投资于各国的制造业，通过技术溢出效应带动投资国技术进步，进而改变各国的产业格局，并推动投资国的贸易结构优化和升级。跨国公司不仅通过资本积累促进东道国经济增长，而且技术的溢出效应所形成的竞争机制同时推动东道国国内产业结构转型升级。

发达国家之间、发达国家与发展中国家之间的产业内贸易不断发展，对各参与国的对外贸易结构升级也起到了重要的推动作用。Fuko Kyoji（2003）通过考察FDI对东南亚国家产业内贸易的影响，认为随着对外直接投资的不断增长，东南亚国家的对外贸易结构发生了明显的改变，即占主体地位的产业间贸易的速度及份额均呈现下降趋势，与此同时这些国家的产业内贸易额呈现不断上升的趋势。Fuko Kyoji等通过选取IT行业和精密制造业的贸易数据进行实证分析，得到了垂直型产业内贸易与跨国公司产业内贸易之间密切相关的结论。也就是说，FDI积极推动了东道国（或地区）垂直型产业内贸易的快速发展，进而使东道国（或地区）贸易结构不断优化[①]。

除此之外，一国政府根据本国的正常目标而采取的促进或者限制对外贸易的各种政策措施也会对本国的贸易结构产生影响，尤其是在当今开放经济背景下，一国的外贸政策对本国的对外贸易结构优化调整产生的作用越来越大。

2.2 产业结构相关理论及分析

2.2.1 产业结构的概念界定

产业结构是指在经济活动过程中各产业所形成的技术经济联系以及由此表现出来的一定量的比例关系[②]。通常从"量"和"质"两个维度考察产业结构，从"量"上看有三个方面：一是第一产业、第二产业和

---

① Kyoji F, Hikari I, Keiko I. Vertical intra-industry trade and foreign direct investment in East Asia [J]. Journal of the Japanese and Intenational Economies，2003（4）：468-506.
② 龚仰军. 产业结构与产业政策 [M]. 上海：立信会计出版社，1999：15.

第三产业增加值占 GDP 的比重；二是第一、二、三产业内部的构成；三是具体行业构成或具体产品构成。从"质"上看也包含三个方面：一是从附加值高低的角度；二是按照产业层次划分为基础产业、支柱产业、主导产业和新兴产业四种类型；三是按照使用要素的密集程度可以划分为劳动密集型、资本密集型、人力资本密集型和技术密集型等。本书对产业结构"质"的特征进行考察主要体现在规范分析和逻辑推理方面，而对产业结构"量"的特征进行考察主要体现在实证分析和计量检验方面。

产业结构优化是指通过产业结构调整，推动一国（或地区）产业结构合理化和高度化发展的动态过程，其目的是促进各产业协调发展，不断满足社会增长的需求过程。其中，产业结构合理化是指各产业之间协调能力不断加强和关联水平不断提高，保证各产业内部及产业之间协调发展；产业结构高级化是指通过技术创新使产业结构系统从较低级形式向较高级形式的转换过程，这一动态过程也被称为产业结构升级。

产业结构升级是指产业由低技术水平向高技术水平、低附加值向高附加值演变的趋势或过程。产业结构升级过程中包含两种资源配置趋势：其一，在等量资本取得等量利润的前提下，生产资源在国内各产业之间不断移动；其二，在市场竞争的前提下，生产资源在某一产业内部从低效率企业向高效率企业移动。产业结构升级主要包括两方面内容：其一，在整个产业中，第一产业占优势比重逐渐向第二、三产业占优势比重转移，最终第三产业占优势比重；其二，产业结构从初级劳动密集型产业逐渐向资本密集型及技术密集型产业演进。

研究产业结构的基础前提是确定产业分类，根据研究目的不同，产业可以按照两大部类分类法、三次产业分类法、标准产业分类法等进行分类。目前国际上最为流行的是克拉克的三次产业分类法，也就是按照人类活动的历史时间顺序，将产业划分为第一产业、第二产业和第三产业，具体来说，第一产业主要指产品直接来自自然界的农业；第二产业是对初级产品进行再加工的制造业；第三产业是为生产和生活提供服务的服务业。根据国家统计局的统计分类，本书中的三次产业确定如下：

第一产业——农业，包括种植业、林业、渔业和畜牧业；第二产业——工业和建筑业，工业主要包括采掘业和制造业等；第三产业——服务业，主要包括流通部门和服务部门两大类，其中，流通部门包括交通运输业、邮电通信业、商业饮食业、物资供销和仓储业；服务部门主要包括生活性服务业和生产性服务业，还有为提高科学文化水平及居民素质服务的部门以及为社会公共需要服务的部门[①]。

2.2.2 产业结构演进理论

从经济发展史来看，产业结构演进具有一定的规律性。通常将人均国民收入作为最主要的指标来判断经济发展阶段，与之对应的产业结构演进体现为人均国民收入由低到高的变化。

（1）配第-克拉克定理

配第-克拉克定理是英国经济学家科林·克拉克在威廉·配第提出的国民收入与劳动力关系理论的基础上丰富完善而来的，主要从劳动力在三次产业之间的转移来研究产业结构演变的规律，又称"克拉克法则"。该理论认为，在经济发展早期第一产业作为主导产业，劳动力主要集中于第一产业，此时人均国民收入较低；随着经济的不断发展，第二产业超越第一产业成为主导产业，劳动力也随之流向第二产业；随着人均国民收入的不断提高，第三产业逐渐超过第一产业和第二产业成为主导产业，劳动力主要流向第三产业。也就是说，随着经济发展水平的提高，人均国民收入水平也在不断提高，劳动力必然从第一产业流向第二产业，最终流向第三产业，其原因是从收入角度看，第三产业附加值高于第二产业更高于第一产业。劳动力流动的趋势为产业结构演进升级的研究奠定了分析基础。

最终，社会劳动力在产业间的分布状况是：第二、三产业的劳动力将增加，第一产业的劳动力将减少。这主要是由于劳动力总是倾向于流向高收入的产业。由于克拉克的研究是在配第的研究基础上进一步发展的结果，因此，人们将这种由人均收入变化引起的产业结构变化的规律

---

① 李悦. 产业经济学［M］. 北京：中国人民大学出版社，1998：154.

称为"配第-克拉克定理"。后来的一些学者大多是在此基础上展开了更深入的探索。美国经济学家西蒙·库兹涅茨（Simon Kuznets）就是其中一位。

配第-克拉克定理从收入的角度考察，农业附加值小于工业和服务业附加值是导致第一产业劳动力流向第二、三产业的重要原因。克拉克在配第理论的基础上研究产业结构变动趋势，通过分析不同时期的数据，总结出不同阶段一国产业结构优化升级的规律性。

（2）库兹涅茨法则

西蒙·库兹涅茨在配第-克拉克定理的基础上根据57个国家的历史统计资料，运用现代分析方法，深入研究国民收入和劳动力在各国三次产业间的变动规律，总结出库兹涅茨法则。该法则认为，随着经济水平不断提高，以农业为主的第一产业国民收入所占比重及劳动力所占份额均呈现下降趋势；以工业为主的第二产业国民收入所占比重及劳动力所占份额呈现上升趋势，但经历一定阶段后呈现稳定状态；以服务业为主的第三产业国民收入所占比重缓慢上升，幅度较小且呈现趋于稳定的态势，而劳动力所占份额呈现上升趋势。

（3）霍夫曼定理

霍夫曼定理是由德国经济学家霍夫曼（W. G. Hoffmann）于1931年提出来的，主要考察了20多个国家工业部门内部之间的结构变动规律，重点分析考察国制造业中消费资料工业和资本资料工业之间的比例关系，并对其规律加以总结，得到霍夫曼系数或霍夫曼比例。该定理揭示了一国（或地区）在工业化进程中工业结构的演变规律。霍夫曼系数用公式表示为：

霍夫曼系数（或比例）=消费资料工业的净产值/资本资料工业的净产值

该定理认为，一国（或地区）的霍夫曼系数会随着工业化进程的不断深入呈现不断下降的趋势。根据霍夫曼系数的大小可以将工业化进程划分为四个阶段：工业化第一阶段，霍夫曼系数为5（±1），制造业部门消费资料工业比重高于资本资料工业比重，资本资料生产尚不发达；工业化第二阶段，霍夫曼系数为2.5（±1），消费资料工业比重仍高于资本资料工业比重，但是资本资料工业的发展速度已经明显超过消费资料工业；工业化第三阶段，霍夫曼系数为 1（±0.5），资本资料工业与消费资料工业的规模及发展速度相当；工业化第四阶段，霍夫曼系数小于 1，资本资料的整体规模超过消费资料的整体规模，资本资料工业占据主导地位，并且已经实现工业化目标。从工业化的演进过程来看，经历最初的消费资料工业占比最高，发展到二者比重相当，到最后资本资料工业超过消费资料工业成为主导。

（4）罗斯托的主导产业理论

美国现代经济史学家华尔特·罗斯托（Walt Rostow）认为，经济增长在本质上来看是一个国家（或地区）主导产业依次更替的过程。该理论分析经济增长时，将经济各部门划分为主导部门、辅助部门和派生部门，指出"经济增长是以不同的模式、不同的主导部门，循环往复的起飞过程"[1]，也就是旧的主导部门衰落和新的主导部门产生过程，即经济增长和产业结构演进。该理论认为，"具有较高的增长率，能通过回顾和旁侧联系对经济规模发生根本的扩散效应"的产业部门为主导产业部门，其通过扩散效应推动经济增长及产业发展[2]，并且这种扩散效应可以通过回顾效应、旁侧效应、前向效应等体现出来。

该理论将经济增长划分为传统社会阶段、起飞阶段、向成熟演进阶段、高额大众消费阶段和追求生活质量阶段等五个阶段。具体来看，起飞阶段是纺织工业作为主导部门；向成熟演进阶段是钢铁、通用机械及电力等产业作为主导部门；高额大众消费阶段是汽车制造等耐用消费品工业作为主导部门；追求生活质量阶段则是教育、医疗、保健及旅游等作为主导部门。

2.2.3　产业结构软化理论

日本经济学家田地龙一郎（1981）最早将"软化"一词用于经济研究。产业结构"软化"是指工业经济时代传统的以物质生产为关联

---

[1]　罗斯托. 从起飞进入持续增长的经济学 ［M］. 贺力平，译. 成都：四川人民出版社，1988：11.
[2]　罗斯托. 从起飞进入持续增长的经济学 ［M］. 贺力平，译. 成都：四川人民出版社，1988：12.

的硬件产业结构向以高效化、智能化的知识、技术生产为关联的软件产业结构转变的过程①。产业结构软化主要表现在两个方面：其一，在产业结构演进过程中，第三产业所占的比重不断提高，也就是呈现经济服务化趋势；其二，随着知识技术不断深化，产业结构演进对信息、新知识、新技术及高新技术人才等"软要素"的依赖性不断增强。

信息技术的快速发展必然带来国内产业结构"软化"。信息技术改造传统工业部门，会导致一国（或地区）在企业管理及生产方式等方面发生优化，具体表现为：一方面，专业化的信息处理要求劳动者掌握更多的知识，生产方式由传统手工劳动过渡到机械化操作，均体现出"服务化"和"软化"的特点；另一方面，信息技术既可以通过加快信息采集、加工及传递提高企业生产效率，又可以促进消费者和生产者之间的信息沟通，迫使企业经营方式从"资源密集型"过渡到"知识密集型"或"技术密集型"。也就是说，制造业企业既要生产物质产品，同时还包括其中内含的服务，这种制造业和服务业的融合渗透，必然会极大地激发第三产业中的生产性服务业功能进一步发挥。

2.2.4 工业结构深化理论

工业结构深化是指在生产过程中，资本和技术密集型产业快速发展逐渐取代劳动和资源密集型产业的主导地位，具体包括两个方面：一是在传统工业内部调整生产方向，使产品生产转向新兴产业；二是运用新技术改造传统工业部门，形成技术、资本密集型产业为主，劳动、资源密集型产业为辅的梯形产业格局。

从发达国家的工业化进程来看，从18世纪60年代的产业革命开始，到20世纪60年代时欧美发达国家和地区制造业就业比重被服务业超过为止，已经完成工业化。而我国工业化尚未完成，辽宁作为东北老工业基地的代表，促进工业结构深化是未来一个时期的主要任务之一。

---

① 郭连成，杨宏，王鑫. 全球产业结构变动与俄罗斯产业结构调整和产业发展 [J]. 俄罗斯中亚东欧研究，2012 (6)：37.

从发达国家的经验看，随着工业化进程的不断深化，呈现出专业化与加工层次增多、部门之间相互购买增加的趋势。随着生产过程中中间产品使用率增加，表现出"迂回化"特征，使工业对原材料的依赖程度减弱，工业结构进一步深化，进而表明工业从以原材料为中心的重工业化向以加工、组装工业为中心的高加工度方向发展，表现出工业中原材料工业的比重逐渐稳定，重工业主要依赖于加工、组装工业的增长。因此，从很大程度上来说，工业结构深化主要表现为不断运用高技术对传统工业部门进行改造。所以，采用技术、资本密集型产业所占比重这一指标对一国（或地区）工业结构升级进行测度。

2.2.5　产业结构的影响因素

产业结构演进是多种因素共同作用的结果，一国（或地区）产业结构作为动态系统，任何影响该国（或地区）经济发展的因素都有可能影响产业结构调整。因此，在开放经济条件下，本书将影响产业结构升级的因素概括为两大类，即国内因素和国际因素。

（1）国内因素

影响产业结构的国内因素主要包括供给和需求两个方面。其中，供给影响产业结构主要取决于国内的资源禀赋、劳动力水平、资本供给及技术进步状况；需求影响产业结构主要取决于需求量和需求结构两个因素，特别是需求结构中的投资结构是影响一国（或地区）最直接的因素。此外，产业政策也对一国的产业结构产生明显的影响。

首先，供给因素。资源、劳动、资本和技术等供给因素对产业结构产生重要的影响，供给结构既是产业结构演进的出发点，又决定产业结构演进的方向和性质，其对产业结构优化升级具有约束和推动的双重作用[1]。

第一，资源禀赋状况。资源禀赋指的是一国（或地区）拥有的自然资源状况，包括矿产资源、土地、能源、海洋及森林等。其丰裕程度通常会影响一国（或地区）的产业结构状况。通常发展中国家在确定本国

---

① 袁奇. 当代国际分工格局下中国产业发展战略研究 [D]. 成都：西南财经大学，2006：122.

的产业发展定位时，仍然遵从赫克歇尔-俄林的要素禀赋理论，即自然资源丰裕的国家资源开发型产业占比较高，而自然资源匮乏的国家资源开发型产业占比较小。但是在开放经济条件下，自然资源匮乏型的国家（或地区）则可以通过对外贸易克服其工业发展的资源瓶颈弊端，通过进口原材料促进制造业的发展。

第二，劳动力供给状况。劳动力作为最重要的生产要素之一，是产业发展的必要条件，劳动力供给的数量及质量对一国（或地区）产业结构优化升级有重要影响。充足的劳动力数量是促进一国（或地区）产业发展的重要因素，而高素质的劳动力供给则影响产业结构的高度，高素质的劳动力可以使等量资本投入获得更高的产出水平，促进产业结构优化升级。相反，缺乏高素质的劳动力供给则会抑制产业结构升级。从各国发展经验来看，对于发展中国家来说，通常由于教育水平不高及技术创新不足等因素，高素质劳动力较为匮乏，导致很难从根本上实现产业结构的优化升级。近十年来，辽宁人口老龄化和高素质劳动力流失问题严重。自2011年起，辽宁省人口开始进入负增长，其中，2016—2018年辽宁省人口自然增长率分别为-0.18‰、-0.44‰和-1‰。这三年正是全面二孩政策实施的头三年，辽宁没能扭转人口负增长的势头，可见辽宁人的二孩生育意愿之低迷。与此同时，因为辽宁经济与发达地区存在明显差距，特别是南方大中型城市纷纷开始"抢人大战"之时，辽宁行动迟缓，可以说已经败下阵来。同时，辽宁青壮年劳动力特别是高素质大中专院校毕业生回辽就业意愿持续降低，外来人口持续减少。人口流失、人才流失以及由此导致的人口结构的变化，已成为辽宁产业结构优化升级的关键影响因素。

第三，资本供给状况。资本在不同的产业部门间进行配置和再配置，直接影响一国（或地区）产业结构的变动。通常从资本供给总量和资本供给结构两个方面考察资本供给。在资本供给总量相同的背景下，决定产业结构发展方向的是资本供给结构情况，如果资本供给结构合理，则快速促进产业结构优化升级；相反，资本供给结构不合理，则必然导致产业结构失衡。

第四，技术水平情况。技术进步可以提高生产效率，并且技术创新可以加速新老产业交替。技术进步可以通过分解原有的产业及其部门和形成新产业部门两种方式实现创立新产业及部门。具体而言，其一是随着技术变革促使原有的生产过程或某一生产阶段分离出来，进而形成新的产业部门；其二是随着新技术、新工艺、新材料等不断被发明并利用，创造出新的领域进而形成新产业和新产业部门。除此之外，随着劳动者知识和技术水平的提高，也会提高劳动生产率及劳动者素质，通过提高经营管理水平，最终实现产业发展水平的提高。

其次，需求因素。需求因素从需求量和需求结构两个方面影响产业结构演进，其中，需求量的大小必然影响产业结构的变化，但是随着经济发展水平不断提高，需求结构对产业结构影响的作用日益凸显。需求结构通常包括投资需求结构和消费需求结构两大部分。

第一，投资需求结构状况。投资需求结构指的是向不同产业投入资金而形成的投资配置比率，是产业结构变化的直接原因。投资可以分为重置投资和新增投资两类。其中，重置投资通过调整不同产业间的资产存量分布，进而推动国内产业的技术进步；新增投资通过向新兴产业部门大量投资，大幅提高新兴产业部门的生产能力，导致不同产业部门间产业地位发生变化。如果一国（或地区）产业投资比例发生改变，则必然会引起其产业结构的变化。所以说，优化投资需求结构是推动一国（或地区）产业结构高度化的重要途径。

第二，消费需求结构状况。消费需求结构表现在消费和投资的比例及个人消费结构、中间需求和最终需求结构等方面。其中，个人消费结构是消费需求结构中对产业结构影响最大的因素，个人需求结构随着人均国民收入的提高而发生改变，导致一国（或地区）产业结构随之发生变化。所以说，优化消费需求结构是推进产业结构优化升级的重要途径。

最后，产业政策因素。对产业政策（Industrial Policy）这一概念进行最早定义的是日本，1970年日本通产省官员在经济合作与发展组织会议上做了题为《日本产业政策》的报告，首次将产业政策定义为：有关产业合理化、产业结构论、产业结构优化、新产业体制论及产业再组织等政策的总称①。我国学者周叔莲认为"产业政策是当一国产业处于比其他国家落后的状态，或者可能落后于其他国家时，为加强本国产业所采取的各种政策"②。江小涓认为，产业政策是政府为了取得全球竞争力，在本国内对各产业推行的发展或限制行为的总称。广义的产业政策内容通常包括四个主要部分：产业结构政策、产业组织政策、产业技术政策和产业布局政策。狭义的产业政策主要包括产业结构政策和产业组织政策。其中，产业结构政策的核心是促进产业结构的合理化，提高产业结构的转换能力。一方面促进产业结构（既包括产业间结构，也包括产业内结构）的优化升级，另一方面促进跨行业、跨部门、跨区域的资金流动，为适应产业政策变化而进行的产业结构调整提供融资保障。发展现实表明，单靠市场机制无法实现资源从衰退产业中退出并重新配置到有发展前途的产业中去，因此，需要通过政府的有关产业政策对传统产业的结构调整方式给予指导，影响产业结构变化的供给结构和需求结构，使资源在各产业间实现优化配置与再配置，从而推动产业结构向合理化和高度化的方向演进，实现本国经济的高速增长。所以说，如果一国（或地区）能够根据经济发展实际科学地选择优先发展的产业，并相应地制定出优先发展产业的扶植政策，那么必将大大缩短产业结构演进周期。

（2）国际因素

在开放经济条件下，对外贸易、外国直接投资及汇率等外部因素是影响一国（或地区）产业结构变动的重要因素。其中，对外贸易是最重要的外部因素。

首先，对外贸易情况。对外贸易是影响一国（或地区）产业结构升级的重要外部因素，只有在对外贸易结构与产业结构相适应时，才能取得动态的开放效果，并最终推动国民经济健康增长。一方面，对外贸易可以通过影响贸易产业部门的要素供给及需求弹性来影响其增长，进而影响产业结构；另一方面，对外贸易还可以直接影响各产业的投入产出关系，在一定程度上弥补国内产业结构与需求结构之间的差距，其一是

---

① 蒋选. 面向新世纪的我国产业结构政策 [M]. 北京：中国计划出版社，2003：382.
② 杨沐. 产业政策研究 [M]. 上海：上海三联书店，1989：3.

出口可以刺激国内需求的增长，其二是通过进口可以增加国内供给，有助于发挥本国的比较优势，从而促进国内产业结构良性演进。也就是说，对外贸易有利于促进各国发挥比较优势，取得比较利益。各国出口通常以资源禀赋较高的具有比较优势的产品为主，进口则以资源禀赋匮乏的缺少比较优势的产品为主，因此，从这个角度来说，一国（或地区）产业结构决定对外贸易商品结构。

其次，外国直接投资因素。外国直接投资（Foreign Direct Investment，FDI）通常伴随着国际技术及产业转移，包括所有权优势、区位优势及内部化优势等决定因素。其对一国（或地区）产业结构的影响一般包括三个方面：其一外资可以通过改变生产产品的品种及数量，进而改变东道国原有的产业结构状况；其二外资企业对中间产品的供应结构以及所生产的最终产品销售结构直接影响东道国的产业结构变化；其三FDI的技术"溢出效应"可以间接地影响一国（或地区）的产业结构，并且这种技术外溢效应会提高东道国相关行业的技术水平，进而带动产业结构优化升级。

最后，汇率因素。汇率对一国（或地区）产业结构优化升级发挥间接作用，当一国汇率在国际市场上发生变动时，其对外贸易的比较优势则随之变化，导致外国直接投资的成本及收益均随之发生改变。

2.3 结构演变模式理论

除理论研究之外，在国内产业结构与对外贸易结构的研究当中，必不可少的还有二者之间相互作用机制问题的探讨。在解释这一问题时，还需要结构演变模式理论的支持。

2.3.1 结构转换理论

结构转换理论又称"产业结构高度化理论"。经济学家威廉·配第和克拉克、霍夫曼、库兹涅茨等先后研究分析了不同国家经济增长过程中产业结构演变的规律，分别提出了"配第-克拉克定理"、"霍夫曼定理"和"库兹涅茨法则"。结构转换理论就是在上述三个理论的基础上提出来的，认为一国的产业结构只有实现从低级到高级的不断转换，才能真正实现经济赶超并达到国际竞争力的领先地位。日本学者认为历史上一些老牌发达国家走向衰落的原因是没能实现结构转换，日本成功地实现产业结构高度化，正是由于其产业结构经历了从劳动密集型向资本密集型到技术密集型再到知识密集型的转换过程。

该理论重点强调三个方面：

首先，结构转换是一个利益分配过程，需要国家产业政策的干预才能顺利实现。后发国家在同样的发展阶段其发展速度可能比发达国家高得多，高增长必然带来后发国家产业结构的剧烈变动，单靠市场机制无法实现资源从衰退产业中退出并重新配置到有发展前途的产业中去，因此，需要通过政府的有关产业政策对传统产业的结构调整方式给予指导，影响产业结构变化的供给结构和需求结构，使资源在各产业间优化配置与再配置，最终推动产业结构向合理化和高度化的方向发展，实现本国经济的高速增长。如俄罗斯对国防工业军转民的调整就需要政府政策加以引导，才能适时顺利地完成。

其次，结构转换是在国家产业政策指导下主动实施的过程。在 20 世纪 50 年代，日本产业政策根据"筱原二基准"（需求收入弹性基准和生产率上升基准）理论成功地选择了本国的主导产业。俄罗斯在 2008 年提出，发展航天航空、造船、信息、医疗等具有全球竞争力的高科技产业，同时并不排斥能源动力的增长和原材料开采的增加，相反，将其列为优先发展项目，但前提条件是运用高新技术使其得以实现[1]。

最后，结构转换是需要利用国家产业政策协调与非经济目标的社会关系的过程。如俄罗斯普京总统提出优先发展医疗、教育、住宅和农业四大国家项目，体现了政府对民生领域与社会安全的充分考虑，维护社会稳定[2]。

辽宁的产业结构呈现"三二一"的表象优化格局，从三次产业比例来看，辽宁三次产业占比基本呈现水平状态，产业结构演进趋势不明

---

① 程伟，殷红. 俄罗斯产业结构演变研究 [J]. 俄罗斯中亚东欧研究，2009（1）：40.
② 周静言. 后危机时代俄罗斯产业政策调整研究 [D]. 沈阳：辽宁大学，2014：31-32.

显。尤其是 2015 年以来辽宁经济出现的高度化趋势是在第二产业萎缩下滑背景下的"伪高度化",并非第三产业的快速发展所带来的高度化演进[①]。辽宁工业结构的显著特征是以重化工业为主,且整体工业技术水平较低,明显滞后于当前的智能化、集成化工业技术水平。从轻重工业的比重来看,辽宁以装备制造业和原材料工业为主的重工业所占比重远远高于农副产品加工为主的轻工业比重。结构优化理论为辽宁产业结构优化提供了直接的理论依据。

2.3.2 产品生命周期理论

美国经济学家弗农(R. Vernon,1966)提出产品生命周期理论,后经威尔斯等人加以补充并不断扩展。该理论以产品技术创新为研究视角考察对外贸易推动产业从发达国家向后发国家转移的过程。分析认为,工业先行国应紧密结合国际市场的发展变化,通过对外贸易来实现本国的产业结构升级[②],其生产过程表现为一个循环往复的过程,具体来说,研制出来的新产品首先投放国内市场,并通过不断扩大生产规模直至市场达到饱和状态。其后工业先行国可以凭借技术领先优势开拓这种新产品的国际市场,使产品向国外出口。国际市场的形成会促使工业先行国的资本及技术出口,并与落后国廉价的劳动力优势相结合,加速落后国形成生产能力,最终产生"飞地效应",实现该产品以更低的价格出口到本国。同时也表明工业先行国已经失去该产品的比较优势,必须放弃该产品转向研发新产品,但是新产品研发上市后仍然会经历同样的过程,形成一个不断循环的过程。该理论解释了工业先行国与落后国之间借助于比较优势的不断转换实现产业结构的优化调整,通过工业先行国的产业转移不仅促进了落后国家的工业化,也促进了彼此优势变化。这一理论的应用恰巧表明对外贸易结构对一国(或地区)产业升级的促进作用。

---

① 周静言. 辽宁对外贸易发展对产业结构升级的影响分析 [J]. 改革与战略,2018 (11):118.
② 崔凯. 俄罗斯贸易结构与产业结构错位发展问题研究 [D]. 沈阳:辽宁大学,2016:22.

2.3.3　雁形产业发展理论

日本经济学家赤松要（Kaname Akamatsu，1932）分析了本国棉纺织工业经历了进口—国内生产—开拓出口—出口增长四个阶段并呈现周期循环，提出"雁形产业发展理论"，是关于后起国家实现产业结构工业化、重工业化和高加工度化的学说。该理论认为，一个经济相对落后但是开放的国家，可以在国际市场上引进工业发达国家的先进技术及资本，并与国内的廉价劳动力优势相结合发展该产业，最终实现出口的目标，进而推动国内产业结构优化升级，具体可以分为三个阶段：一是进口阶段，通过大量进口国外产品扩大国内市场；二是国内生产阶段，国外先进技术及资本与国内低工资优势结合，实现国内生产并使规模不断扩大，形成"进口替代"；三是出口阶段，低成本优势使国内生产的该种产品具有国际竞争力，实现出口目标。赤松要认为，处于工业不同阶段的不同国家，会形成不同的发展层次，从国际分工角度看呈现出雁形模式的特征。该理论表明，后发国家通过在国际市场上引进先进工业国的技术及资本，并通过消化吸收且与国内廉价的劳动力优势结合，必然带动该产业及相关产业的发展。这一理论解释了对外贸易进口对国内产业结构升级的促进作用。

2.3.4　剩余出路理论

剩余出路理论最早可以追溯到亚当·斯密提出的出口剩余产品，后由缅甸经济学家 H.迈因特对该理论进行了丰富和发展。该理论认为，如果一国（或地区）的资源和生产要素出现闲置，则必然会出现生产无效率和配置无效率。其中，生产无效率是指该国由于资源没有得到有效利用，相应造成国内生产缺乏；配置无效率是指生产以低端产品为主，导致高端产品供给不足而低端产品又供给过剩。在这样的背景下该国（或地区）开展国际贸易可以化解资源过剩和效率低下的问题，既可以为闲置资源及剩余产品提供"出路"，又可以最终带动国内产业结构的优化升级。这一理论解释了对外贸易出口带动一国（或地区）产业结构优化升级。

2.4　贸易结构与产业结构的关系分析

一国（或地区）对外贸易结构与产业结构存在着密切的内在联系。一般来说，产业结构是一国（或地区）对外贸易结构的基础，决定其发展水平；而对外贸易结构通常是国内（或区域内）产业结构长期发展的必然结果，反映了产业结构的关联关系。具体来看，出口来自国内（或区域内）生产，因此在自由贸易前提下，出口结构与国内（或区域内）产业结构是一致的。理论分析认为，各国出口具有比较优势的产品，进口本国生产相对劣势的产品。而实践中，对一国（或地区）而言，并非生产与出口始终保持一致，当二者在变化方向上具有一定的趋同性时，即一致发展；而当二者之间表现出不一致时，即错位发展，具体表现为对外贸易结构超前错位于产业结构或者对外贸易结构滞后错位于产业结构。

2.4.1　贸易结构和产业结构一致发展

从长期发展实践来看，一国（或地区）对外贸易结构与其国内的产业结构之间发展趋势通常是一致的。通常贸易结构通过改善一国要素资源禀赋、加强产业合作和带动技术进步等途径影响其国内产业结构的转型升级；而产业结构则借助于比较优势形成国际竞争优势，最终形成对本国有利的对外贸易结构[①]。也就是说，产业结构决定对外贸易结构，同时对外贸易结构又反映一国（或地区）的产业结构水平，尤其是贸易结构转换升级，能够带动国内产业结构的优化升级，更是产业结构向纵向深化的表现[②]。

从一定程度上来看，对外贸易结构可以弥补国内产业结构与需求结构之间的差距，通过出口则可以刺激国内需求的增长，通过进口则可以提高国内产品供给量，有利于发挥一国（或地区）的比较优势，最终获得比较利益。当产业结构水平较高时，与之对应的对外贸易结构特别是

①　周静言. 俄罗斯贸易结构与产业结构错位发展的实证分析［J］. 辽东学院学报，2018（2）：50.
②　蒋昭侠. 产业贸易教程［M］. 北京：高等教育出版社，2004：124.

出口贸易结构就会向高度化方向发展，也就是说，产业结构支撑着对外贸易结构，同时对外贸易结构也带动国内（或区域内）产业结构升级，二者之间相辅相成、相互作用。

2.4.2　贸易结构和产业结构的错位发展

通常认为长期中对外贸易结构与产业结构之间发展趋势是一致的，即一国（或地区）产业结构水平较高时，与之对应的对外贸易结构特别是出口贸易结构就会向高度化方向发展。而短期中，经常存在贸易结构与其国内（或区域内）产业结构不一致的情况。比如说，进口商品结构仅以满足国内消费为主，距离促进产业结构转型升级的目标相差较大，进口机械设备也未能及时改善出口商品结构，传统优势产业仍然占据主导地位，致使出口竞争力较弱。一般来说，这体现为两种情形：一是对外贸易结构超前错位于国内的产业结构发展；二是对外贸易结构滞后于国内产业结构的发展[①]。

其一，对外贸易结构超前错位于国内的产业结构发展。主导一国出口商品的层次通常决定了一国对外贸易结构的层次，如果主导出口的商品层次高于国内（或区域内）支柱产业的层次，则认为贸易结构超前错位于产业结构的发展。从二者关系上来看，出口贸易结构超前于国内（或区域内）产业结构，一般表现为通过研发创新等技术手段生产科技含量高、附加值高的产品，创造出新的国际需求，促进新兴产业的出现，提高资源配置效率，优化升级一国（或地区）产业结构，进而实现对外出口贸易结构优化，使二者之间形成良性互动。从各国发展经验来看，发达国家基本上是依托于创新体系实现对外贸易结构对国内产业结构的超前错位，并借助于这种错位带动国内产业结构优化升级，实现开放条件下经济系统的内外良性互动。

其二，对外贸易结构滞后错位于国内产业结构发展。如果主导出口的商品层次低于国内（或区域内）支柱产业的层次，则认为贸易结构滞后错位于产业结构的发展。从二者的关系上来看，该国通常依据国内产

---

① 蒋昭侠. 产业贸易教程 [M]. 北京：高等教育出版社，2004：127.

业结构情况调整对外贸易结构，在国内支柱产业稳定发展的前提下，重点扶持提升本国主导产业产品市场，进而实现对外贸易出口商品结构的进一步优化，最终实现出口贸易结构与本国产业结构水平相适应。导致出口贸易结构滞后错位于产业结构的因素较多，比如说，国内产业缺乏国际市场竞争力，国际市场需求结构与国内市场结构相差较大，出口企业营销策略不适合，等等。特别是如果一国（或地区）仅关注本国静态比较优势，而不注重培育动态比较优势，缺乏创新意识，缺少高层次人才的培养，造成本国促进产业结构优化升级的能力薄弱，出口产品亦无法紧跟国际市场需求结构的变化趋势，使其固有的比较优势也逐步丧失，被动导致出口贸易结构滞后错位于产业结构，致使国内产业竞争力不断弱化。

第3章 辽宁对外开放及产业结构的现状分析

3.1 辽宁对外开放现状

3.1.1 对外开放呈现新特征

（1）沿海与内陆优势互补协调发展

辽宁作为我国最早的沿海开放省份之一，不仅是东北地区唯一的沿海、沿边省份，同时也是连接我国与东北亚地区的重要枢纽门户。改革开放40多年来，根据国家对外开放战略，辽宁省相继实施了沿海、沿边开放策略，已经形成以沈阳、大连为龙头，沿江沿海沿边内陆优势互补、良性互动的对外开放格局。随着2013年国家提出"一带一路"倡议的不断推进，辽宁呈现出全方位开放格局。辽宁积极构建面向东北亚地区的多式联运国际物流大通道建设，不断提高中欧班列的影响力，"港口端"与"内陆端"冷链物流体系已经逐步形成。2018年省委省政府出台《辽宁"一带一路"综合试验区建设总体方案》，率先在全域范围内开启与"一带一路"沿线国家经济合作的新篇章，成为引领全面开放的新趋势。

（2）对外投资为主转向引进外资与对外投资并重

长期以来，辽宁的对外开放以外商直接投资（FDI）为主，图3-1为2000—2017年辽宁实际利用外商直接投资情况。可以看出，全国实际利用外资额总体上呈现不断上升的趋势，由2000年的407.15亿美元增加到2017年的1 310.35美元，增长2.2倍。相比之下，辽宁实际利用外资额则出现了大起大落的情况，2000—2004年平稳增长1.1倍，2005年下跌33.6%，2006—2013年快速增长2.2倍，2014年略有回落，但是2015年"断崖式"下跌81.1%，2016年继续下跌，2017年小幅度回升，总额仅为53.35亿美元，与2003年水平相当。从辽宁实际利用外资额在全国的占比来看，2013年这一比重最高，达到24.7%，2016年最低为2.38%，低于2000年的6.27%的水平。近几年辽宁外商直接投资明显回落的原因既包括国际国内多种因素的综合影响，也有辽宁产业结构转型升级落后的制约。

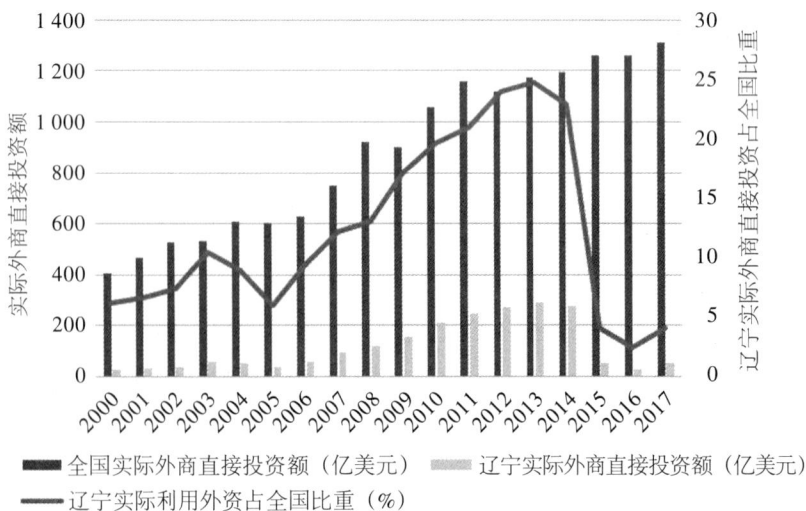

图3-1　辽宁实际利用外资及占全国比重情况

数据来源：根据《中国统计年鉴（2018）》《辽宁省统计年鉴（2018）》相关数据计算整理得到。

随着"一带一路"倡议的深入推进，辽宁对外开放转向吸引外资与对外直接投资并重。2018年，辽宁实际利用外商投资额49亿美元，同比下降8.2%。辽宁省核准备案对外直接投资企业203家，协议投资总额为29.8亿美元，对外直接投资全年流量达到22.8亿美元，同比增长5.2%。全年辽宁省对外承包工程新签订合同数量为131份，合同金额为20.6亿美元，增长19.5%。辽宁的对外直接投资总体上保持稳定发展态势，主要流向制造业、农业及运输业等实体产业。

（3）扩大出口与增加进口并重

在国际金融危机之前，辽宁进出口总额呈现不断增长的趋势，由2000年的190.2亿美元增加到2008年的724.4亿美元，增长2.8倍。受国际金融危机影响，2009年由于出口受阻，导致进出口总额降为629.2亿美元，下降13.1%。2010年进出口总额开始增加，到2013年达到最高值为1 142.8亿美元，2016年又降为865.2亿美元，2017年增长为994.2亿美元。其中，出口总额趋势与之对应，2009年降为334.4亿美元，2013年达到最高值为645.4亿美元，2016年又降为430.7亿美元，2017年略有上升为448.8亿美元；进口总额亦经历大体相同的趋势，2009年降为294.8亿美元，2014年达到进口最高值为552亿美元，2016年降为434.6亿美元，2017年回升至545.5亿美元，如图3-2所示。可以看出，2015年以前，辽宁省出口总额大于进口总额，且贸易顺差在2013年达到最大值为148亿美元，2016年开始辽宁进口总额超过出口总额，且逆差额有增加趋势，2017年逆差达到96.7亿美元，2018年逆差增至160亿美元。从增长率来看，2016年开始辽宁进口商品增长率均高于出口商品增长率，2018年出口总额增长率为5.7%，而进口总额增长率则高达16.8%。2018年进口总额中，机电产品进口额为1 167亿元，占全年进口总额的比重为26.9%，同比增长24.4%；高新技术产品进口额为533.2亿元，占进口总额的比重为12.3%，增长43.7%；原油进口额为1 129.2亿元，占进口总额的比重为26.1%，增长21.5%。可见，机电产品、原油进口额激增，高新技术产品进口额高速增长，进口总额增加有利于加快辽宁技术创新，推动产业结构转型升级，进而促进对外贸易结构的优化。

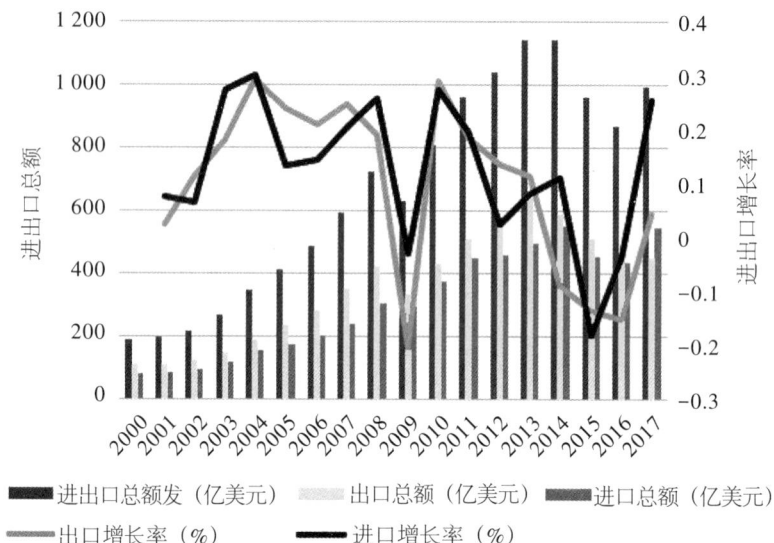

图3-2 辽宁进出口总额及增长率情况

数据来源：根据《辽宁省统计年鉴（2018）》相关数据计算整理得到。

（4）对外开放程度较低

长期以来，辽宁第二产业占比过高，第一产业及第三产业占比较小，且地理条件差距造成区域经济发展不平衡，使得辽东南地区、中部地区及辽西北地区发展水平差异较大，制约辽宁对外开放整体水平的提升。相对于全国平均水平而言，辽宁的对外开放是相对滞后的，而且实际开放空间较小。如图3-3所示，2000—2015年，辽宁经济仅占全国经济总量的4.5%左右，并且2016年辽宁经济开始出现断崖式跌落，占全国比重降至2.99%，2017年降至2.89%。2018年辽宁GDP为25 315.4亿元，占全国比重为2.81%，呈现继续下降趋势。与之相对的辽宁进出口贸易总额占全国的比重基本呈现下降态势，由2000年的4.01%降到2017年的2.42%，明显低于经济总量在全国的比重。2018年辽宁进出口贸易总额为7 545.9亿元，占全国比重为2.47%，略微回升，但幅度微弱。这种低水平的对外开放程度制约了辽宁产业结构的调整升级，也是辽宁经济发展的短板所在。

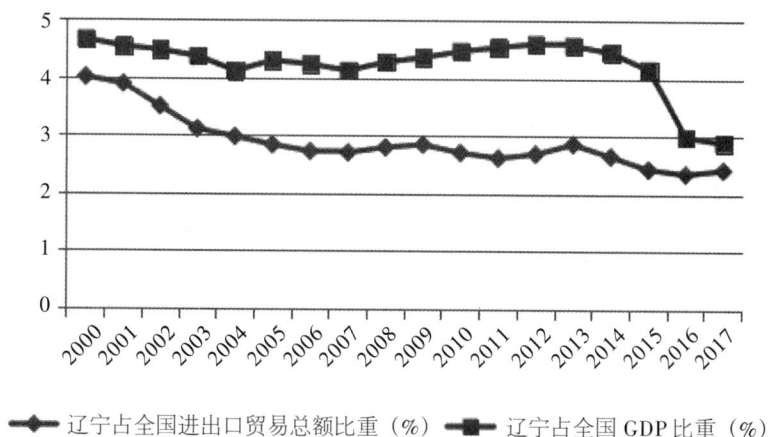

辽宁占全国进出口贸易总额比重（%）　　辽宁占全国GDP比重（%）

图3-3　辽宁GDP、进出口贸易总额占全国比重

数据来源：根据《中国统计年鉴（2018）》《辽宁省统计年鉴（2018）》相关数据计算整理得到。

3.1.2　对外开放存在的主要问题

（1）外贸依存度较低

辽宁作为中国最早的沿海开放省份之一，自改革开放以来，对外贸易总量呈现不断增长趋势，但是外贸依存度较低，制约辽宁对外开放水平的提升。由图3-4可以看出，辽宁同全国的外贸依存度发展趋势大体一致，即加入WTO后，外贸依存度增加明显，国际金融危机之后，呈现回落趋势。但是辽宁外贸依存度同全国相比有较大的差距，2006年两者相差最大，差值高达25个百分点以上。国际金融危机之后，虽然差值有所缩小，但差值仍然在15个百分点左右。而2016年和2017年虽然差值缩小为7%以下，2018年缩小至4%的水平，但完全是由于2016年辽宁经济总量呈现断崖式下降（首次负增长）造成的外贸依存度"伪升高"[①]现象。

也就是说，辽宁的对外开放程度明显低于全国的平均水平，其外贸依存度基本稳定在20%～30%之间，而在2002—2006年全国对外开放

[①]　周静言.辽宁对外贸易发展对产业结构升级的影响分析［J］.改革与战略，2018（11）：117.

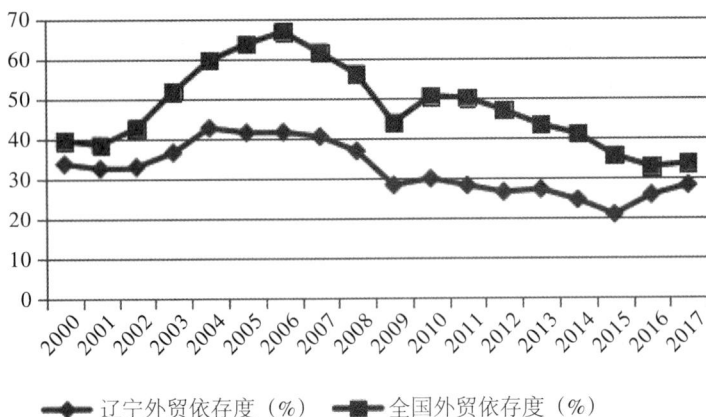

图3-4 全国及辽宁对外贸易依存度对比图

数据来源：根据《中国统计年鉴（2018）》《辽宁省统计年鉴（2018）》相关数据计算整理得到。

水平大幅度上升时期，辽宁的对外开放水平并未受到明显的拉动效应，刚刚超过40%，并且在2015年回落到20.79%的低位，其后2016年和2017年为对外开放水平的"伪升高"阶段，2018年上升至29.81%。从横向比较来看，2018年，广东省进出口货物贸易总额为71 618.35亿元，是辽宁省的9.5倍，其外贸依存度高达73.61%，比辽宁省高43.8个百分点。江苏省进出口货物贸易总额为43 802.4亿元，是辽宁省的5.8倍，其外贸依存度为47.31%，比辽宁省高17.5个百分点。浙江省进出口贸易总额为28 519亿元，是辽宁省的3.8倍，其外贸依存度为50.75%，比辽宁省高20.9个百分点。由此可见，辽宁的外贸依存度不仅远低于广东、江苏等沿海省份，而且低于全国的平均水平，尽管2016年开始与全国的平均水平差距在不断缩小，但却是由于辽宁经济出现断崖式下降后外贸依存度的"伪升高"现象。也就是说，辽宁的对外贸易对其经济的拉动作用不强，较低的对外开放程度严重制约了辽宁经济的进一步发展。

（2）外商直接投资质量不高

辽宁的外商直接投资规模经历了一波三折，且发展质量不高，从外商直接投资合同项目累计数、外商直接投资合同项目金额和实际利用外商直接投资额三个指标具体分析，如表3-1所示。

表3-1   辽宁省外商直接投资情况

年份	外商直接投资合同项目 （个）	外商直接投资合同金额 （亿美元）	实际外商直接投资额 （亿美元）
2000	1 883	51.78	25.52
2001	1 876	54.66	31.13
2002	2 125	71.85	39.16
2003	2 327	92.02	55.83
2004	2 491	86.62	54.07
2005	2 686	110.16	35.9
2006	2 336	152.4	59.86
2007	1 844	207.8	91
2008	1 319	203	120.2
2009	1 629	281.8	154.4
2010	1 480	256.4	207.5
2011	1 050	196.4	242.7
2012	745	247.7	267.9
2013	565	216.3	290.4
2014	478	188	274.2
2015	475	68.4	51.9
2016	424	92.2	30
2017	512	265.4	53.4

数据来源：《辽宁省统计年鉴（2018）》。

从外商直接投资合同项目数量上来看，总体呈现下降态势，由2000年的1 883个增加到2005年的2 686个，其后呈现直线下降趋势，到2016年减少到424个，2017年开始扭转下降趋势，增加到512个。从其对应的增长率来看，波动幅度较大，如图3-5所示，2008年、2011年和2012年下降幅度分别达到28%、29%和29%。2017年增长幅度最大，达到20.7%。外商直接投资合同金额经历了增长—下降—再增长的趋势，最高值为2009年的281.8亿美元，2017年恢复到265.4亿美元。实际利用外商直接投资额经历了总体上升和断崖式下降两个阶段，2000—2014年总体呈上升趋势，由25.52亿美元增加到274.2亿美元。2015年实际利用外商直接投资急转直下，降为51.9亿美元，与2003年水平相当。

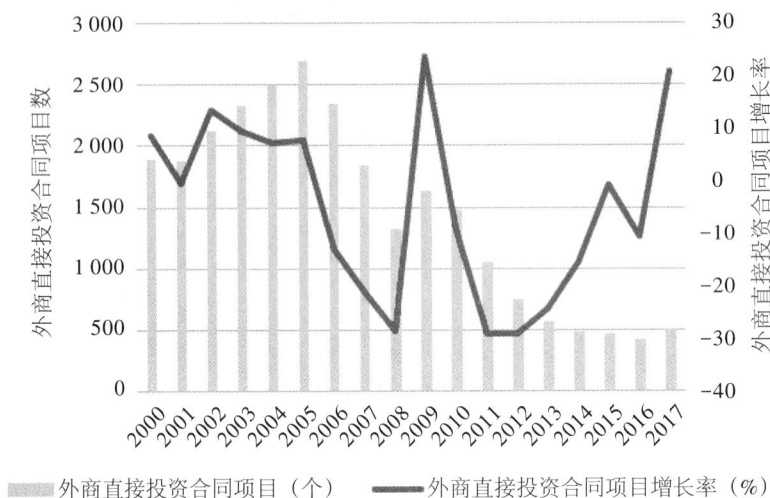

图3-5　辽宁外商直接投资项目情况

数据来源：根据《辽宁省统计年鉴（2018）》相关数据整理得到。

　　从上述外商直接投资合同项目数、合同金额及实际利用外资额的数据变化可以看出，辽宁在21世纪初期招商引资更多关注数量，大多不加甄选地全盘吸收，并未足够重视项目的质量，包括一些高污染、高耗能项目落地辽宁，尽管带来GDP的短暂增长，但也为此付出了沉重的社会成本。随着招商引资政策的不断完善，辽宁逐渐转向高质量的大项目，致使外商投资合同项目数量减少，但是实际利用外商投资额在不断增加（2014年以前）。2015年实际外商直接投资额断崖式下降，其原因既包括宏观领域的有效需求不足的问题，更深层原因是辽宁产业结构转型升级滞后，产业发展吸纳外资能力不强。

　　从产业实际利用外资情况看，第一产业利用外资比例过低，第二产业和第三产业利用外资波动较大。如图3-6所示，第一产业利用外资额占总外资额的比重在3%以下，并呈现下降趋势，2017年第一产业利用外资比重降为0.4%，其中，2016年比重最低仅为0.06%。2000—2006年第二产业实际利用外资比重最高，但呈现下降趋势，由2000年的67.73%下降到2005年的52.16%，后回升至2006年的59.83%，实际利用外资额由2000年的17.27亿美元增加到2006年的35.81亿美元；第三产业实际利用外资比重呈现增长趋势，由2000年的30.26%增加到2006年的39.27%，实际利用外资额由

7.72亿美元增加到23.51亿美元。其后，2007—2010年第三产业实际利用外资比重高于第二产业实际利用外资比重，第三产业实际利用外资比重均在50%以上，其中，房地产业实际利用外资占第三产业实际利用外资的比重最高，2007年这一比重达到80%，对应房地产实际利用外资达到40.98亿美元，尽管2010年房地产实际利用外资占第三产业实际利用外资的比重有所下降，回落至57.62%，但房地产实际利用外资金额达到70.28亿美元。房地产业实际利用外资金额的增加导致第三产业实际利用外资金额大幅度增加，可见，这期间实际利用外资质量不高。2011—2014年、2015—2016年，辽宁省第二、第三产业实际利用外资比重又出现了交互的情形。2017年第二产业实际利用外资比重再次超过第三产业实际利用外资比重，分别为57.9%和41.7%。2013年辽宁省实际利用外资总额达到最大，为290.4亿美元，其中第二产业实际利用外资额达到最大值（171.55亿美元）。其后辽宁省实际利用外资额呈现下降趋势，2017年降至53.35亿美元，第二、第三产业实际利用外资额分别回落至30.89亿美元和22.25亿美元。2018年辽宁省实际利用外资额继续降至49.0亿美元，其中，第一产业实际利用外资额为0.1亿美元，占比0.2%；第二产业实际利用外资额为33.9亿美元，占比69.18%；第三产业实际利用外资额为15.0亿美元，占比30.62%。

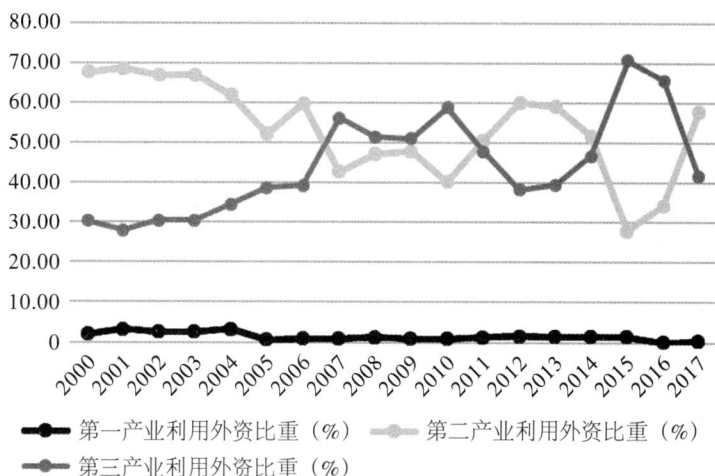

图3-6 辽宁省三次产业实际利用外资情况

数据来源：根据《辽宁省统计年鉴（2018）》相关数据计算整理得到。

另外，从辽宁利用外商投资的地域分布来看，各市利用外资比重严重不均。如表3-2所示，外商直接投资首选城市是大连和沈阳，两个城市外商直接投资总额占全省比重近80%，而其他12个城市占比20%。尽管大连和沈阳两个城市实际利用外商投资的比重有所变化，但两者之和的占比始终维持在70%~80%之间。如沈阳利用外资比重由2000年的27.90%增加到2005年的60%，而后下降到2014年的最低值16.48%，2017年回升到18.98%的水平；大连利用外资比重由2000年的51.17%下降到2005年的28%，之后一路提升到2017年的60.89%。其他12个城市利用外资占比略有升降变化，但是省内利用外资区域分布严重不平衡的局面一直没有明显改观，导致除大连和沈阳外，其他城市在引进外商投资方面缺乏积极性，进而阻碍区域经济一体化发展的进程。

表3-2　　　　辽宁省各市实际利用外资所占比重（%）

城市	2000年	2017年
沈阳	27.90	18.98
大连	51.17	60.89
鞍山	3.44	7.59
抚顺	0.87	0.53
本溪	0.33	0.25
丹东	1.45	2.88
锦州	2.33	2.44
营口	5.47	2.26
阜新	0.01	4.48
辽阳	1.06	0.65
盘锦	3.57	3.70
铁岭	1.41	0.21
朝阳	0.43	1.23
葫芦岛	0.44	0.73

数据来源：根据《辽宁省统计年鉴（2018）》《辽宁省统计年鉴（2001）》相关数据计算整理得到。

（3）民营经济活力较弱

民营经济的强弱已经成为衡量区域经济活力及竞争力的重要标志，

改革开放的实践成果已经证明，区域经济发展的差距从其根本上看就是民营经济发展的差距。辽宁作为共和国的"长子"，国有经济遍及全省，不仅计划经济实行最早，而且退出最晚，尤其长期形成的重国有轻民营、重大轻小的计划经济守旧思想造成辽宁民营经济存在先天不足，活力较弱，全省民营经济整体发展水平严重滞后于东南沿海地区。2018年中国民营企业500强名单中，浙江省93家，江苏省86家，山东省73家，广东省60家，而辽宁仅有6家，不仅入选企业数量远远落后于发达省份，并且在企业经营实力及营业收入等方面均相差较大。2016年，辽宁省民营经济增加到11 504亿元，占GDP的比重仅为50.2%，民营企业出口交货值为1 170亿元，占全省出口额的30.9%，从业人员522.2万人，占全省第二、第三产业就业比重的32.7%，私营企业及个体工商户达到280.28万户，占全省市场总量的94.4%，私营企业59.5万户，占全省内资企业总数的86.4%。数据分析表明，辽宁的民营经济发展并不充分，效益不高，市场份额有待进一步提高。

（4）营商环境欠佳

2018年辽宁实有私营企业79.98万户，同比增长13.4%，注册资金达到5.93万亿元，增长19.2%。个体工商户246.5万户，增长6.9%，注册资金达到1 925亿元，增长11.4%。全年新增加规模企业669户，新增企业16.8万户。这表明辽宁的民营企业发展潜力巨大，是辽宁经济稳定增长的不竭动力，可以说辽宁经济发展的活力在民营企业，动力和潜力也在民营企业。但是同东南沿海省份相比，辽宁的民营企业发展并不充分，其质量及效益均不理想，市场份额不高，高新技术企业比重较低。究其根本原因在于，辽宁的营商环境欠佳，在市场准入、公平竞争、金融服务及执法环境等各个方面均存在不利于民营企业发展的问题。

在政策落实方面，待遇不平等仍然存在。为鼓励民营经济发展，国家已经下发多个文件明确规定放宽非公有制经济的市场准入条件，民营企业同国有企业及其他企业一样享有同等待遇。但是由于辽宁作为老工业基地，国有企业比重较大，在具体政策落实过程中并不到位，仍然存在"重国有轻民营"，甚至是"重外资轻内资"的现象，个别行业和领域准入门槛依旧过高，"弹簧门""玻璃门"现象依旧存在，并未实现平等竞争、一视同仁的市场经济目标。一些扶持民营经济的奖励政策、税负减免政策、土地使用政策、技术创新奖励政策等由于缺乏配套细则或由于针对性及操作性不强，并未真正落实，致使民营经济进入非竞争性领域异常困难。

在政府管理服务方面，《辽宁省优化营商环境条例》①实施以来，审批事项确实减少了很多，但是仍然存在一些部门审批程序形式简化、实际复杂的情况，并且各部门间各自为政，缺乏有效沟通，既增加政府运营成本，又给企业增加负担。尽管政府机关乱作为情况减少，但是部门间相互推诿、不作为及慢作为的现象有增加趋势，导致一些民营企业纷纷搬离辽宁，如有些电商企业迁至杭州、金融企业搬至上海、物流企业搬至山东等，不仅影响辽宁经济的稳定增长，而且不利于社会稳定。

3.2 辽宁贸易结构演进分析

3.2.1 进出口贸易总体情况

21世纪以来辽宁对外贸易总体向好，进出口总额、出口贸易总额和进口贸易总额均有较大幅度增长。如表3-3所示，可大体分为三个阶段，第一阶段为快速增长期，进出口贸易总额由2000年的190.2亿美元增加到2008年的724.4亿美元，年均增速16%。第二阶段为稳定增长期，受国际金融危机冲击，辽宁对外贸易受到明显影响，2009年进出口贸易总额降为629.2亿美元，同比下降13%，其后出现恢复性增长，2013年进出口贸易总额达到近年来最高水平，为1 142.8亿美元，年均增速为12.7%。第三阶段为跌宕起伏期，2014年进出口贸易总额略微下降，为1 139.6亿美元，其后连续两年呈下降态势，2016年降为865.2亿美元，年均下降6.6%，2017年出现恢复性增长，进出口贸易总额为994.2亿美元，增长14.9%。2018年进出口贸易总额增长11.8%，与2014年进出口贸易水平相当。

---

① 2016年12月7日辽宁省第十二届人民代表大会常务委员会通过《辽宁省优化营商环境条例》，自2017年2月1日起正式实施。

从出口总额来看，亦经历了同进出口总额相同的变化趋势。快速增长期：由 2000 年的 108.5 亿美元增加到 2008 年的 420.5 亿美元，年均增速 19.9%。稳定增长期：受国际金融危机影响，辽宁出口总额受影响较大，2009 年降为 334.4 亿美元，降幅达到 20.5%，其后逐年增长，2013 年达到最高值，为 645.4 亿美元，年均增速 14.1%。跌宕起伏期：与进出口总额的略微下降不同，2014 年出口总额降为 587.6 亿美元，降幅达 8.9 个百分点，2016 年降为 430.7 亿美元，2017 年小幅回升为 448.8 亿美元，2018 年出口总额增长 5.7%，尚未恢复到 2015 年的水平。

表3-3 　　　　　　　　　　辽宁省进出口贸易情况 　　　　　　　单位：亿美元

年份	进出口总额	出口总额	进口总额	净出口总额
2000	190.2	108.5	81.7	26.8
2001	199.1	111.1	88	23.1
2002	217.4	123.7	93.7	30
2003	265.6	146.3	119.3	27
2004	344.4	189.2	155.2	34
2005	410.1	234.4	175.7	58.7
2006	483.9	283.2	200.7	82.5
2007	594.7	353.3	241.5	111.8
2008	724.4	420.5	303.8	116.7
2009	629.2	334.4	294.8	39.6
2010	806.7	431.2	375.5	55.7
2011	959.6	510.4	449.2	61.2
2012	1 039.9	579.5	460.4	119.1
2013	1 142.8	645.4	497.4	148
2014	1 139.6	587.6	552	35.6
2015	960.8	508.4	452	56.4
2016	865.2	430.7	434.6	-3.9
2017	994.2	448.8	545.5	-96.7

数据来源：《辽宁省统计年鉴（2018）》。

从进口总额来看，变化趋势亦大致相同。快速增长期：由2000年的81.7亿美元增加到2008年的303.8亿美元，年均增速15.7%。稳定增长期：国际金融危机对辽宁进口总额影响不大，2009年略微下降到294.8亿美元，同比下降2.9%。2010年开始回升，2014年达到最高值，为552亿美元，年均增速11%。跌宕起伏期：2015年开始辽宁进口总额连续下降，2016年降为434.6亿美元，2017年回升至545.5亿美元，同比增长25.5%。2018年辽宁进口总额继续增长16.8%。进口总额已经超过2014年的最高值，进口额不断增加有利于辽宁产业结构的转型升级。

从净出口来看，由2000年的26.8亿美元增加到2008年的116.7亿美元，2009年由于国际金融危机严重阻碍辽宁对外贸易出口，因此，净出口降至39.6亿美元，降幅达到66%。其后逐年增加，到2013年净出口达到最高值148亿美元。2014年以来受进口额不断增加的影响，净出口额不断下降，2016年已经为负值，2017年进一步加大，为-96.7亿美元。2018年由于进口额继续增大，致使净出口继续下降，为-162亿美元[①]。

3.2.2　出口贸易结构

（1）出口产品结构

从出口产品结构看，辽宁对外贸易出口产品主要包括机电产品、高新技术产品、钢材产品、农产品和船舶五大类，以机电产品和高新技术产品占比最大。其中，机电产品出口总额由2000年的40.2亿美元增加到2008年的160.1亿美元，受国际金融危机影响，2009年降为143.3亿美元，之后又开始上升，到2013年达到最大值为261.5亿美元，2017年回落至186.7亿美元，2018年回升为208.5亿美元，2018年机电产品出口增长18.2%，如表3-4所示。其趋势与辽宁省出口贸易总额的变化基本一致。机电产品出口额占辽宁出口贸易总额的比重是最大的，基本在35%～44%之间。但是同全国机电产品出口比重相比，辽宁机电产品出口占总出口额的比重明显低于全国机电产品出口额占总出口额的比重，

---

① 根据2018年辽宁省国民经济社会统计公报数据计算，辽宁净出口总额为1 116.1亿元，按照2018年12月31日美元汇率计算，得到净出口为-162亿美元。

如图 3-7 所示，全国机电产品出口额占总出口额的比重由 2000 年的 42.3% 上升到 2006 年的最高值 60%，其后基本维持在 56%～60% 之间。与之相比，辽宁的机电产品出口比重明显偏低，并且辽宁机电产品出口占全国机电产品出口比重呈现总体下降趋势，由 2000 年的 3.8% 下降到 2006 年的 1.7%，其后基本维持在 2% 左右，这与辽宁老工业基地的特征不相符合，机电产品出口能力较弱。

表3-4　　　　　　　　　辽宁机电产品出口情况

年份	辽宁机电产品出口额（亿美元）	辽宁出口贸易总额（亿美元）	辽宁机电产品出口额占出口总额的比重（%）	全国机电产品出口额（亿美元）	全国出口贸易总额（亿美元）	全国机电产品出口额占出口总额的比重（%）	辽宁机电产品出口占全国机电产品出口比重（%）
2000	40.2	108.5	37.1	1 053.1	2 492	42.3	3.8
2001	40.3	111.1	36.3	1 187.8	2 661	44.6	3.4
2002	48	123.7	38.8	1 570.6	3 256	48.2	3.1
2003	59.3	146.3	40.5	2 274.6	4 382	51.9	2.6
2004	70.6	189.2	37.3	3 233.7	5 933	54.5	2.2
2005	80.7	234.4	34.4	4 267.2	7 620	56.0	1.9
2006	99.0	283.2	35.0	5 813.4	9 691	60.0	1.7
2007	132.5	353.3	37.5	7 015.8	12 180	57.6	1.9
2008	160.1	420.5	38.1	8 226.5	14 285	57.6	1.9
2009	143.3	334.4	42.9	7 125.1	12 017	59.3	2.0
2010	187.4	431.2	43.5	9 341.3	15 779	59.2	2.0
2011	225.5	510.4	44.2	10 855.9	18 986	57.2	2.1
2012	256.8	579.5	44.3	11 794.2	20 489	57.6	2.2
2013	261.5	645.4	40.5	12 652.0	22 096	57.3	2.1
2014	219.9	587.6	37.4	13 109.2	23 427.8	56.0	1.7
2015	195.6	508.4	38.5	13 072.5	22 679.2	57.6	1.5
2016	174.8	430.7	40.6	12 016.9	20 844.4	57.7	1.5
2017	186.7	448.8	41.6	13 214.6	22 633.7	58.4	1.4

数据来源：根据《中国统计年鉴（2018）》《辽宁省统计年鉴（2018）》相关数据计算整理得到。

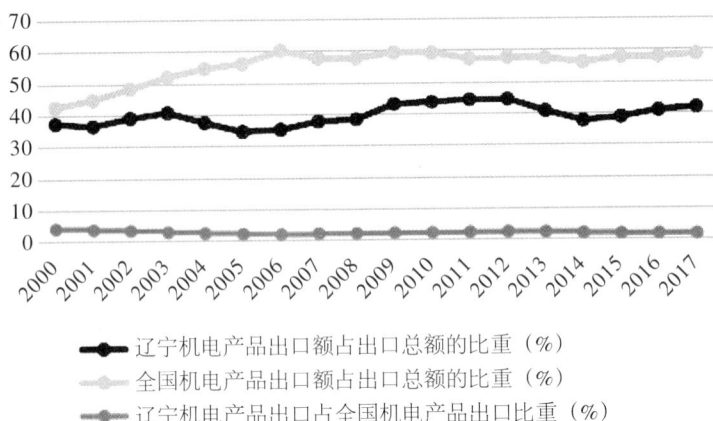

图3-7　辽宁机电产品出口情况

资料来源：根据表3-4数据整理绘制。

　　高新技术产品出口额由2001年的17.5亿美元增加到2008年的42.3亿美元，2009年受国际金融危机影响有所回落，其后回升，并在2011年达到最大值58.3亿美元，其后下降，2017年再次回升至57.3亿美元，2018年攀升至69.2亿美元，达到近年来最高水平，2018年高新技术产品出口增幅达到26.7%，如表3-5所示。从辽宁高新技术产品出口额占总出口额的比重来看，2003年最高为18.1%，其后开始下降，最低为2013年，降为8.4%，下降近10个百分点。由图3-8可以看出，全国高新技术产品出口额占总出口额的比重由2001年的17.5%上升到2006年的30.7%，其后基本稳定在30%左右，而辽宁呈现下降趋势，位于10%以下，这种下降的趋势表明，辽宁对外贸易出口中商品结构存在问题，与全国水平相比差距较大。

表3-5　　　　　　　　　**辽宁高新技术产品出口情况**

年份	辽宁高新技术产品出口额（亿美元）	辽宁出口贸易总额（亿美元）	辽宁高新技术产品出口额占出口总额的比重（%）	全国高新技术产品出口额（亿美元）	全国出口贸易总额（亿美元）	全国高新技术产品出口额占出口总额的比重（%）	辽宁高新技术产品出口占全国高新技术产品出口比重（%）
2000	—	108.5	—	370.4	2 492	14.9	—

续表

年份	辽宁高新技术产品出口额（亿美元）	辽宁出口贸易总额（亿美元）	辽宁高新技术产品出口额占出口总额的比重（％）	全国高新技术产品出口额（亿美元）	全国出口贸易总额（亿美元）	全国高新技术产品出口额占出口总额的比重（％）	辽宁高新技术产品出口占全国高新技术产品出口比重（％）
2001	17.5	111.1	15.7	464.5	2 661	17.5	3.8
2002	21.1	123.7	17.1	679	3 256	20.9	3.1
2003	26.5	146.3	18.1	1 103	4 382	25.2	2.4
2004	29	189.2	15.3	1 655.4	5 933	27.9	1.8
2005	26.5	234.4	11.3	2 179.3	7 620	28.6	1.2
2006	31.7	283.2	11.2	2 974.5	9 691	30.7	1.1
2007	38.3	353.3	10.8	3 483.5	12 180	28.6	1.1
2008	42.3	420.5	10.1	4 149.0	14 285	29.0	1.0
2009	37.7	334.4	11.3	3 773.0	12 017	31.4	1.0
2010	54.5	431.2	12.6	4 923.1	15 779	31.2	1.1
2011	58.3	510.4	11.4	5 487.9	18 986	28.9	1.1
2012	50.9	579.5	8.8	6 012.0	20 489	29.3	0.8
2013	54.3	645.4	8.4	6 603.0	22 096	29.9	0.8
2014	51.2	587.6	8.7	6 604.5	23 427.8	28.2	0.8
2015	46.1	508.4	9.0	6 540.5	22 679.2	28.8	0.7
2016	48.1	430.7	11.2	6 003.3	20 844.4	28.8	0.8
2017	57.3	448.8	12.8	6 674.4	22 633.7	29.5	0.9

数据来源：根据《中国统计年鉴（2018）》《辽宁省统计年鉴（2018）》相关数据计算整理得到。

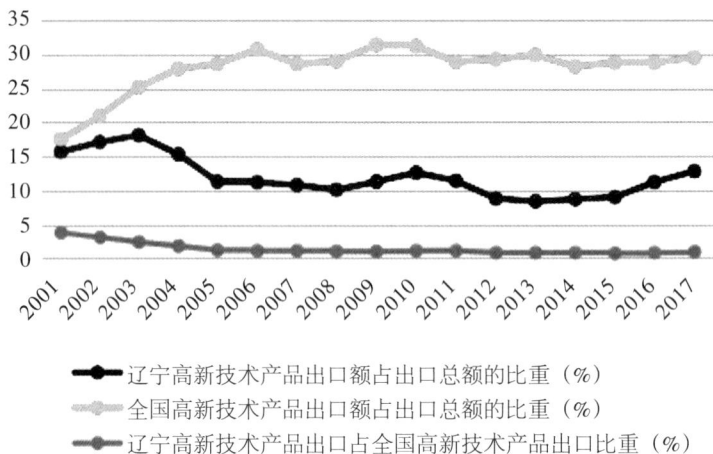

图3-8 辽宁高新技术产品出口情况

资料来源：根据表3-5数据整理绘制。

分析表明，辽宁出口商品结构层次较为低端，与全国出口产品结构相比差距较大，占比最大的机电产品和高新技术产品出口占全国同类产品出口比重过低，并呈现下降趋势，2017年比重分别为1.4%和0.9%。辽宁的高新技术产品缺乏原始创新技术，仍然属于劳动密集型生产模式，作为老工业基地典型的辽宁省在制造业产业链条上，也只能算是制造者，缺乏高新技术优势，出口产品无核心竞争力，同时又受资源限制，出口产品较为单一。

（2）出口贸易方式

从出口贸易方式来看，辽宁一般贸易占比不断增加，由2001年的43.2%增加到2013年的56.6%（见表3-6），其后略有回落，2017年占比为53.9%，总额达到241.86亿美元，同比增长4.2%；加工贸易占比呈现下降趋势，由2001年的54.4%下降到2017年的38.7%，总额达到173.38亿美元，如图3-9所示。其中，来料加工贸易比重由11.9%下降到8.9%，总量达到39.82亿美元，同比下降11.2%。进料加工贸易比重由42.5%下降到29.8%，总量达到133.56亿美元，同比增长2.3%；边境小额贸易呈现弱增长态势，由2001年的0.4%增加到2017年的1.1%，其间最高比例达到1.4%，2017年总量达到5.15亿美元，同比下降14.5%。

表3-6　　　　　　　　辽宁出口贸易方式占比情况(%)

年份	一般贸易	来料加工	进料加工	边境小额贸易
2001	43.2	11.9	42.5	0.4
2002	40.9	10	45.1	0.3
2003	40.2	9	45.3	0.2
2004	44.9	8.7	41.5	0.3
2005	46.1	9.7	40.6	0.6
2006	48.5	9.2	38.2	0.7
2007	48.8	9.4	37.1	0.7
2008	52.2	8.5	34	0.6
2009	41.7	14.6	34.2	1.1
2010	41.7	12.8	35	0.9
2011	43.7	11.3	35.7	0.9
2012	51	8.3	31.6	1.1
2013	56.6	9.4	25.9	1.1
2014	55	10.1	26.5	1.4
2015	52.8	9.8	25.7	1.2
2016	51.5	10.4	30.3	1.4
2017	53.9	8.9	29.8	1.1

数据来源:《辽宁省统计年鉴（2018）》。

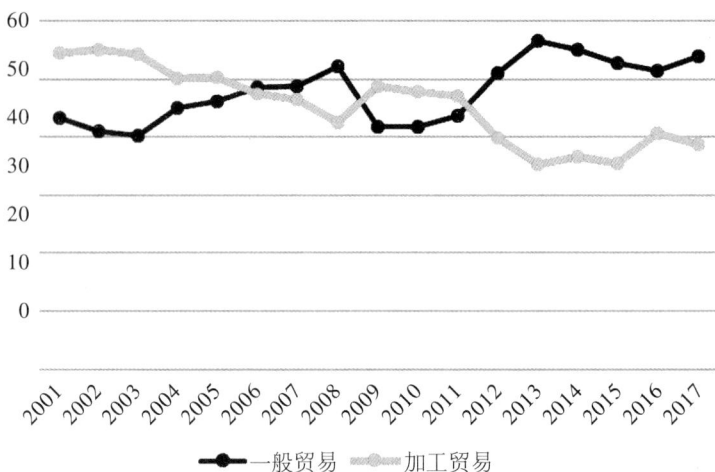

图3-9 辽宁主要贸易方式占比情况（%）

资料来源：根据表3-6数据整理绘制。

　　国际金融危机之后，辽宁加工贸易优势逐渐减弱，主要是由于以劳动密集型为主的出口企业，其生产设备较为陈旧，缺乏自主品牌。随着国内劳动力成本的增加，原材料采购及用工成本均增加，逐渐失去劳动力优势，国际市场份额随之下降。

　　（3）出口国（地区）别分布

　　从辽宁对外贸易出口国家（或地区）来看，截至2017年，辽宁对外贸易出口国家（或地区）达到214个，最主要的贸易伙伴为日本、韩国、欧盟①、东盟和美国。由表3-7可以看出，日本始终是辽宁第一大出口国，出口额由2000年的44.44亿美元增加到2011年的109.79亿美元，其后有所下降，2017年为88.60亿美元。辽宁对日本出口额占总出口额的比重呈现下降趋势，由2000年的40.56%下降到2011年的21.5%，再下降到2017年的19.74%。2000—2006年，日本、欧盟和美国是辽宁前三大贸易伙伴，2007年以后东盟取代美国，进入辽宁前三大出口国家（或地区）。辽宁对东盟出口贸易呈现出稳定增长态势，

――――――――――

　　① 依据《辽宁省统计年鉴（2018）》数据，本书中欧盟国家主要包括德国、法国、意大利、比利时、英国、丹麦、瑞典、西班牙、荷兰、波兰、奥地利、匈牙利、捷克、罗马尼亚、保加利亚等。东盟国家主要包括新加坡、马来西亚、泰国、印度尼西亚、菲律宾。下文同。

由 2000 年的 7.15 亿美元增加到 2013 年的 95.57 亿美元，一跃成为辽宁出口第二大贸易伙伴，占总出口比重由 6.59% 增加到 14.81%。其后开始回落，2017 年出口额为 48.98 亿美元，占总出口比重为 10.91%，成为辽宁出口第五大贸易伙伴。由图 3-10 可以看出，国际金融危机导致辽宁主要出口伙伴国家（或地区）贸易额出现大幅度回落（东盟除外），辽宁对欧盟出口额由 2000 年的 12.33 亿美元增加到 2008 年的 61.06 亿美元，经历回落后 2013 年达到最大值（80.13 亿美元），其后回落到 2017 年的 55.99 亿美元，占总出口额的比重由 2000 年的 11.36% 上升到 2017 年的 12.48%，占比比较平稳。辽宁对美国出口额由 2000 年的 15.1 亿美元增加到 2013 年的 79.44 亿美元，2017 年回落到 52.42 亿美元，占总出口额的比重由 2000 年的 13.92% 下降到 2013 年的 12.31%，再降到 2017 年的 11.68%，呈现微弱下降趋势。辽宁对韩国出口额由 2000 年的 10.05 亿美元增长到 2017 年的 50.54 亿美元，对应比重由 9.26% 增长到 11.26%，呈现小幅增长趋势。2018 年辽宁对日本出口额增长 7.8%，对韩国出口额下降 8%，对欧盟出口额增长 12.1%，对美国出口额增长 8.4%。

辽宁对外贸易出口对亚洲依赖性加大，前五大贸易伙伴国家（或地区）所包括的日本、韩国和东盟均属于亚洲国家（或地区）。尽管国际金融危机之后，辽宁对欧盟、美国、加拿大等国家（或地区）出口额有所增加，但是总体比重远低于亚洲。地缘相近的单一市场结构必然影响辽宁出口贸易的进一步增长。

表3-7　　　　　　　　辽宁对外贸易出口国家（或地区）　　　　　单位：亿美元

年份	日本	韩国	欧盟	东盟	美国
2000	44.44	10.05	12.33	7.15	15.1
2001	45.29	10.73	12.69	7.95	14.66
2002	46.8	12.66	13.51	10.11	18.13
2003	51.69	15.6	18.43	10.96	21.49
2004	54.63	23.14	25.69	12.85	29.96

续表

年份	日本	韩国	欧盟	东盟	美国
2005	63.11	28.83	34.12	19.67	33.51
2006	68.94	33.7	44.34	27.21	41.88
2007	79.05	46.02	52.55	46.05	41.33
2008	92.61	56.03	61.06	51.02	47.15
2009	77.14	33.33	38.5	50.69	39.47
2010	97.32	39.84	51.79	55.31	47.39
2011	109.79	48.82	58.9	57.29	49.84
2012	101.26	55.74	69.08	68.68	68.69
2013	101.19	54.05	80.13	95.57	79.44
2014	95.85	53.86	69.96	90.45	65.36
2015	84.51	45.36	61.1	77.91	57.6
2016	78.25	40.39	54.22	56.46	47.01
2017	88.6	50.54	55.99	48.98	52.42

数据来源：《辽宁省统计年鉴（2018）》。

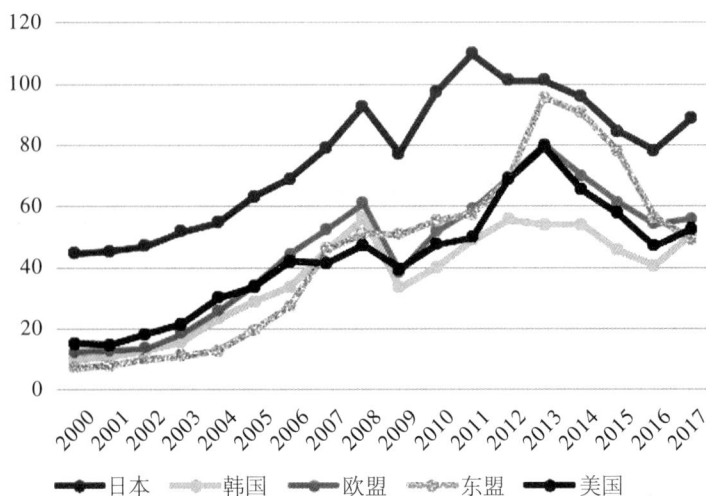

图3-10　辽宁对外贸易主要出口国家（地区）（单位：亿美元）

资料来源：根据表3-7数据整理绘制。

（4）出口贸易主体结构

从出口贸易主体来看，外资企业是辽宁出口贸易的最大主体。由图3-11和图3-12对比可见，2009—2017年，辽宁外资企业出口额占总出口比重呈现下降趋势，由49%下降到41%，下降8个百分点，对应出口额由164.3亿美元增加到192.4亿美元；国有企业出口比重小幅下降，由25%下降到24%，出口额由82.43亿美元增加到111.96亿美元；而民营企业出口则呈现出上升趋势，由26%增加到35%，增加8个百分点，出口额由87.77亿美元增加到163.13亿美元。民营企业出口比重不断增加，表明辽宁随着营商环境的不断改善，民营企业活力增强，规模不断壮大。

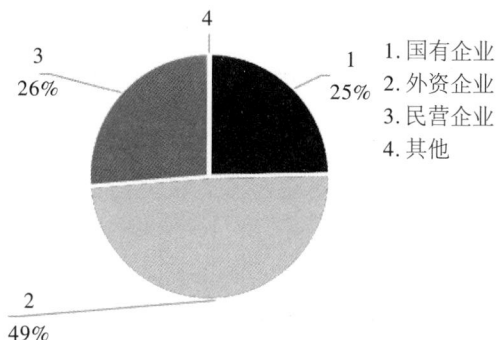

图3-11　2009年辽宁省出口贸易主体情况

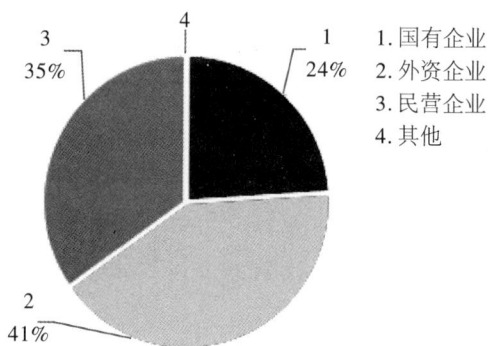

图3-12　2017年辽宁出口贸易主体情况

资料来源：根据《辽宁省统计年鉴（2018）》相关数据整理绘制。

（5）各市出口情况分布

从出口来源地看，辽宁省14个地级市中，大连对外贸易出口占辽宁省出口额比重最高，由表3-8可以看出，2009年最高比重达到

65.11%，最低也超过 50%，出口额由 2009 年的 217.74 亿美元增加到 2013 年的 374.37 亿美元，其后回落至 2017 年的 261.60 亿美元。沈阳对外贸易出口比重占据第二位，基本维持在 10% 左右，2015 年最高曾达到 13.28%，出口额由 2009 年的 35.23 亿美元增加到 2014 年的 71.03 亿美元，后回落至 2017 年的 46.92 亿美元。营口对外贸易出口比重排第三位，占比由 2009 年的 3.59% 增加到 2017 年的 7.08%，出口额由 12 亿美元增加到 37.78 亿美元。丹东对外贸易出口比重排在第四位，占比基本稳定在 5% 左右，出口额由 2009 年的 14.49 亿美元增加到 2017 年的 23.74 亿美元，最高曾达到 34.06 亿美元（2013 年）。鞍山、本溪对外贸易出口占辽宁出口额的比重基本在 4%～5% 之间，锦州和葫芦岛基本在 2% 左右，抚顺、辽阳和朝阳基本在 1% 左右，盘锦、铁岭和阜新基本在 1% 以下。

表 3-8 　　　　　　　　　辽宁各市出口比重（%）

城市	2009	2010	2011	2012	2013	2014	2015	2016	2017
沈阳	10.54	9.46	9.45	10.29	10.84	12.09	13.28	9.86	10.45
大连	65.11	63.22	62.09	59.85	58.01	50.13	50.68	57.72	58.29
鞍山	3.11	3.34	3.93	4.10	4.18	4.64	4.23	4.07	4.49
抚顺	1.37	1.21	1.20	1.22	1.33	1.16	1.28	1.27	0.94
本溪	1.93	3.67	3.80	4.15	4.18	5.28	4.98	4.38	5.86
丹东	4.33	4.35	4.62	4.96	5.28	5.13	5.23	5.79	5.29
锦州	2.41	2.73	2.93	3.02	3.21	4.10	2.67	2.40	2.22
营口	3.59	5.12	6.38	6.70	6.77	7.70	9.08	8.70	7.08
阜新	0.32	0.28	0.30	0.33	0.41	0.53	0.53	0.47	0.52
辽阳	2.60	2.23	1.00	1.03	1.06	1.13	1.36	1.57	0.98
盘锦	0.87	0.85	1.05	1.22	1.27	1.12	0.73	0.77	0.71
铁岭	1.26	1.07	1.04	0.80	0.99	1.18	0.94	0.31	0.39
朝阳	1.11	0.96	0.61	0.69	0.78	1.29	1.58	1.51	1.07
葫芦岛	1.45	1.51	1.57	1.64	1.71	2.17	2.09	1.18	1.72

数据来源：根据《辽宁省统计年鉴（2018）》相关数据计算整理得到。

3.2.3　进口贸易结构

（1）进口产品结构

从进口产品结构看，辽宁对外贸易进口产品主要包括机电产品、高新技术产品、农产品和原油，2009—2017年四类产品进口额占辽宁总进口额的比重基本在75%左右。结合表3-9和图3-13具体看，辽宁机电产品进口主要以机械设备、电器及电子产品、运输工具为主。机电产品进口占总进口额的比重最高，2009—2016年基本在30%左右，2017年回落到26.4%，对应进口额由2009年的94亿美元增加到2017年的144.2亿美元。原油进口比重次之，占总进口额的比重在20%~26%之间，对应进口额由2009年的76.6亿美元增加到2017年的142.9亿美元。高新技术产品主要以生命科学技术及电子技术产品为主，高新技术产品进口额占总进口额的比重基本在10%左右，对应进口额由34.5亿美元增加到57.1亿美元。农产品进口额占总进口额的比重呈现增长趋势，由2009年的6.92%增加到2017年的10.39%，进口额由20.4亿美元增加到56.7亿美元。

表3-9　　　　　　　　　辽宁主要进口产品额　　　　　　　　单位：亿美元

年份	机电产品	高新技术产品	农产品	原油
2009	94	34.5	20.4	76.6
2010	123.9	45.2	30.2	87.7
2011	145.7	51.5	38.8	91.2
2012	143.5	48.3	45.4	112.3
2013	134.7	45.6	51.1	108.2
2014	159.8	48.9	59.4	137
2015	132.4	46.5	54.8	101.9
2016	132	48.2	54.3	96.1
2017	144.2	57.1	56.7	142.9

数据来源：根据海关数据网相关数据计算整理得到。

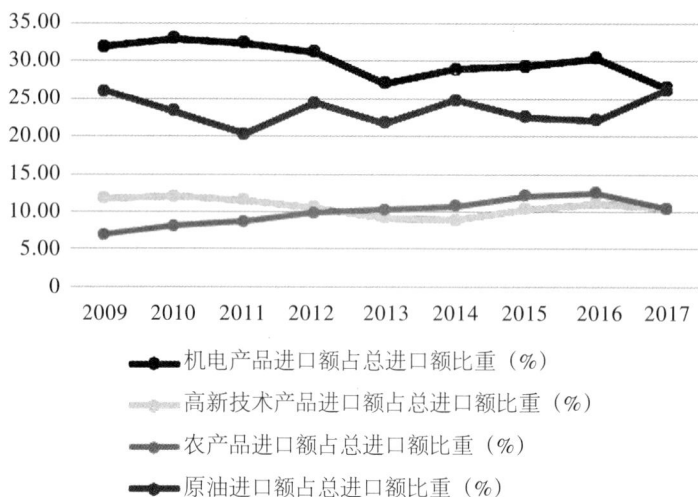

图3-13　辽宁对外贸易进口主要产品比重

数据来源：根据表3-9数据整理绘制。

（2）进口贸易方式

从进口贸易方式来看，辽宁对外贸易进口以一般贸易进口和加工贸易进口为主，2008年后一般贸易进口比重超过加工贸易进口比重。从表3-10和图3-14可以看出，一般贸易进口比重呈现增加趋势，由2001年的37.6%增加到2017年的54.9%，对应进口额由33.1亿美元增加到299.6亿美元。加工贸易比重呈现明显的下降趋势，进口额比重由2001年的48.7%下降到16.9%，降幅近33个百分点。对应进口额由42.1亿美元增加到92.3亿美元。其中，来料加工贸易进口比重由2001年的10.7%下降到2017年的7.5%，进料加工贸易进口比重由37.1%下降到9.4%，下降幅度远大于来料加工贸易进口比重。边境小额贸易进口所占比重很小，且呈下降趋势。

表3-10　　　　　　　**辽宁进口贸易方式占比情况（%）**

年份	一般贸易	来料加工贸易	进料加工贸易	边境小额贸易
2001	37.6	10.7	37.1	—
2002	34	9.4	40.6	—
2003	39.9	7.9	36.6	—
2004	42.2	8	34.4	

续表

年份	一般贸易	来料加工贸易	进料加工贸易	边境小额贸易
2005	42.2	9.6	35.1	—
2006	39.3	10.5	36.5	—
2007	43.2	11.7	31.9	—
2008	48.5	11.2	26.2	—
2009	47.6	15.5	19.1	—
2010	51.4	13.9	19	—
2011	55.2	11.3	20.2	0.7
2012	56.5	10.6	17.1	0.8
2013	57	11.9	16.2	0.6
2014	56.6	10	17.6	0.4
2015	54.9	10.4	13.4	0.4
2016	55	9.4	11.6	0.3
2017	54.9	7.5	9.4	0.2

数据来源：《辽宁省统计年鉴（2018）》。

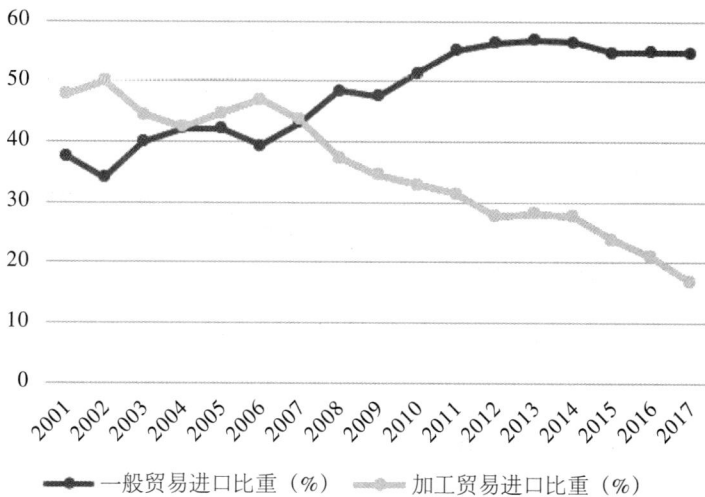

图3-14 辽宁主要贸易进口方式进口情况

资料来源：根据表3-10数据整理绘制。

（3）进口来源国（地区）

从进口来源国（地区）看，辽宁对外贸易进口主要集中于日本、欧盟、韩国、美国和东盟。由图3-15可见，2000—2003年辽宁进口来源国（地区）贸易额由大到小分别是日本、韩国、欧盟、美国和东盟；2004—2010年辽宁自欧盟进口额超过韩国，成为第二大进口来源地；在2011年之前，辽宁对外贸易进口额最大的国家是日本，韩国成为第三大进口来源国；2011—2017年欧盟超过日本成为辽宁第一大进口来源地，日本成为辽宁第二大进口来源国。从进口额来看，2000—2017年，辽宁自欧盟进口额由6.72亿美元增加到91.1亿美元，2014年进口额最高曾达到103.88亿美元；自日本进口额由28.02亿美元增加到56.8亿美元；自韩国进口额由14.76亿美元增加到49.46亿美元；自美国进口额由5.31亿美元增加到38.13亿美元；自东盟进口额由3.13亿美元增加到21.06亿美元。

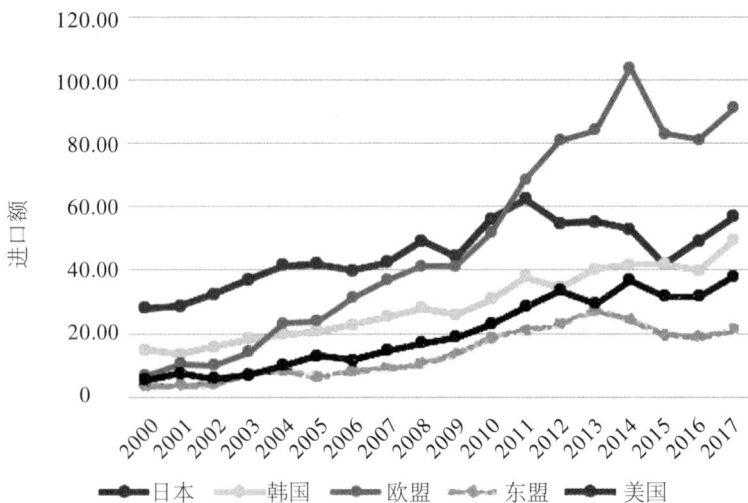

图3-15　辽宁进口贸易来源国（地区）情况（单位：亿美元）

资料来源：根据《辽宁省统计年鉴（2018）》相关数据整理绘制。

（4）进口贸易主体结构

从进口贸易主体来看，外商投资企业是辽宁进口贸易最大的主体。对比图3-16和图3-17可以看出，2009—2017年，外商投资企业进口比重由49%下降到44%，对应进口额由143.35亿美元增加到249.91亿美元；国有企业进口比重由38%下降到32%，对应进口额由112.96亿美元增加到182.94亿美元；而民营企业进口比重表现出明显增加的态势，由13%增加到24%，上升超过10个百分点，对应进口额由38.39亿美元增加到134.84亿美元。

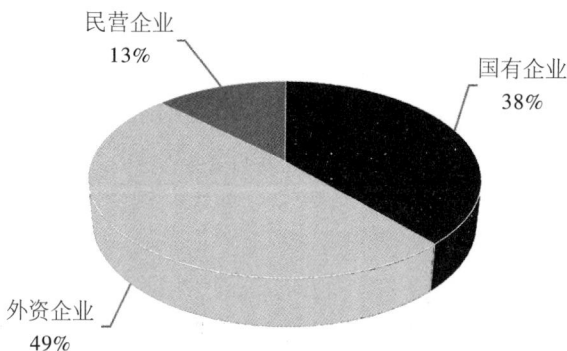

图3-16　2009年辽宁省进口贸易主体情况

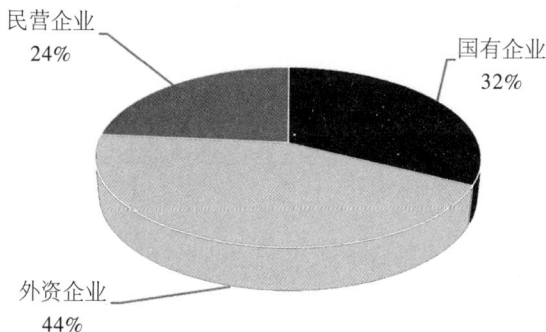

图3-17　2017年辽宁进口贸易主体情况

资料来源：根据《辽宁省统计年鉴（2018）》相关数据整理绘制。

（5）各市进口情况分布

从辽宁省各市进口情况看，大连进口额占总进口额比重最大，由表3-11可以看出，这一比重基本在63%～68%之间，进口额由2009年的200.65亿美元增加到365.3亿美元；沈阳进口比重排名第二位，但是与大连相差较大，其比重在10%～16%之间，进口额由2009年的30.47亿美元增加到81.54亿美元；营口进口比重呈现稳定的小幅增长态势，由2009年的1.60%增加到2017年的4.27%，进口额由4.73亿美元增加到23.27亿美元；鞍山进口比重呈现下降趋势，由2009年的5.18%降为

2017 年的 3.76%, 2017 年进口额为 20.5 亿美元; 锦州进口比重基本在 3% 左右, 2017 年进口额为 14.43 亿美元; 丹东进口比重在 2%~3% 之间, 2017 年进口额为 10.32 亿美元; 葫芦岛进口比重在 1% 左右, 2017 年进口额为 7.21 亿美元; 盘锦进口比重在 2015 年以后出现快速增长, 2016 年占比达到 4.19%, 2017 年回落为 2.36%, 进口额为 12.89 亿美元; 辽阳、抚顺、阜新、铁岭和朝阳 5 个城市进口比重较低, 2017 年 5 市比重之和仅为 1.38%。

表3-11   辽宁各市进口比重（%）

城市	2009	2010	2011	2012	2013	2014	2015	2016	2017
沈阳	10.33	10.06	12.90	14.73	14.74	15.68	16.12	16.30	14.95
大连	68.05	65.84	64.15	63.92	63.09	63.51	64.75	63.30	65.32
鞍山	5.18	6.56	6.09	3.77	4.39	3.41	1.53	2.25	3.76
抚顺	1.46	1.34	0.85	0.58	0.44	0.43	0.53	0.54	0.30
本溪	5.09	5.04	4.86	3.66	3.55	2.52	1.82	1.60	2.10
丹东	1.91	2.81	3.38	3.74	3.44	2.85	3.24	3.41	1.89
锦州	3.19	3.03	2.48	2.77	2.88	3.29	2.37	2.23	2.65
营口	1.60	1.91	2.40	3.50	4.67	4.24	4.35	3.82	4.27
阜新	0.03	0.07	0.10	0.21	0.14	0.09	0.14	0.06	0.10
辽阳	0.77	0.77	0.57	0.68	0.47	0.63	0.95	0.86	0.65
盘锦	0.28	0.30	0.58	0.88	0.98	0.47	1.14	4.19	2.36
铁岭	0.04	0.22	0.04	0.18	0.44	0.61	0.58	0.56	0.21
朝阳	0.28	0.22	0.50	0.49	0.32	0.33	0.44	0.34	0.12
葫芦岛	1.79	1.84	1.08	0.87	0.45	1.05	1.19	0.53	1.32

数据来源：根据《辽宁省统计年鉴（2018）》相关数据计算整理得到。

3.3 辽宁产业结构现状分析

产业结构作为投入产出的转换器,其发展水平直接决定一国(或地区)经济发展的速度及效益①。产业结构演进则是推动经济总量持续扩张的重要因素,也是反映一国(或地区)经济发达程度和经济竞争力强弱的重要指标。辽宁作为国家老工业基地的典型,曾经在全国及区际产业分工中占据重要地位。但是自20世纪90年代向市场经济转型以来,国内东部沿海地区产业结构转型升级能力不断提升,而辽宁产业结构升级步伐缓慢,同时区际分工地位也明显下降。因此,国家在2003年开始实施东北老工业基地振兴战略,推出一系列促进老工业基地经济转型升级和产业结构优化调整方面的措施,辽宁产业结构优化升级取得一定成绩,但仍然存在结构失衡的问题。

2019年辽宁地区生产总值为24 909.5亿元,比上年增长5.5%。其中,第一产业增加值2 177.8亿元,增长3.5%;第二产业增加值9 531.2亿元,增长5.7%;第三产业增加值13 200.4亿元,增长5.6%。三次产业增加值占GDP比重为8.7∶38.3∶53.0,辽宁产业结构呈现"三二一"的格局。

3.3.1 辽宁产业结构现状特征

(1)三次产业结构演进趋势不明显

纵观辽宁的产业结构演进,经历了三个阶段:第一阶段(1952—1984年),产业结构呈现"二一三"特征,1978年第二产业比重最高,达到71.1%;第二阶段(1984—2014年),产业结构呈现"二三一"特征,第三产业比重由20%增加到42%;第三阶段(2015—2019年),产业结构呈现"三二一"特征,第三产业比重明显上升,2016年以来第三产业比重均在52%以上。本书将21世纪以来的辽宁产业结构作为研究重点。

---

① 杨公朴. 产业经济学教程 [M]. 上海:复旦大学出版社,2005:31-60.

21世纪以来，从三次产业比例来看，辽宁三次产业占比基本呈现水平状态，产业结构演进趋势不明显。如图3-18所示，第一产业所占比重略有下降，由2000年的10.78%下降到2017年的8.11%，2018年下降到8%后，2019年又小幅回升至8.74%，总体看趋势微弱①。广东省第一产业比重已经由2000年的9.18%下降到2017年的4.22%，全国平均水平也已经由14.6%下降到7.9%。第二产业比重较高，经历先上升后下降的"抛物线"轨迹，并且下降速度较快。具体看，2000—2014年基本在50%左右徘徊，均值高达50.36%。2015年开始，第二产业比重降到50%以下，并且呈现下降趋势，由46.23%下降到39.25%（2017年），2018年和2019年第二产业比重分别为39.6%和38.3%。第三产业比重较低，呈现先降后升的"倒抛物线"形状，且上升速度较快。2000—2014年基本在40%左右徘徊，均值仅为39.84%。2015年开始，第三产业比重上升幅度较大，由46.61%上升到2017年的52.63%，并且辽宁第三产业比重首次超过第二产业。2018年和2019年第三产业比重分别为52.3%和53%。分析2015年以来辽宁第三产业比重不断上升的主要原因是第二产业严重下滑造成的，并不是第三产业的快速增长所带来的。如图3-19所示，2003年由于东北老工业基地振兴战略的实施，辽宁的第二产业获得快速发展，到2011年之前，均保持两位数的速度增长。国际金融危机的冲击及伴随国家4万亿元投资项目的结束，从2012年开始辽宁第二产业增速直线回落，由9.8%下降到2016年的-7.9%，下降达到近18个百分点，2017年有所回升，也仅仅增长3.2%。第三产业增速总体呈现下降趋势，由2000年的11.6%下降到2015年的2.4%，其后有所回升，但是幅度不大，2018年和2019年分别为4.8%和5.6%。因此，2015年以来辽宁经济出现的高度化趋势是在第二产业萎缩下滑背景下的"伪高度化"，并非第三产业的快速发展所带来的高度化演进②。

---

① 数据来源：辽宁省统计局《2019年辽宁省国民经济与社会发展统计公报》。
② 周静言. 辽宁对外贸易发展对产业结构升级的影响分析［J］. 改革与战略，2018（11）：117.

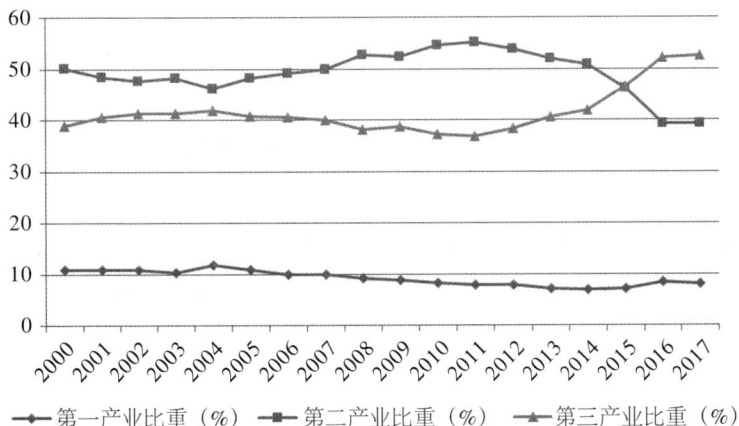

图3-18 辽宁三次产业结构演进

资料来源：根据《辽宁省统计年鉴（2018）》相关数据整理绘制。

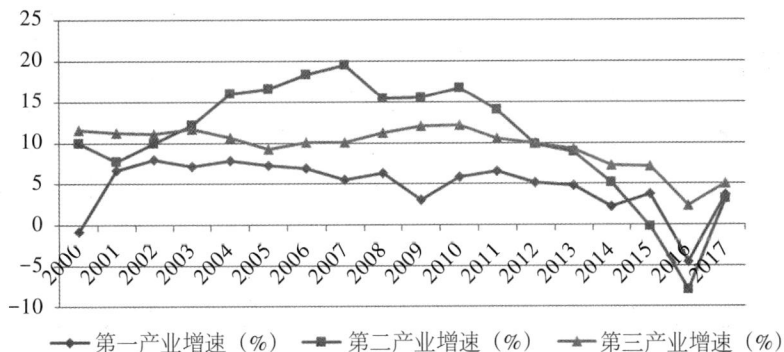

图3-19 辽宁三次产业增速

资料来源：根据《辽宁省统计年鉴（2018）》相关数据整理绘制。

（2）第三产业对经济贡献率不断提升

尽管2015年之前辽宁第三产业占地区生产总值的比重基本维持在40%左右，明显低于第二产业所占的比重，但是第三产业对经济的贡献率在不断提升，并且随着社会需求的变化以及产业结构调整力度的加大，2015年以来辽宁第三产业获得了较大的发展，第三产业所占比重明显超过第二产业，2019年第三产业占比已经达到53%。

从三次产业对经济增长的贡献率来看，如表3-12所示，自2003年实施东北老工业基地振兴战略后，辽宁第一产业对GDP的贡献率总体呈现下降趋势，2009年降到最低的2.1%之后又有所回升，2013年急速降到-0.8%，其后第一产业贡献率稳定提升，"十二五"时期基本稳定在8%左右，2017年为7.9%；第二产业对经济增长的贡献率在2011年达到62.8%，其后回落，2015年跌至-11%，2016年迅速反弹回升至147%，2017年为30.2%；第三产业对经济增长的贡献率呈现先增后减，但总体趋势上升。具体来看，2013年增长到64%，2015年迅速提升到101.8%，尽管2016年出现大幅度回落，但是2017年仍达到61.9%。自2013年以来，辽宁第三产业对经济贡献率总体超过第二产业贡献率。

表3-12　　　　　　辽宁三次产业比重及产业贡献率（%）

年份	第一产业比重	第一产业贡献率	第二产业比重	第二产业贡献率	第三产业比重	第三产业贡献率
2000	10.8	-2.0	50.2	65.4	39.0	36.6
2001	10.8	8.0	48.5	42.2	40.7	49.8
2002	10.8	8.6	47.8	47.5	41.4	43.9
2003	10.3	6.5	48.3	51	41.5	42.5
2004	12.0	6.4	45.9	57	42.1	36.6
2005	11.0	6.4	48.1	53.2	41.0	40.4
2006	10.1	5.0	49.1	56.6	40.8	38.4
2007	10.2	2.7	49.7	58.3	40.2	39
2008	9.5	4.5	52.4	60.6	38.1	34.9
2009	9.3	2.1	52.0	61.4	38.7	36.5
2010	8.8	3.2	54.1	62.3	37.1	34.5
2011	8.6	4.0	54.7	62.8	36.7	33.2
2012	8.7	4.0	53.3	56.7	38.1	39.3
2013	8.1	-0.8	51.3	36.8	40.5	64
2014	8.0	2.6	50.3	47.9	41.8	49.5
2015	8.3	9.2	45.5	-11	46.2	101.8
2016	9.8	7.1	38.7	147	51.5	-54.1
2017	9.1	7.9	39.3	30.2	51.6	61.9

数据来源：根据《辽宁省统计年鉴（2018）》相关数据计算整理得到。

（3）第三产业成为吸纳就业主渠道

根据配第-克拉克的就业结构理论，随着一个国家（或地区）人均收入水平的不断提高，劳动力首先从第一产业流向第二产业，收入水平进一步提高时，劳动力流向第三产业。从就业结构来看，1984年辽宁人均GDP为216.7美元时，第二产业就业比重首次超过第一产业，实现了就业由第一产业向第二产业转移的过程；1999年人均GDP为1 816.6美元时，辽宁三次产业从业人员比重为32.7∶33∶34.3，第三产业从业人员比重首次超过第二产业，表明第三产业已经成为辽宁吸纳就业的主渠道。如图3-20所示，从2000—2017年辽宁三次产业从业人员情况来看，其比例由33.4∶31.7∶34.9调整到31.3∶24.52∶44.2，2018年为31.49∶23.62∶44.89。由此可见，第三产业从业人员的比重持续提升，而且幅度较大，由34.9%上升到44.2%，2018年又提升到44.89%。第二产业和第一产业从业人员比重均呈现下降趋势，并且第二产业从业人员比重下降的幅度大于第一产业，第二产业从业人员比重由31.7%下降到24.5%，2018年继续降至23.6%；第一产业从业人员比重由2000年的33.4%下降到2014年的26.85%，其后有所回升，到2018年为31.49%。总体上看，除2013年和2014年以外，辽宁第一产业从业人员比重均高于第二产业从业人员比重，这表明，21世纪以来辽宁大量剩余劳动力从第一产业转向第三产业就业，推动服务业的快速发展，同时也表明辽宁第三产业仍然以传统服务业为主。由此可见，辽宁三次产业就业结构的变动情况基本符合理论上的产业结构演进规律。

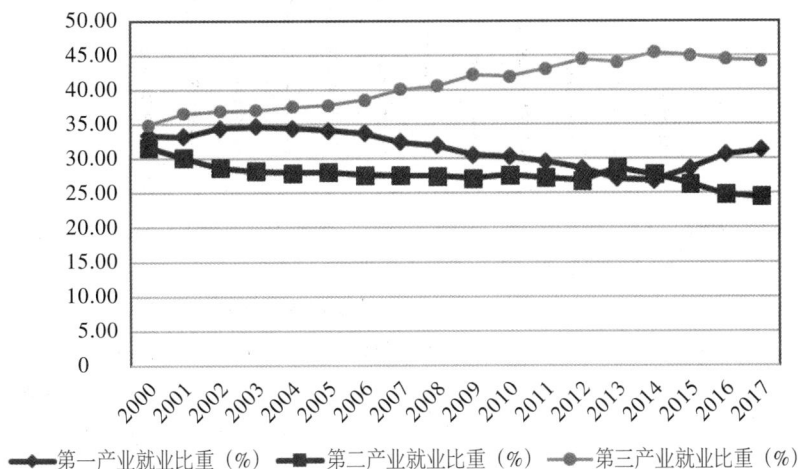

图3-20　辽宁三次产业就业结构变化

资料来源：根据《辽宁省统计年鉴（2018）》相关数据整理绘制。

3.3.2 辽宁产业结构失衡表现

（1）工业结构失衡

辽宁工业结构的显著特征是以重化工业为主，且整体工业技术水平较低，明显滞后于当前的智能化、集成化工业技术水平。从轻重工业的比重来看，如图3-21所示，辽宁以装备制造业和原材料工业为主的重工业所占比重较大，均在81.5%以上，以农副产品加工为主的轻工业份额相对较低，基本在12%～19%之间。从产值来看，2005—2013年工业总产值不断增长，2013年达到最大值52 892亿元，其中，轻重工业产值均达到最大值。其后，2014年开始工业总产值及轻重工业产值均出现断崖式下降，2016年工业总产值降为21 318.5亿元，致使第二产业比重陡然下降，辽宁经济增速严重下滑。2017年辽宁规模以上六大高耗能行业增加值占规模以上工业增加值的比重为48.1%，比全国平均水平29.7%高出18个百分点。

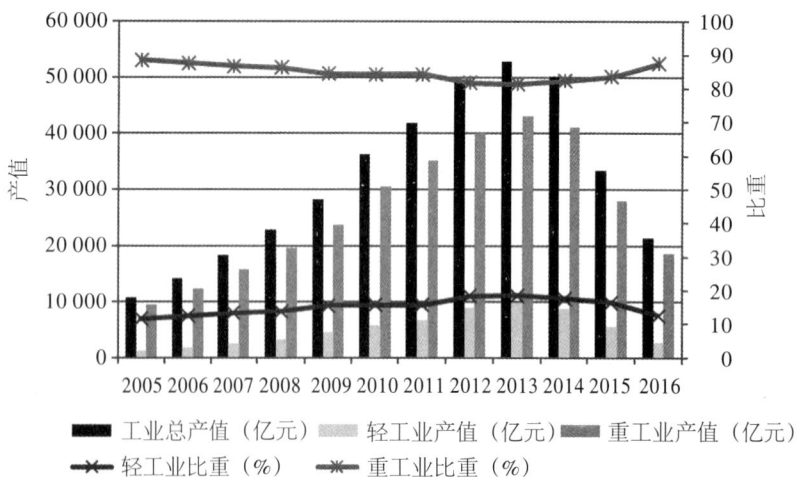

图3-21 辽宁工业产值及其构成比重

资料来源：根据《辽宁省统计年鉴（2018）》相关数据整理绘制。

从行业构成来看，辽宁工业中占比最高的两个行业为装备制造和石化工业，2017年两大行业增加值占全部规模以上工业增加值的比重高达58.8%。但是两大行业的产品则以初加工及加工装配为主，产品低附加值的特性决定生产处于产业链低端。高端制造业领域，辽宁许多高新技术产品长期以来依赖进口，如机床控制系统、汽车发动机等装备制造业中的重大技术装备以及输变电设备制造中的关键基础零部件等，不仅使其生产成本增高，而且进口过程中常常受制于人。辽宁初级产品加工业所占比重较高，其中，农副食品加工业增加值占全省规模以上工业增加值比重基本在10%左右波动。

（2）农业结构调整缓慢

辽宁既是重工业省份，同时也是农业大省。但是农业资本投入不足，导致农业内部结构调整缓慢，现代农业比重较低，农产品附加值较低。一是农业内部结构偏低。如图3-22所示，农牧业比重较高，以种植业为主的农业所占比重基本在40%左右波动；以养殖为主的牧业所占比重均在30%以上，有增加趋势。但是农牧业加工程度较低，农、牧产品加工制造业发展缓慢，与现代农业发展水平相差较大。二是农业产品结构单一。从农经作物种植比例来看，如图3-23所示，产品结构过于单一，粮食作物的种植比例基本在80%左右波动，其中，玉米、水稻种植面积占比最大，二者占粮食作物种植面积的比例基本在85%左右；经济作物的种植比例较低，基本在10%左右。三是农业产业链条不完善。传统种植业比重大，龙头企业数量较少，农产品精深加工能力较弱，农业服务业所占比重虽有缓慢增长之势，但是比重过低，2017年最高比重仅为5.4%，2018年又回落至4.6%，尚停留在"靠天吃饭"的状态。

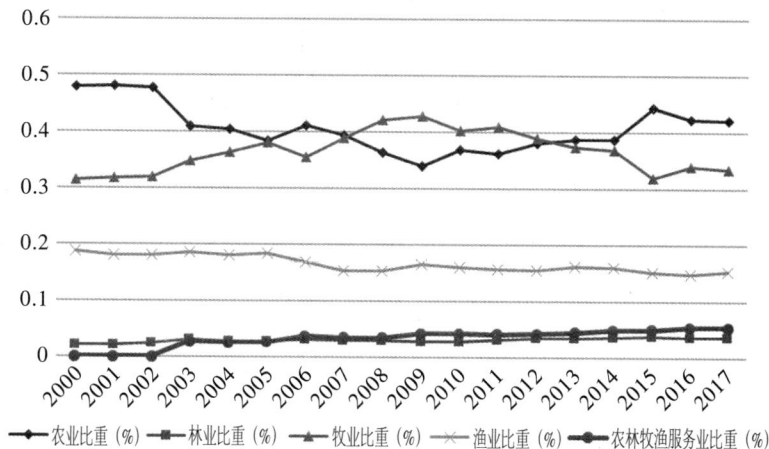

图3-22 辽宁农业内部结构

资料来源：根据《辽宁省统计年鉴（2018）》相关数据整理绘制。

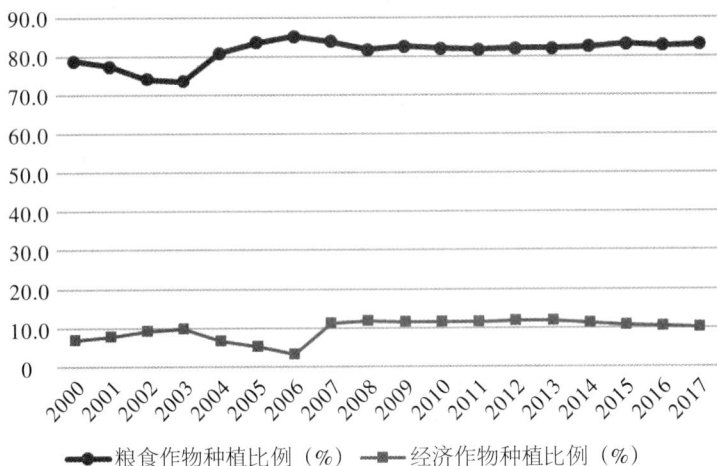

图3-23 辽宁粮经作物种植比例

资料来源：根据《辽宁省统计年鉴（2018）》相关数据整理绘制。

（3）服务业内部结构不合理

尽管辽宁服务业的比重已经超过第二产业比重，但是长期以来大力发展工业的经济主线导致重工业比重过高，对服务业投入不足导致其发展水平偏低，结构不合理。如图3-24所示，辽宁服务业仍然以传统服务业为主，尽管所占比重由2005年的45.2%下降到2016年的40.3%，但从其内部构成来看，批发和零售业所占比重最大，基本在24%左右波动；住宿和餐饮业所占比重基本维持在5%左右；交通运输、仓储和邮政业所占比重呈现下降趋势，由2005年的15%下降到2016年的11.1%。也就是说，三大传统服务业中，生活性服务业所占比重比较稳定，主要是由于生产性服务业的比重下降导致了传统服务业比重的下降。金融业和房地产业所占比重呈现增长趋势，但优势并不突出，其中金融业所占比重由2005年的7%增加到2016年的16.2%；房地产业由8%增加到11.1%（2012年）再回落至9.2%，呈现缓慢增长趋势。以金融业和房地产业为代表的生产性服务业增长的同时却带来了以信息服务、公共事业服务、社区服务、文体娱乐等为代表的其他服务业比重的下降，由40%降到34.3%，这些行业既包括对从业素质要求较高的行业，也包括广泛吸纳农村剩余劳动力的行业，但是其比重呈不断下降趋势，并且以研发设计、技术咨询、电子商务为代表的生产性服务业发展滞后，使得辽宁制造业的优势及基础地位难以发挥，制约二三产业的融合发展。

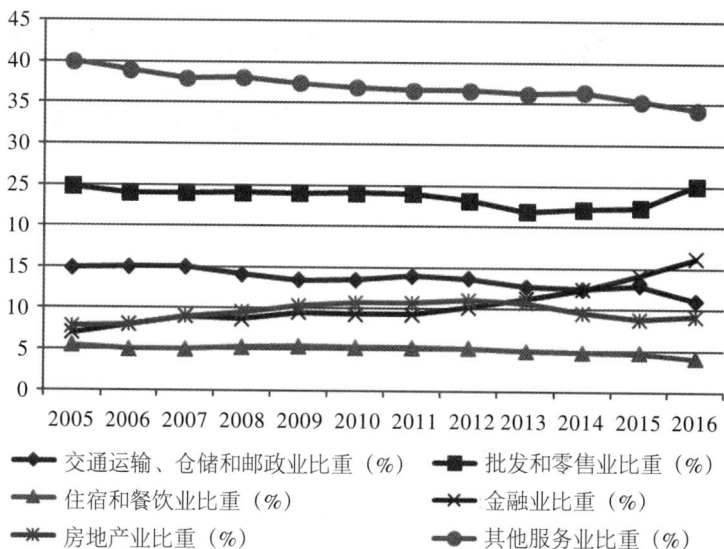

图 3-24　辽宁服务业内部结构

资料来源：根据《辽宁省统计年鉴（2017）》相关数据整理绘制。

第4章 辽宁贸易结构与产业结构
失衡形式及原因分析

4.1 辽宁贸易结构与产业结构失衡的表现形式

一国（或地区）对外贸易结构与产业结构存在着密切的内在联系。一般来说，产业结构是一国（或地区）对外贸易结构的基础，决定其发展水平；而对外贸易结构通常是国内（或区域内）产业结构长期发展的必然结果，反映了产业结构的关联关系。但是辽宁对外贸易结构与其产业结构之间并未形成良性互动，而是错位发展，具体表现为以下三个方面：

4.1.1 产业结构对贸易结构调整的决定作用微弱

理论分析认为对外贸易结构主要取决于一国（或地区）的产业结构状况，是其产业结构在空间上的延伸扩展，简单地说产业结构决定贸易结构，同时贸易结构又反作用于产业结构，其优化升级可以带动国内（或区域内）产业结构升级。产业结构与贸易结构之间既相互促进，又相互制约，二者是同源的，是一种"原像"与"镜像"的关系[①]。但是，辽宁对外贸易结构的"镜像"并未真正反映其产业结构的"原像"，二者之间存在错位。加工贸易带来的虚假贸易繁荣使辽宁表象性的贸易结构对产业结构产生了扭曲性反映，也就是说，加工贸易比重过大使辽宁对外贸易结构"镜像"失真。加工贸易占辽宁对外贸易总量的比重在40%左右，其中2001—2011年比重基本在50%以上波动，后国际金融危机时期略有下降，但是也在35%以上，并且多数年份接近40%。这种大量"两头在外"的加工贸易使辽宁对外贸易结构呈现出虚幻性的超前发展，并非与辽宁产业结构存在必然的内在联系，并未真实反映辽宁经济发展水平，即对外贸易结构这个"镜像"并不是由辽宁产业结构的"原像"所决定的。加工贸易并不反映一国（或地区）总体的资源禀赋和比较优势，其本质上与单纯的劳务出口没有实质区别，仅指劳动力生产要素贸易。而实际上无论是一国的对外贸易还是一个地区的对外贸易均为生产要素贸易，其表象形式是交换商品，而实际上是彼此之间不同生产要素禀赋之间的交换。一般贸易与加工贸易的区别在于，前者反映了参与对外贸易的全部生产要素，不仅包括劳动力、资本及技术等外生禀赋因素，也包括技术创新能力及组织能力等内生禀赋因素；而加工贸易则仅反映对外贸易生产禀赋中的劳动力数量。

国际金融危机之后，辽宁加工贸易优势逐渐减弱，主要是由于以劳动密集型为主的出口企业，其生产设备较为陈旧，缺乏自主品牌。随着国内劳动力成本的增加，原材料采购及用工成本均增加，逐渐丧失劳动力优势，国际市场份额随之下降。因此，辽宁对外贸易结构并不是取决于产业结构优化升级的内在动力，也就是说，产业结构对贸易结构调整的决定作用微弱，二者之间并未形成良性互动，甚至出现背离的情形。

---

① 袁欣. 中国对外贸易结构与产业结构："镜像"与"原像"的背离 [J]. 经济学家，2010（6）：67-73.

4.1.2 对外贸易结构并未反映辽宁产业竞争力

决定一国（或地区）产品竞争力的是绝对的"竞争优势"，而不是李嘉图的"比较优势"。辽宁对外贸易出口产品主要包括机电产品、高科技产品、钢材产品、农产品和船舶五大类，以机电产品和高科技产品占比最大。其中，机电产品占辽宁出口贸易总额的比重是最大的，基本在35%~44%之间。但是同全国机电产品出口比重相比，辽宁机电产品出口占总出口额的比重明显低于全国机电产品出口额占总出口额的比重，全国机电产品出口额占总出口额的比重基本维持在56%~60%之间，与之相比，辽宁的机电产品出口比重明显偏低。并且辽宁机电产品出口占全国机电产品出口比重呈现总体下降趋势，由2000年的3.8%下降到2006年的1.7%，其后基本维持在2%左右，这与辽宁老工业基地的特征不相符合，机电产品出口能力较弱。从辽宁高科技产品出口额占总出口额的比重来看，呈现总体下降趋势，最高比重为2003年的18.1%，最低为2013年的8.4%，其后有所回升，2017年为12.8%。全国高科技产品出口额占总出口额的比重由2001年的17.5%上升到2006年的30.7%，其后基本稳定在30%左右，而辽宁呈现下降趋势，位于10%以下，这种下降的趋势表明，辽宁对外贸易出口中商品结构存在问题，与全国水平相比差距较大。

辽宁作为老工业基地的典型代表，装备制造业是辽宁支柱产业的龙头产业，国内装备制造业企业共有673家，辽宁占据69家[①]。辽宁省工业收入占全省经济收入比重最高，其利润在辽宁省利润总额中已占半壁江山，并有继续增加态势，但在国际国内竞争中智能化、创新化水平还比较落后，2018年全国装备制造业100强中辽宁仅有5家企业跻身其中，在国内行业发展中优势并不明显，激烈的国际竞争并未对辽宁产业改进与创新形成倒逼机制，产业竞争力也就无从谈起。

---

① 温馨，扈钰鑫，殷艳娜. 供给侧改革下辽宁装备制造业竞争优势培育 [J]. 理论界，2019（2）：49.

4.1.3　产业结构表象优化并未改善贸易条件

21世纪以来，无论是从三次产业关系的调整看，还是从产业结构高级化趋势看，辽宁的产业结构均出现一定的积极变化。尤其是2015年以来，第三产业比重超过第二产业且上升速度较快。但是在对外贸易进出口结构、技术结构及所有权结构等领域发展相对滞后的背景下，辽宁产业结构"优化"具有表面性。尤其是2015年以来辽宁第三产业比重不断上升的主要原因是第二产业严重下滑，并不是第三产业的快速增长所带来的。因此，2015年以来辽宁经济出现的高度化趋势是在第二产业萎缩下滑背景下的"伪高度化"，并非第三产业的快速发展所带来的高度化演进[①]。

从产业内部结构来看，辽宁工业结构的显著特征是以重化工业为主，且整体工业技术水平较低，明显滞后于当前的智能化、集成化工业技术水平。从轻重工业的比重来看，辽宁以装备制造业和原材料工业为主的重工业所占比重较大（80%以上），以农副产品加工为主的轻工业份额相对较低。辽宁既是重工业省份，同时也是农业大省。但是农业资本投入不足，导致农业内部结构调整缓慢，现代农业比重较低，农产品附加值较低。农牧业加工程度较低，农、牧产品加工制造业发展缓慢，与现代农业发展水平相差较大。尽管辽宁服务业的比重已经超过第二产业比重，但是长期以来大力发展工业的经济主线导致重工业比重过高，对服务业投入不足导致其发展水平偏低，结构不合理。以研发设计、技术咨询、电子商务为代表的生产性服务业发展滞后，使得辽宁制造业的优势及基础地位难以发挥，制约二三产业的融合发展。

当前，辽宁产业结构调整趋势并不明显，尚在消极和被动中调整，必然对贸易结构优化升级产生严重的阻碍作用。低级化的产业结构必然导致低级化的贸易结构，表现为依靠附加值较低的工业制成品出口换取高技术含量的工业制成品。低级化的贸易结构又会进一步促使产业结构

---

① 周静言. 辽宁对外贸易发展对产业结构升级的影响分析 [J]. 改革与战略，2018（11）：117.

向相反方向调整的恶性循环①，使辽宁在国际分工中处于价值链的
低端。

4.2 对外贸易对辽宁产业结构升级作用机制失灵的原因分析

4.2.1 对外贸易影响区域产业结构升级的作用机制

对外贸易对区域产业结构升级的影响，主要体现在出口和进口两个
途径上。从出口角度看，随着国际需求的不断变换，出口投入力度加
大，使产品由劳动密集型向资本、技术密集型转变，通过技术扩散效应
推动产业结构转型升级。从进口角度看，通过进口高科技产品、技术及
设备以及引进管理经验等推动区域产业结构升级。具体的传导机制如图
4-1所示，共产生七种效应。

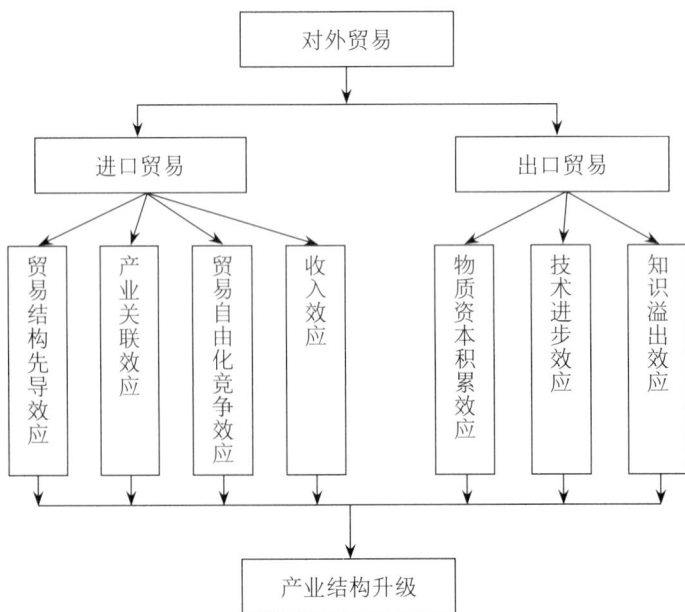

图4-1 对外贸易对区域产业结构升级的传导机制

① 崔凯，周静言. 俄罗斯贸易结构与产业结构错位现象分析 [J]. 延边大学学报（社
会科学版），2016（4）：41.

（1）出口贸易对产业结构升级的作用机制

第一，贸易结构先导效应。对于发展中国家（或地区）而言，新产品贸易的过程是从净进口到贸易均衡再到净出口，其出口产品从劳动密集型为主逐步转向资本、技术密集型为主，使之对应的贸易结构不断调整优化。而贸易结构的优化对其国内产业结构升级具有带动效应，使产业结构的演进从劳动密集型产业占比最高过渡到资本、技术密集型产业占比最高，推动产业结构的高级化转变。实证分析的结论同样支持这一作用机理，李荣林、姜茜认为，低技术及中等技术行业的出口贸易结构优化对其国内产业结构高度化具有先导效应，可以促进国内产业结构转型升级[①]。孙晓华、王昀认为，贸易结构效应对国内产业结构升级有显著的正向影响，大量的工业制成品出口带动我国产业结构升级[②]。

第二，产业关联效应。对外贸易通过出口促进一国（或地区）比较优势产业的快速发展，出口需求的拉动，必然会使出口产品围绕产业链加强产业关联与融合，通过产业的前、后向关联关系带动其他产业的发展，进而实现一国（或地区）的产业结构升级。并且随着出口贸易的增长，必然要求与之相配套的关联产业及基础设施的发展，如初级产品出口贸易的发展，需要交通（公路、铁路及港口等）、电力及通信等基础设施的逐步完善和相关多个行业的配套发展；制造业出口贸易的发展，需要原材料及中间产品的供应、技术研发、人才培训、金融等配套产业的融合发展，促进生产力的提升，进而带动产业结构的优化升级[③]。

第三，贸易自由化竞争效应。贸易自由化可以刺激各个国家（或地区）间的投资及消费需求，而不同地区的对外贸易开放程度各异，必然会引起消费需求的变化，进而推动地区产业结构的转型升级。贸易自由化不仅能够化解一国（或地区）生产要素的"瓶颈"与产品

① 李荣林，姜茜. 我国对外贸易结构对产业结构的先导效应检验 [J]. 国际贸易问题，2010（8）：3-12.
② 孙晓华，王昀. 对外贸易结构带动了产业结构升级吗？——基于半对数模型和结构效应的实证检验 [J]. 世界经济研究，2013（1）：15-22.
③ 李娜，伍世代，等. 扩大开放与环境规制对我国产业结构升级的影响 [J]. 经济地理，2016（10）：109-115.

"过剩"的矛盾，而且有助于刺激产品相关产业的发展，促进行业生产效率的提高，最终改善国家（或地区）的产业结构。在贸易自由化的竞争条件下，出口企业优胜劣汰的运营机制使其不断改善技术装备、改善人力资源素质和企业生产流程，以提高企业生产力水平，最终推动整个行业生产效率的提高，推动产业结构合理化和高度化发展。

第四，收入效应。出口贸易的发展可以带动国内经济增长和人民收入水平的提高。恩格尔定律表明，随着收入水平的提高，人们用于食物等生活必需品的支出也在增加，但是所占比重不断下降，而用于教育、娱乐、医疗保健等非生活必需品的支出比重则在不断上升，新的消费需求则进一步提高消费层次。人们对服务业消费需求的不断增长，使得服务业的收入弹性高于工业，从而提高服务业产品生产的投资水平，使得产业结构向服务型转变。

（2）进口贸易对产业结构升级的作用机制

第一，物质资本积累效应。充足的资本积累有助于推动资本、技术密集型产业获得比较优势，带动高科技产业及战略性新兴产业的快速发展，进而推动产业结构升级。开放经济条件下，对外贸易已经成为一国（或地区）资本积累的主要来源。对发展中国家而言，出口以劳动密集型产品为主，进口则以资本密集型产品为主，通过进口本国不具有比较优势的产品，可以降低其国内稀缺要素的相对价格和生产成本，提升要素资源的优化与配置效率，从进口贸易活动中实现资本积累。可见，进口资本品是实现一国（或地区）实现资本积累的重要途径，对其产业结构升级起到不可或缺的重要作用。

第二，技术进步效应。技术与产业高度融合已经成为一国（或地区）推动产业结构向高级化及合理化方向发展的关键因素，开放经济条件下可以通过进口国外先进的产品，研究其中的知识和核心技术，通过技术溢出效应推动本国（或地区）的技术进步，结合本国（或地区）实际生产基础，研发出适合自身发展的新兴技术，为同类产业发展提供技术保障，而技术进步相对较快的部门，必然会引起资源向该部门集中，使其所占比重上升，反过来进一步提高劳动生产率，推动产业结构向高度化方向发展。另外，技术进步也会推动新兴产业的出现，使得生产要素在各个部门间重新配置，引致产业结构向高级化方向发展。可见，进口高科技产品已经成为发展中国家（或地区）提升技术水平的"催化剂"，对其产业结构升级存在潜在的重要影响。

第三，知识溢出效应。进口贸易带来的产品及设备流动，必然会带来技术和知识的传播，通过示范效应为本国（或地区）企业提供模仿学习的机会，先进的生产技术及管理经验使其生产更加专业化，进而提高生产效率。而劳动生产率是一国（或地区）产业结构优化升级的重要因素，劳动生产效率的提高必然会加速产业结构的优化升级，实现优势产业与国际产业结构的对接，实现产业结构转型升级的目标。反之，劳动者过低的劳动技能，会使本国（或地区）的产业结构锁定于劳动密集型，不利于产业结构转型升级。

4.2.2 辽宁产业结构升级失衡分析

按照上述分析，从出口路径来看，辽宁应该根据比较优势大规模专业化生产重工业，并通过产业关联效应带动上下游产业共同发展，通过贸易自由化效应提高劳动生产率，从而促进辽宁工业结构的优化升级；同时收入效应通过消费层次的提高，使得产业结构向服务型转变。从进口路径来看，辽宁应该进口高科技产品、资本密集型产品，通过物质资本积累效应、技术进步效应和知识溢出效应，推动产业结构高级化。然而实际上，对外贸易对辽宁产业结构优化升级的传导路径受到很多因素的制约。

（1）出口路径的制约因素

第一，产业结构重型化，产品竞争力不强。

计划经济使辽宁工业基础雄厚，长期以来装备制造业及重化工业始终处于优势地位，而传统产业升级缓慢，产业优势逐渐减弱。国际金融危机后，辽宁工业增长明显回落，工业增加值占GDP比重由2011年的48.4%下降到2015年的39.5%，仍然远高于其他行业，但2016年骤然降至30.65%。其中，装备制造业是辽宁第一大工业支柱产业，装备制造业增加值占工业增加值比重基本在1/3左右（2016年34.1%，2017年

32.0%），但是装备制造业的利润率较低，整体竞争力不强，2016年制造业规模以上工业企业资产报酬率[①]仅为2.49%，比全国工业企业资产报酬率水平低了近4个百分点[②]，表明辽宁的装备制造业大而不强。另外，辽宁的出口贸易依存度也明显低于全国平均水平，2017年，全国出口贸易依存度为18.54%，而辽宁仅为12.7%，再次表明在我国以工业制成品为主的出口贸易结构下，辽宁老工业基地的工业制成品国际竞争力不强，亟须提升。

第二，产业内部关联度较低，带动力不强。

辽宁制造业规模大、基础好、体系全、领域广，多个领域在国际上具有一定竞争力。但是，面对国际国内双重竞争压力和核心技术"卡脖子"制约，辽宁制造业的竞争力正在逐渐失去。与此同时，受制于融资难、用工难，辽宁中小型工业企业和大型民营工业企业普遍投资意愿不强，导致制造业投资趋于放缓，工业增长动力明显不足。长期以来，重工业一直是辽宁的优势产业，而以资源、能源密集型为主的重工业，其重点产业主要包括钢铁、汽车和石化产业等，这些产业的共性是产业链条多数比较短，且处于产业链的上游，与其相关的下游产业发展不充分，关联效应较差甚至是产业链条断裂。重工业企业产品以零部件、元器件等中间产品为主，精深加工产品较少，粗放式的生产方式使得附加值较低。

第三，国企比重大，体制依赖性强。

辽宁老工业基地的国有企业数量多且比重大，装备制造及重化工业等领域比重最大，与辽宁"重型"的产业结构紧密相关，在经济下行背景下，国企效率较低，企业负担重，资产负债率较高。辽宁产业结构以重工业为主，过大规模、过快速度的投资扩张，以及前期投资大、回报周期长的项目特性，导致近年来企业资产负债率快速攀升，在这些行业中，企业去杠杆又与去产能、补短板等任务相交织，进一步加剧了企业财务成本和经营压力。2016年辽宁共有国有及国有控股规模以上工业企业589家（其中重工业企业496家，轻工业企业93家），资产总计

[①] 规模以上工业企业资产报酬率=利润总额/资产总计。
[②] 根据《中国统计年鉴（2017）》《辽宁省统计年鉴（2017）》相关数据计算整理得出。

18 588.12亿元，利润-22.14亿元（重工业利润-33.66亿元，轻工业利润11.52亿元），资产报酬率为-0.12%。而同期私营工业企业4 366家，资产总计6 064.47亿元，利润总额151.56亿元，资产报酬率为2.5%。这表明辽宁的国有及国有控股企业虽然规模较大，但是处于亏损状态，盈利能力较差，竞争力远不及私营企业。辽宁民营经济发展虽然好于国有经济，但是资产报酬率仍然明显低于全国平均水平，一方面由于计划体制影响下政府对经济干预过多，另一方面民营企业自身思想受到禁锢，独立性较差，对政府及国有企业依附程度较高，制约了民营经济的发展。

第四，民营企业竞争力不强，优势发挥不明显。

尽管我国市场经济体制不断完善，但在政府干预下，对民营企业而言仍然存在社会信息透明度不高的现象，尤其是受某些落后文化的影响，通过"人际关系"完成交易的思维模式导致交易成本过高。"十三五"时期以来，辽宁民营企业不断发展壮大，但是由于辽宁经济发展长期依赖于重资产行业的国有企业，使得民营企业以中小企业为主，银行对中小企业的信贷评估条件苛刻，手续繁杂，且资金数额受限，融资难、融资贵一直困扰其发展壮大，与国有企业相比，民营企业在资金获得上存在较大差异，导致民营企业在市场竞争中难以发挥自身优势。在社会资源的占有量上民营经济也处于弱势地位，比如，历史因素使得辽宁国有企业占地面积巨大且多为城市土地资源，造成民营企业选址相对偏远，增加仓储及物流等成本；传统就业观念中，国有企业带给职工的稳定性和信任度更受辽宁百姓青睐，民营企业短期内很难取代，高素质年轻化的人力资源匮乏是制约民营企业发展的致命性因素。此外，辽宁多数民营企业各自为战，合作意识淡薄，产业集群效应薄弱。

第五，收入水平较低，增长缓慢。

需求是推动产业结构服务型转变的最主要因素，而按照前述收入效应理论，收入水平的提高将带动一国（或地区）服务业消费需求的快速增长，带动产业结构向服务型升级。对外贸易是带动经济增长的核心动力，但是辽宁的对外贸易水平自2015年以来明显滞后于全国的平均水平，加之第二产业尤其是重工业严重萎缩，导致经济增速大幅度下滑，人均收入水平增长缓慢。2016年，辽宁常住居民人均可支配收入为

26 040元，实际增长4.3%，远低于浙江（38 529元）、江苏（32 070元）和广东（30 295元）等东部沿海省份，并未对服务业形成强大的需求动力，致使服务业发展较为滞后，影响产业结构的服务型演进。

（2）进口路径的制约因素

第一，计划观念强，市场机制不完善。

辽宁是全国最早实施计划经济的省份，同时也是最晚退出计划经济的省份，并且深受计划经济影响，"看得见的手"依然干预经济运行，使得企业在生产经营及资源配置方面市场化程度低，生产要素资源不能自由流动实现合理配置。重政府轻市场的结果是在产业发展过程中，政府主导民间资本，企业缺乏能动性，使得辽宁民营经济发展远远落后于全国的平均水平，缺乏市场导向导致经济活力严重不足。而政府通过投资对经济的拉动却较为明显，政府积极拉动投资则经济较快增长，否则民间资本缺乏方向导向造成经济增速放缓，也就是说，政府对辽宁经济发展乃至产业结构优化起着重要的引导作用，在此背景下企业很难有动力去学习国外先进技术及管理经验。

第二，技术支撑能力较弱，人才流失严重。

技术进步是产业升级的关键因素，技术效率高的产业不断取代技术效率低的产业，成为一国（或地区）的主导产业，进而带动产业结构升级。从总投入上看，2016年辽宁R&D经费占GDP的比重为1.67%，占全国R&D经费的比重为2.38%，比重严重不足。辽宁大中型工业企业科研机构数量不断减少，由2009年的399家减少到2016年的266家，有科技活动的企业占比仅为28.4%，科技经费占主营业务收入的比重仅维持在1.1%左右。从产业组织体系上看，辽宁工业领域中处于专精技术水平的中小企业及民营企业并不发达，并未形成龙头大企业带动、中小企业配套发展的良性产业组织体系，使得产业极度缺乏原始创新能力，以引进消化吸收再创新为主的创新模式很难攻克核心技术带动工业产业结构升级。

自2011年起，辽宁省人口开始进入负增长，其中，2016—2018年辽宁省人口自然增长率分别为-0.18‰、-0.44‰和-1‰。这三年正是全面二孩政策实施的头三年，辽宁没能扭转人口负增长的势头，可见辽宁人的二孩生育意愿之低迷。与此同时，因为辽宁经济与发达地区存在明显差距，特别是南方大中型城市纷纷开始"抢人大战"之时，辽宁行动迟缓，可以说已经败下阵来。同时辽宁青壮年劳动力特别是高素质大中专院校毕业生回辽就业意愿持续降低，外来人口持续减少。人口流失、人才流失以及由此导致的人口结构的变化，已成为辽宁经济衰退的关键影响因素。"十四五"期间，如无特殊政策刺激，这一趋势将难以逆转，而且辽宁人口老龄化可能进一步带来一系列社会问题。人才是产业发展的核心要素，依靠人才产业才能够更加兴旺，而辽宁又面临着严峻的人才流失问题，从人口经济学的视角分析，人才流失与地区经济下滑关系密切，并且两者之间相互作用。一方面，辽宁并不缺少人才，辽宁拥有东北大学、大连理工大学等116所高等院校和中科院化物所等167家研究院所，两院院士50余人，享受政府特殊津贴专家8 000余人，但是科研成果在辽宁并没有得到充分释放，"人"与"才"脱节，同样是人才流失，或称为"人才留失"①；另一方面，辽宁又缺乏人才，辽宁省内的应届毕业生到省外就业、学科带头人被东南沿海高校高薪聘请、高级专业技术人员携带科研成果及专利外流现象较为严重，致使辽宁的科技创新人才、高端服务业的领军人才和管理人才和国际化精英人才严重缺乏。无论是"人才留失"还是人才流失都直接影响了辽宁产业结构的优化升级。

第三，营商环境欠佳，外资投资较少。

对外贸易与投资一体化趋势下，外国直接投资已经成为一国（或地区）推动经济发展的重要因素之一。引进外资既可以增加资本积累，又可以提高在生产技术及管理领域对本国（或地区）的知识溢出效应，进而推动产业结构的转型升级。优良的政府营商环境是吸引外资的必要条件之一，而辽宁的对外开放较为滞后，政策灵活性不够且优惠程度较低，对外资吸引力不强。从招商引资的模式看，辽宁仍然以政府为主导招商，市场化运作程度较低，使得招商成本过高且寻租成本过大，且长期固化的政企关系导致寻租依赖及优良资本遭遇排斥，致使招商引资实

---

① 指人还留在本地，但科研成果转化在外地。

效微弱。2015年，辽宁实际利用外资51.9亿美元，下降34.4%；2016年，辽宁实际利用外商直接投资29.99亿美元，下降42.2%。实际利用外资大幅度减少，一方面是由于经济增长预期下行，另一方面与辽宁地区的政府营商环境有很大关系，受僵化的体制机制制约，辽宁地方政府行政干预较多、意识观念相对落后、市场化水平偏低等，导致企业普遍自主创新能力偏低，特别是在新兴产业和高新技术研发方面，与东部沿海地区差距将进一步拉大，企业创新驱动能力不足、发展后劲不足也将进一步凸显，同时也使区域外资金流入辽宁受到较大限制。因此，外商直接投资促进辽宁产业结构升级的路径受阻。

第5章 辽宁贸易结构与产业结构良性互动的前景分析

贸易结构优化与产业结构升级是一国（或地区）经济可持续发展的重要保障，产业结构决定出口贸易结构，同时贸易结构与产业发展又是相辅相成的。也就是说，产业结构升级能够带动对外贸易结构优化。辽宁作为我国工业崛起的摇篮，曾经的"共和国长子"在经济转型中迷失了方向，2016年还是全国唯一一个经济负增长的省份。辽宁经济增长严重下滑表明长期增长的动力机制不足，究其根本原因还是经济结构不合理、产业结构单一造成的。作为经济增长双轮驱动力的产业结构升级与贸易结构优化之间理应相互促进，但是辽宁不仅产业结构失衡，贸易结构低级化，而且对外贸易对产业结构升级作用机制失灵。因此，对于辽宁而言，改善贸易结构与产业结构的错位关系，并使其形成良性互动是一种迫切和必然的选择。尤其是2017年4月，辽宁省自由贸易试验区的正式挂牌成立，为辽宁扩大对外开放、促进产业结构新一轮的调整升级提供了有利契机，从根本上克服辽宁经济增长动力不足的缺陷，进而促进辽宁经济平稳健康发展。本章在对辽宁贸易结构与产业结构纠偏背景分析的基础上，剖析促进二者良性互动的基本原则、面临的新机遇，并对前景加以展望。

5.1 辽宁贸易结构与产业结构纠偏的背景分析

辽宁作为老工业基地，工业基础雄厚且门类齐全，曾被誉为"共和国长子""东方鲁尔"，为我国独立完整的工业体系构建作出了巨大贡献。然而长期积累的体制机制问题不断显现，从纵向看，改革开放至21世纪之前辽宁经济增长缓慢，2000—2002年，辽宁经济增长较为平稳，由8.9%增加到10.2%。2003年，随着国家支持东北老工业基地振兴的战略举措的不断实施，辽宁经济获得了快速发展，2003—2011年均以两位数的速度增长，但是，2011年辽宁经济开始下滑，2012年辽宁经济增速跌落至个位数，并且持续下降至2016年。其中，2014年辽宁经济增速低于全国平均水平，2015年位列全国倒数第一位，2016年经济下降2.5%，成为唯一一个经济负增长的省份。2017—2019年辽宁经济开始恢复性增长，经济增速由4.2%提升到5.5%。在我国经济进入新常态的大背景下，辽宁经济增长严重下滑表明长期增长的动力机制不足，究其根本原因还是经济结构不合理、产业结构单一。

5.1.1 辽宁经济增长比较

辽宁作为"共和国长子"，在中华人民共和国成立初期依据比较优势基础建成计划经济体制下的较高工业化水平的国家重工业基地，可以说为我国的经济发展作出了无法替代的贡献。同时也恰恰由于受长期的计划经济体制影响，辽宁进入改革开放较晚，不仅在产业技术方面与国际先进水平有较大差距，并且与我国东南沿海地区在体制机制方面逐渐拉大差距，导致辽宁结构性和体制性矛盾突出，经济增长缓慢甚至衰退，20世纪90年代出现的"东北现象"给辽宁带来了一系列的发展问题，突出表现为经济严重下滑。经历亚洲金融危机后，"东北现象"愈加严重，GDP 增速从 1993 年的 14.9% 降至 1999 年的 8.2%[①]。进入 21 世纪，辽宁经济增长有所回升，但是幅度不大，2000—2002 年辽宁经济增长小幅回升，由 8.9% 提升到 10.2%。

面对大批企业破产倒闭及工人下岗失业，导致老工业基地经济严重衰退的现实状况，国家实施东北老工业基地振兴战略，2003 年 10 月，中共中央、国务院正式印发《关于实施东北地区等老工业基地振兴战略的若干意见》，文件制定了各项方针政策支持老工业基地振兴，标志着国家正式实施东北振兴战略，针对老工业基地不合理的产业结构及技术老化落后问题，明确加大技术改造投资，推进国企改革力度，扶持企业自主创新，给予相应政策支持。辽宁作为东北老工业基地的典型代表，为更好执行国家的振兴战略，编制出台《辽宁老工业基地振兴规划》，明确提出深化辽宁经济体制改革，调整产业结构，扶持非公有制经济发展，鼓励科技创新，积极发展高新技术产业，发展现代农业、高端制造业、现代服务业等一系列措施促进辽宁振兴发展。老工业基地振兴战略实施后，辽宁经济增速明显提高，2003—2007 年由 11.5% 上升到 14.5%，不仅高于同期的吉林和黑龙江经济增长率，也高于同期全国平均水平。但是同国内发达省份相比，增速明显落后于广东、浙江、江苏等省份，如图 5-1 所示。国际金融危机冲击使得全国经济受到影响，辽宁经济也不例外。尽管 2008—2013 年辽宁经济增速高于全国平均水平、广东和浙江，但是国际金融危机对辽宁工业冲击较大，导致后期经济严重衰退。具体来看，2008—2009 年辽宁经济增长放缓，两年经济增速均为 13.1%，2010 年回升至 14.1%，主要是由于应对国际金融危机国家推出 4 万亿元投资计划，在 2010 年有所显现。2011 年又出现回落，2014 年辽宁经济增速低于全国平均水平，由 12.1% 降至 5.8%。2015 年辽宁经济增速仅为 3%，成为全国经济增速最慢的省份。2016 年经济增速降为 -2.5%，成为全国唯一负增长的省份。

为了适应经济发展新常态，贯彻落实新发展理念，加快实现东北地区等老工业基地全面振兴，2015 年 12 月中共中央、国务院通过《关于

---

① 李连刚. 区域经济弹性视角下辽宁老工业基地经济转型研究 [D]. 北京：中国科学院大学，2019：35.

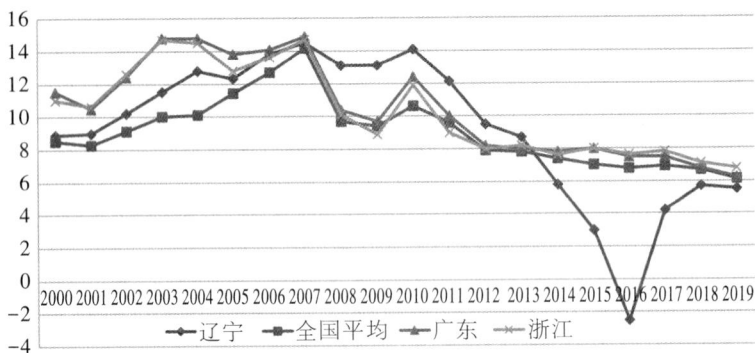

图 5-1 辽宁与发达地区及全国平均 GDP 增长率（%）

资料来源：《中国统计年鉴（2019）》《中华人民共和国 2019 年国民经济和社会发展统计公报》以及国家统计局网站（http://www.stats.gov.cn）。

全面振兴东北地区等老工业基地的若干意见》，并于 2016 年 4 月正式实施。意见明确提出抓好新一轮东北老工业基地振兴，重点要在 4 个方面着力：一是着力完善体制机制，要坚决破除体制机制障碍，形成一个同市场完全对接、充满内在活力的体制机制。二是着力推进结构调整，下大气力改变传统产品占大头、"原"字号"初"字号产品居多的单一产品结构。三是着力鼓励创新创业，把创新作为东北内生发展动力的主要生成点，激发调动全社会创新创业激情。四是着力保障和改善民生，使发展成果更多更公平惠及全体人民，让人民群众有更多获得感。争取再用 10 年左右时间，东北地区要成为全国重要的经济支撑带，具有国际竞争力的先进装备制造业基地和重大技术装备战略基地，国家新型原材料基地、现代农业生产基地和重要技术创新与研发基地[1]。2017—2019 年辽宁经济出现恢复性增长，由 4.2% 增加到 5.5%，但是仍然低于全国平均水平，更低于广东、浙江等发达省份。

从 GDP 的比重来看，辽宁在全国的经济地位不断下降。改革开放初期，1978 年辽宁 GDP 占全国的比重为 6.23%，其后呈现下降趋势，1999 年比重降为 4.61%。进入 21 世纪以来，2000—2015 年辽宁 GDP 占全国的比重相对较为稳定，但是比重不高，由 4.66% 降到 4.15%。2016

---

[1] 中央人民政府门户网站（http://www.gov.cn）。

年辽宁经济地位直线式下降，2016年辽宁GDP占全国的比重骤降到2.93%，到2019年这一比重降为2.51%，经济总量差距拉大现象明显，如图5-2所示。具体从三次产业来看，辽宁作为老工业基地，第二产业占全国的比重下降明显，由1978年的9.28%下降到2019年的3.09%，其中，21世纪以来，2000—2015年，辽宁第二产业占全国的比重高于同期GDP占全国的比重，但是2016—2019年，辽宁第二产业占全国的比重已经低于同期GDP占全国的比重。可见，辽宁刚性的产业结构没有发生实质性的改变，加之国际金融危机导致国内外市场需求疲软引起产能过剩问题严重，再次制约辽宁工业的发展。

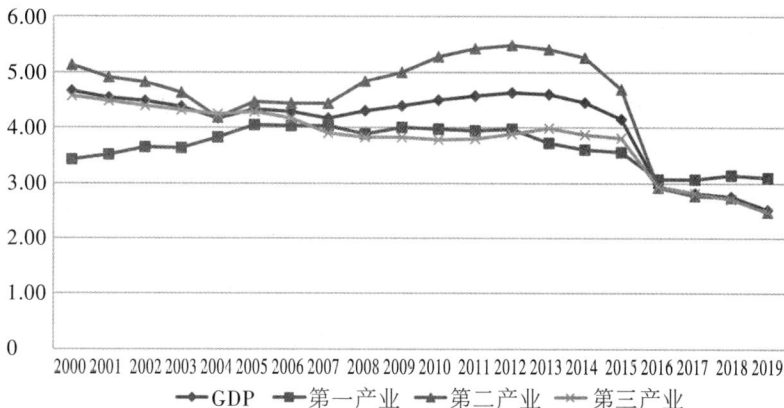

图5-2　辽宁GDP及三次产业占全国比重（%）

资料来源：《中国统计年鉴（2019）》《中华人民共和国2019年国民经济和社会发展统计公报》以及国家统计局网站（http://www.stats.gov.cn）。

从三次产业结构来看，辽宁第二产业比重基本高于全国平均水平，1978年辽宁第二产业比重为71.1%，为中华人民共和国成立以来比重最高的一年，高于全国第二产业比重23.4个百分点。1986年辽宁第二产业比重降到60%以下，但仍高于全国第二产业比重16.5个百分点。1995年开始辽宁第二产业比重降到50%以下，如图5-3所示。进入21世纪后，2000—2015年，辽宁第二产业比重仍然高于全国第二产业比重，并且差距已经相对较小，并且2016—2019年辽宁第二产业比重已经略低于全国第二产业比重，但是仍然表明辽宁以工业为主的产业结构刚性并未改变。并且从工业内部结构来看，辽宁轻重工业比例失衡，重工业比重远远高于轻工业，重工业比重呈现总体上升态势，由1978年的73.3%上升到2018年的86.6%，如图5-4所示。可见，辽宁工业结构"轻工业过轻，重工业过重"，形成"重工业荣则经济荣，重工业损则经济损"的被动局面。

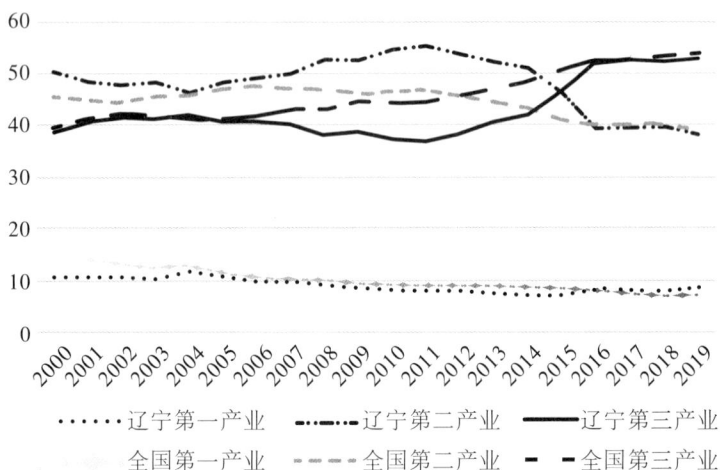

图5-3 辽宁三次产业结构与全国三次产业结构对比（%）

资料来源：《中国统计年鉴（2019）》《中华人民共和国2019年国民经济和社会发展统计公报》以及国家统计局网站（http://www.stats.gov.cn）。

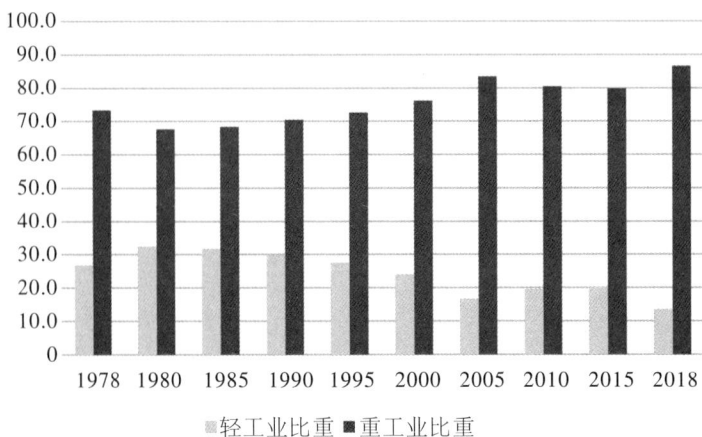

图5-4 辽宁轻重工业比重（%）

资料来源：《中国统计年鉴（2019）》以及国家统计局网站（http://www.stats.gov.cn）。

分析可见，新常态背景下辽宁经济断崖式下滑，主要原因还是产业结构不合理。2015年辽宁第三产业比重超过第二产业，主要是由于第二产业尤其是重工业严重萎缩造成的，也就是说，2015年以来辽宁经济出现的高度化趋势是在第二产业萎缩下滑背景下的"伪高度化"，并非第三产业的快速发展所带来的高度化演进①。

5.1.2　辽宁对外贸易的阶段性发展

辽宁作为我国东北地区唯一的沿海、沿边省份，既是我国连接东北亚、欧亚大陆桥的重要区域，也是我国东北地区对外开放的重要门户。目前，辽宁已与200多个国家和地区建立了贸易往来。内外联动，陆海互济，全面开放，为辽宁全面振兴、全方位振兴注入新的活力。通过回顾辽宁对外贸易的发展历程可以看出，改革开放以来，伴随辽宁经济发展不同时期呈现出不同的阶段性特征，主要表现为以下几个阶段：

第一，对外贸易探索发展阶段（1978—1987年）。辽宁作为我国最早对外开放的省份之一，对外贸易发展的初期阶段采取从沿海到腹地梯次推进的模式。1979年辽宁开始利用外资，11个项目实际利用外资额为133万美元。1981年辽宁在日本东京投资成立辽宁实业公司。1982年辽宁第一家外商投资企业——中美合资的沈美日用品有限公司在沈阳成立，投资额为38万美元，既是辽宁省也是东北地区第一家中外合资企业。年末全地区实际利用外资总额达到662万美元。1984年辽宁省委省政府为进一步对外开放，提出发展辽东半岛外向型经济的思路。同年大连被确定为国家对外开放的14个沿海港口城市之一，批准兴办大连经济技术开发区。1985年辽宁实际利用外资额增加到4 192万美元，其中，外商直接投资额1 569万美元。同年锦州市被批准为甲级开放城市，营口港、丹东港陆续对外开放，省委省政府在抓好以大连等港口城市为窗口、沈阳等中部城市群为腹地的辽东半岛经济区的开放的思想指导下，辽东半岛对外开放的步伐不断加快②，利用外资额持续增加，

---

① 周静言. 辽宁对外贸易发展对产业结构升级的影响分析 [J]. 改革与战略，2018 (11)：117.
② 崔日明，陈付愉. 辽宁省对外贸易30年发展回顾及前景展望 [J]. 沈阳工业大学学报，2008 (10)：293.

1987年辽宁200个外资项目实际利用外资额达到5.53亿美元。

这一时期我国对外贸体制进行了探索性改革，改革计划经营体制，下放外贸经营权，增设贸易口岸；完善外贸管理，建立外贸经营权审批制度，实行外贸进出口许可证制度；鼓励企业出口，实行出口退税政策①。一系列的宏观外贸体制改革措施促进了辽宁对外贸易的发展，使得内贸与外贸齐头并进。

第二，对外贸易拓展发展阶段（1988—2000年）。1988年3月，国务院21号文件批准辽东半岛对外开放，范围包括沈阳、大连、丹东、营口、盘锦、鞍山、锦州和辽阳8个市及所辖的16个县区，省委省政府制定了有利于开放的各项政策，如鼓励出口政策、设立出口创汇奖励基金、鼓励对外引进技术创新的政策、鼓励企业积极利用外资并与外商兴办合资企业的政策等，改革金融、外贸体制，扩大企业的外贸自主经营权。在之后的10余年间，辽宁对外开放的广度和深度不断拓展。1988年辽宁实际利用外资额为5.5亿美元，其中，外商直接投资9 046万美元。利用外资额稳步增长，到1993年实际利用外资额猛增到16.91亿美元，外商直接投资增加到12.27亿美元。1995年初，省委省政府实施外向型牵动战略，即坚持抓开放促改革、促调整、促改造、促发展。1997年11月，省委提出继续合理有效利用外资，在重点企业升级改造、重点项目建设、关键技术开发利用外资上要取得较大突破。系列举措促进了辽宁利用外资水平不断提高，实际利用外资额由1996年的23.79亿美元增加到2000年的30.16亿美元，相应的外商直接投资额由16.71亿美元增加到25.52亿美元。

这一时期也是我国改革开放和对外贸易体制改革深化阶段。1988年开始在轻工、工艺、纺织服装等全行业推行承包经营责任制，试行企业自主经营、自负盈亏。国家通过价格、汇率、退税、利率、出口信贷等手段对外贸体系进行宏观调控。1991年1月国务院取消对商品出口的财政补贴。1994年开始，外贸体制实行统一政策，平等竞争，进入综合配套改革阶段。随着外贸宏观调控体系及外贸经营

---

① 石广生. 中国对外经济贸易的发展历程和伟大成就［EB/ OL］. ［2008-06-27］. http: // www.cofortune.com.cn/ moftec-cn/ 50y/ shi.html.

机制逐步完善，我国的外贸服务体系也在不断健全。正是我国外贸体制的不断改革和外贸经营权的下放，极大地促进了辽宁对外贸易的深化发展。

第三，对外贸易快速发展阶段（2001—2008年）。21世纪以来，随着加入世界贸易组织履行入世承诺，我国削减货物贸易关税、取消非关税壁垒，放宽服务市场准入，创造了良好的对外贸易发展环境。与此同时，国家开始重视东北老工业基地的发展，2003年中共中央、国务院下发《关于实施东北地区等老工业基地振兴战略的若干意见》（中发〔2003〕11号），不仅为辽宁老工业基地的发展提供了新机遇，而且为辽宁对外开放走向全方位、宽领域、纵深化方向创造了有利条件。2005年国务院办公厅又下发了《关于促进东北老工业基地进一步扩大对外开放的实施意见》（国办发〔2005〕36号），明确鼓励外资参与国有企业改组改造、加强政策引导推进重点行业和企业的技术进步、进一步扩大开放领域、促进区域经济合作健康发展、营造良好的发展环境，为加快东北老工业基地对外开放提供保障。辽宁省在国民经济与社会发展第十一个五年规划纲要中明确提出，实施"五点一线"开发战略，形成沿海与内地良性互动的对开开放新格局，表明辽宁对外开放进入新的发展阶段。辽宁"十一五"规划实施的第一年，大连大窑湾保税港区获得国务院批复，对于促进大连东北亚国际航运中心建设具有重要的推动作用。辽宁对外开放的产业层次也由以工业为主逐步拓展到农业和服务业，从以引进外资为主拓展到引进先进的科学技术、管理经验，以及高科技人才，也就是说，辽宁对外开放领域不断扩大，已经从经济领域拓展到科技、教育、文化等社会领域，对外开放质量不断提高，开放型经济体系日臻完善，这一时期对外贸易得到了迅速发展。从出口总额来看，由2000年的81.7亿美元增加到2008年的420.5亿美元，年均增速19.9%。从进口总额来看，由2000年的81.7亿美元增加到2008年的303.8亿美元，年均增速15.7%。

第四，对外贸易跌宕起伏阶段（2009—2018年）。受国际金融危机的冲击，国外需求减少，国际贸易保护主义抬头，导致原材料价格上涨，对辽宁外贸冲击较大。2009年辽宁出口总额降为334.4亿美元，降幅高达 20.5%，后逐年增长，2013 年达到最高值，为 645.4 亿美元，年均增速 14.1%。国际金融危机对辽宁进口总额影响不大，2009 年略微下降到 294.8 亿美元，同比下降 2.9%，2010 年开始回升，2014 年达到最高值，为 552 亿美元，年均增速 11%。2014—2016 年，辽宁对外贸易额呈现下降趋势，由 1139.6 亿美元降为 865.2 亿美元，年均下降 6.6%。与进出口总额的略微下降不同，2014 年辽宁出口总额降为 587.6 亿美元，降幅达 8.9 个百分点，2016 年降为 430.7 亿美元。2017 年 3 月，国务院批复辽宁自贸试验区建设总体方案，标志着辽宁对外开放进入新的历史阶段，辽宁省委省政府确立以高水平开放推动高质量发展，以全面开放引领全面振兴的总体战略。2017 年 5 月，省委省政府出台《关于加快构建开放新格局以全面开放引领全面振兴的意见》，明确了 10 个方面、40 条政策措施，拿出 5 亿元左右的专项资金支持招商引资和对外经贸发展。2018 年，为推动辽宁高水平融入国家"一带一路"建设，辽宁省委省政府决策创建辽宁"一带一路"综合试验区，编制印发了《辽宁"一带一路"综合试验区建设总体方案》（辽委发〔2018〕42 号）。作为国内首个在省级层面全域建设"一带一路"的路径拓展和实践创新，对于辽宁深化改革、扩大开放、推动高质量发展、促进全面振兴具有重大意义。2017—2018 年，辽宁对外贸易额出现恢复性增长，进出口总额由 994.2 亿美元增加到 1 144.3 亿美元，分别增长 14.9% 和 11.8%。但是 2018 年进出口贸易总额也仅与 2013 年进出口贸易水平相当。从出口总额看，2018 年辽宁出口总额为 488 亿美元，增长 5.7%，与 2013 年相比，出口额减少 157 亿美元。

这一时期，尤其是近几年由于内外因素的双重叠加，辽宁对外贸易形势趋弱。从外部来看，世界经济复苏缓慢、各国贸易保护主义抬头、国际市场需求下跌导致外贸出口商品价格下跌，加剧外贸下降态势。从内部来看，在东北经济下行压力增大的背景下，辽宁产业竞争力减弱，同时面临劳动力成本上升的窘境，直接影响辽宁对外贸易增长。

5.2 辽宁贸易结构与产业结构良性互动的新机遇

5.2.1 "一带一路"建设带来新机遇

推进"一带一路"建设是以习近平同志为核心的党中央高举和平发展大旗,秉持共商共建共享原则,促进合作共赢,推动构建人类命运共同体的伟大倡议,是推进新时代全面开放的总方略和总抓手①。辽宁地处东北亚的中心区域,是我国"一带一路"向北开放的重要窗口,以辽宁沿海经济带建设为支撑,加强辽宁东北亚国际航运中心和自贸试验区的建设,有助于辽宁海陆经济互动发展的开放新格局,以辽宁的全面开放带动经济的全面振兴。

第一,"一带一路"建设有助于辽宁形成全面开放的大格局。

改革开放以来,辽宁相继实施沿海、沿边的对外开放政策,形成了"陆海统筹、东西两向"的开放格局。但在开放进程中,由于辽宁区域经济发展不平衡、资源禀赋差异大以及区域之间开放政策及时间不同,辽中、辽东南及辽西北地区经济发展水平差异较大,以沈阳为中心的辽中城市群和以大连为中心的辽南城市群是辽宁对外开放的主窗口,而以朝阳、阜新为代表的辽西北地区与之相比发展不快,开放步伐不大,也就是说,辽宁并未形成全面开放的大格局。面对后国际金融危机时代,国际国内环境变化,融入"一带一路"的开放合作是全方位、全领域、全时空的开放,打造以全球为视野的内外联动、陆海互济的全面开放新格局:构建"三核三区②、两廊两沿③、七港七路④、双园双融⑤、一网

---

① 辽宁"一带一路"综合试验区建设总体方案 [N]. 辽宁日报, 2018-09-10.
② "三核三区":"三核"是沈阳、大连、锦州-营口-盘锦等全面开放核心;"三区"是辽宁沿海经济带、沈阳经济区、辽西北地区。
③ "两廊两沿":"两廊"是向北融入中蒙俄经济走廊,向东构建东北亚经济走廊;"两沿"是辽宁沿海经济带和东部沿边开发开放带。
④ "七港七路":深入推进大连、营口、丹东、锦州、盘锦、葫芦岛等沿海港口整合,打造大连东北亚国际航运中心和世界级港口集群,高质量建设沈阳国际陆港;构建"辽满欧""辽蒙欧""辽新欧""辽珲俄"铁路通道、"辽海欧"北极东北航道、"辽海欧"印度洋航道、辽宁"空中丝路"通道。
⑤ "双园双融":"双园"是引进来建设产业合作园和走出去建设境外辽宁产业园;"双融"是加强融资和融智合作。

一桥①"的空间布局。辽宁未来的开放合作是发挥自身优势的开放合作，是包括"政策沟通、设施联通、经贸畅通、资金融通、民心相通"的全领域的开放合作。同时"一带一路"背景下的开放合作还是全时空的开放合作，以构筑"数字丝路"为契机，搭建全球信息平台，实现交易方式创新，培育数字贸易新业态模式。通过大数据中心和数字化平台建设使得辽宁的对外开放呈现出全时空的特点。

第二，"一带一路"沿线国家和地区基础设施建设有助于辽宁产业结构转型升级。

"一带一路"经过东亚、中亚、西亚、南亚、东盟及中东欧沿线65个国家和地区，覆盖面较大，其中，绝大多数发展中国家的基础设施水平比较落后，一部分发达国家基础设施也存在升级空间，也就是说，为满足经济发展需要沿线国家需要建设完善基础设施。博鳌亚洲论坛2019年度《亚洲经济一体化进程报告》显示，未来10年亚洲地区所需基础设施建设投资总额高达11万亿美元，即平均每年需求投资额超过1万亿美元，表明"一带一路"沿线国家和地区的基础设施投资需求十分庞大，辽宁可以发挥在钢铁、冶金、装备制造方面的老工业基地优势，大量出口钢铁、船舶重工等基建材料，以此激发辽宁机电、钢材和石化三大支柱产业发展活力，并带动关联产业发展，促进辽宁工业结构转型升级。此外，随着交通基础设施的不断完善，也会增强辽宁同"一带一路"沿线国家的国际技术交流合作，可以在农业领域开展更深层次的合作，比如，辽西北地区的现代化农业种植可以引进以色列的滴灌技术，缓解辽西北水资源不足的弊端。

第三，"一带一路"建设有助于辽宁企业"走出去"。

抓住"一带一路"建设提供的历史机遇，通过政策引导，支持辽宁优势企业和产能根植本土、全球拓展，积极拓展辽宁产业创新发展空间，充分发挥辽宁企业在国际市场上的主动性，特别是辽宁的重工业企业及能源企业可以更好地发挥自身的主体作用，在国际市场上根据企业发展情况选择所需领域内拥有国际先进技术的企业进行技术对

---

① "一网一桥"："一网"是建设辽宁"数字丝路"全球信息服务网；"一桥"是架设辽宁与沿线国家民心相通纽带桥梁。

接，高效率完成企业技术升级改造。辽宁以电力、钢铁、机床等为代表的 12 个门类的领军企业以产业链形式抱团"走出去"，必然带动辽宁的工业设计、技术标准、管理服务等联动对外合作，加强对"走出去"企业进行总体规划和政策指导，在国际市场上培植辽宁工业自主知识产权、自主品牌和营销渠道，优势产能的转移必然带来辽宁产业结构的转型升级。同时，辽宁企业"走出去"，在"一带一路"沿线国家和地区投资建厂走产业园区化发展道路，也可以改善东道国的基础设施水平，带动沿线国家和地区的经济发展，可以形成双赢的局面。为发挥沈阳装备制造业优势，促进老工业基地振兴，2015 年 8 月，沈阳市政府颁布《沈阳市关于贯彻落实"一带一路"倡议推动企业"走出去"的实施方案》，在政策引导上，鼓励企业境外经济合作，加大"一带一路"沿线国家的产能输出。2018 年 8 月，辽宁省委省政府制订《辽宁"一带一路"综合试验区建设总体方案》，使得沈阳和大连对俄罗斯、印度、巴基斯坦等"一带一路"沿线国家协议投资额大幅度增加，其中，大连市中方协议投资额为 8 亿美元，其中"一带一路"沿线国家和地区占比高达 65%（协议投资额为 5.2 亿美元）。2019 年 5 月，省政府印发《辽宁"16+1"经贸合作示范区总体方案》，充分发挥辽宁与中东欧国家合作的优势，重点推进装备制造业合作，打造地方参与"16+1"合作样板，加速辽宁产业转型升级，在"一带一路"建设中作出"辽宁贡献"。目前，辽宁企业在印度、伊朗、罗马尼亚等投资建设的境外工业园区已经初具规模，沈阳华晨伊朗生产线、特变电工沈阳变压器集团印度生产基地等项目已经达产。此外，辽宁企业投资通过与"一带一路"沿线国家和地区的互联互通，也有利于辽宁企业更好地融入国际资本市场。

第四，"一带一路"建设有助于辽宁各市外贸均衡发展。

辽宁各市对外贸易发展严重不平衡，大连对外贸易出口占辽宁省出口额比重最高，基本在 50%～65% 之间；沈阳对外贸易出口比重占据第二位，基本维持在 10%～15% 之间；营口和丹东外贸出口额分列第三、四位，基本维持在 5% 以上；以朝阳和阜新为代表的辽西北地区出口比重为 1% 左右。"一带一路"建设为辽宁各市带来新的发展空间，尤其是为辽西北地区带来新的机遇，可以发挥其农业、畜牧业等产业优势，借助于"辽蒙俄"经济走廊建设的辐射带动作用，积极发展农产品加工业，提高农产品附加值，辽西北农产品经由陆路通过满洲里再出口到俄罗斯，促进农产品跨境贸易发展，未来可以凭借区位优势以及与京津冀地区便捷的交通网络，发挥锦州地区的海港及空港优势，朝阳和阜新地区利用平原优势提供仓储支持，将辽西北地区打造成贸易中转站，使得辽西北地区各市依据资源禀赋条件发展优势产业，促进辽西北地区农业集群化发展，进一步推动辽宁开放格局从粗放型向集约化发展。

第五，"一带一路"建设有助于辽宁跨境电商快速发展。

尽管辽宁跨境电商起步较晚，但是辽宁作为老工业基地具有良好的工农业基础，且产能丰富，为跨境电商提供了充足的出口货源，而积极融入"一带一路"建设又为跨境电商发展提供了更便捷的海外市场。辽宁拥有大连、营口两个国家级海运枢纽和大连周水子、沈阳桃仙两个国家空运枢纽，公路、铁路交通网络健全，为跨境电商的发展提供了完善的交通网络。随着大连、沈阳先后获批全国跨境电子商务综合试验区，辽宁跨境电商处于快速发展阶段。2018年，辽宁跨境电商出口额超过15亿元，其中，大连跨境电商综合试验区贡献率达到90%以上，大连跨境电商第三方平台服务领域涉及机械、食品、工业制品、服装等多个行业，出口目的地拓展到"一带一路"沿线国家和地区。2019年，东北亚跨境数字贸易总部基地揭牌运营，依托于辽宁已经形成的国内外资源，形成跨境贸易产业链闭环服务，构建跨境贸易生态体系。努力将跨境电商打造成辽宁融入"一带一路"建设的商务贸易的新模式，使之成为辽宁电子商务的新动力。

5.2.2 自贸区成立给辽宁对外贸易带来新机遇

当前，全球范围内自由贸易区（以下简称自贸区）的数量不断增多，作为贸易大国的中国也积极加入自贸区的谈判和建设当中，加快实施自由贸易区战略是我国新一轮对外开放的重要内容。截止到2020年，我国设立 21 个自贸区①，各自贸区总结出可复制推广经验 260 余项。自贸区的设立极大地促进了各国贸易的自由化、投资便利化和经济合作的深化，并且为我国（或区域）对外贸易和经济合作提供了机遇。辽宁作为东北老工业基地，其区位、交通及人文等方面的优势为自贸区的设立提供了有利条件，2017 年 3 月 31 日，国务院正式发布《中国（辽宁）自由贸易试验区总体方案》，提出在辽宁成立自由贸易试验区，涵盖大连、沈阳和营口三个片区，总面积 119.89 平方千米。辽宁自贸区的功能定位是服务于整个东北地区，其中，大连片区重点推动东北亚国际航运、物流中心建设，形成面向东北亚开放合作的战略高地；沈阳片区重点提高国家新型工业化示范城市、东北科技创新中心发展水平，建设具有国际竞争力的先进装备制造业基地；营口片区重点建设区域性国际物流中心和高端装备制造、高新技术产业基地，构建国际海铁联运大通道的重要枢纽。②总体上，辽宁自贸区以制度创新为核心，以可复制可推广为要求，借鉴其他自贸区成功经验，结合辽宁自身的经济及区位优势，加快市场取向体制机制改革、积极推动结构调整，对内有助于推进贸易、金融、税收等领域改革，对外有助于吸引外资入辽，辽宁自贸区将成为提升东北老工业基地整体竞争力和对外开放水平的新引擎。

第一，自贸区的成立有助于辽宁经济转型升级。

对辽宁而言，自贸区的设立是经济结构转型升级的关键举措。自贸区享有的优惠政策可以改善辽宁的经济及投资环境，其公开化和透明化的经济和市场制度更有利于吸引外来投资，并使投资应用于多个领域，尤其是对第三产业发展和优化起着重要作用，为辽宁经济创新发展提供新的思维模式和契机。具体对企业而言，自贸区的设立能够倒逼辽宁企业转型升级，提高自主创新能力。首先，自贸区贸易便利化的环境及优惠的政策制度，比如说建立权责清单制度、行政审批目录制度等，不仅为企业简化通关程序，更体现了优质高效的服务环境，无疑将吸引更多

---

① 自贸区，全称自由贸易区，是签订自由贸易的成员相互给予贸易便捷，在交易中取消商品的关税和数量的限制，使各成员的商品在各成员之间可以自由流动，交流更便捷，价格更低，商品更全。目前我国一共有 21 个自由贸易区：2013 年，上海自贸区正式成立，是我国第一个自贸区；2015 年，广东、福建、天津成立自贸区；2017 年，辽宁、浙江、河南、湖北、重庆、四川、陕西成立自贸区；2018 年海南成立自贸区；2019 年，山东、江苏、广西、河北、云南、黑龙江成立自贸区；2020 年，北京、湖南、安徽成立自贸区。
② 宗禾. 辽宁自贸区 振兴东北新引擎 [J]. 一带一路报道, 2017（5）：33-35.

企业入驻自贸区，竞争压力促使区内企业加大技术研发力度，以解决企业产品同质化问题，提高自身产品的差异化程度，进而提高生产效率水平。其次，自贸区吸引高技术水平的外资企业入驻后，由于区内企业存在技术差异性，必然会导致高技术企业的知识及技术水平外溢，促进本土企业技术创新。最后，自贸区政策鼓励企业"走出去"，积极对接"一带一路"建设，鼓励和支持企业对国家战略性项目和建设工程的投入，鼓励出口和贸易以缓解辽宁老工业基地产能过剩，从而带动辽宁投资和出口的良性发展。

第二，自贸区的成立有助于贸易便利化。

自贸区设立的主要目的是增强对外贸易的自由化和便利化，提升区域在全球贸易价值链中的地位，扩展区域内的外贸市场，实现知识资本积累，实现本土优势企业"走出去"和国外优势企业"引进来"，通过创新政策环境、交易机制、贸易体制等营造贸易便利化环境。首先，由于自贸区的运行模式及体系需要先进的信息技术及网络体系的支撑，因此自贸区的成立有助于信息技术、电子网络技术、电商企业及跨境电商企业的快速发展，尤其是跨境电子商务行业的崛起和发展，为消费者购买对外贸易商品开拓了便利的渠道，促进辽宁与国内、国外的商品贸易流通，促进贸易产业国际化。其次，自贸区的发展需要便利的物流运输体系，辽宁自贸区的成立可以通过完善港口物流、航空物流、铁路物流等现代航运服务体系，形成沈阳、营口、大连三点一线的国际海铁联运通道，促进与国内其他港口之间的分工合作，提升辽宁航运、空运、陆运的整体水平，带动贸易运输业的整体发展。

第三，自贸区的成立有助于优化营商环境。

"中国开放的大门不会关闭，只会越开越大！"自贸区建设既要对标国际标准，也要因地制宜，打造自贸区便利化、特色化、法治化的一流的营商环境，促进国际循环。首先，推动辽宁金融市场改革和结构调整。鼓励金融机构及金融产品创新，探索新的融资机制，如知识产权质押等，促进投融资方式长期有效；对于完善风险担保机制应加大财政支持力度，营造资金市场的良性竞争环境；随着金融体制的不断创新和改革的不断深入，国内外的金融人才也会不断被吸引过来，推动辽宁金融体系的完善和金融人才体系的构建，提升辽宁乃至东北金融行业地位和发展水平。其次，激发知识产权的引领作用。通过对外贸易及人力资本的流动，自贸区可以实现知识溢出效应，进一步发挥商标、专利、版权等知识产权的引领作用，构建高效的知识产权公共服务体系，探索建立知识产权运行机制。

5.2.3 互市贸易区设立给辽宁兴边富民带来新机遇

边民互市贸易是我国沿边地区对外贸易的重要组成部分，近年来沿边省市借力国家优惠政策，纷纷加快互市贸易发展和转型升级。辽宁拥有312千米的边境线，150万边民，边境地区的高质量开放意义重大。2015年6月25日，辽宁省政府批准设立丹东中朝国门湾边民互市贸易区，规划占地面积4万平方米，建筑面积2.4万平方米。2016年6月，丹东国门湾中朝边民互市贸易区正式投入运营。目前入驻商户600余家，参与互市贸易的边民达4万余人次，累计实现交易额近4亿元人民币，带动300余名贫困边民脱贫，初步显现出兴边富民、稳边固边、睦邻安邻富邻的社会效益和经济效益。"十四五"时期辽宁边境地区将迎来国家战略赋能新机遇，《国务院办公厅关于促进边境贸易创新发展的指导意见》（2019年9月）把丹东的边民互市贸易进口来源地从朝鲜一国扩展到东北亚五国，并将丹东列为全国边民互市贸易进口商品落地加工首批13个试点市县之一，作为辽宁唯一的试点城市，互市贸易创新发展必将成为辽宁边境地区扩大对外开放和高质量发展的重要引领。并且随着RCEP的正式签署，中日韩自贸区提上日程，让沿边、沿海城市的资源禀赋和比较优势更加凸显，丹东作为东北东部城市唯一出海口，也将迎来打造辽宁对外开放新前沿、积极融入国际国内"双循环"的良好发展机遇。

借鉴广西、云南、内蒙古、吉林、黑龙江等地互市贸易区的经验做法，结合近期国家出台的扩大沿边开放政策措施，抢抓国家边境贸易优惠政策调整、辽宁创建东北亚经贸合作先行区的新机遇，积极争取海关总署、商务部支持，突破"毗邻国家"概念，拓展边民互市贸易商品及产业，深化与日韩俄蒙朝5国的经贸合作，着力补足"六个短板"，发挥"四种优势",推动国门湾边民互市贸易转型升级,着力打造百亿级互市商品深加工园区和互市贸易集散地,为争取国家批准设立跨境经济合作区奠定基础。

第一,推动互市贸易创新发展,补足边民组织"散"短板。创新组建边民合作社(或互助组)参与互市贸易,每个合作社(或互助组)有20~30个边民,可以要求纳入贫困、残疾等弱势边民群体,以集体组织形式分工合作、抱团经营,引导合作社(或互助组)与加工企业、采购商签订货物购销协议,鼓励从事互市贸易的边境小微企业吸纳合作社(或互助组)入股组建边民信用互助社,提高互市贸易主体的组织化程度;创建丹东中朝边民互市贸易交易结算中心,作为非营利、非金融的第三方服务机构,专门从事中朝边民互市贸易的代收、代支结算业务,联网对接海关及外汇管理部门,随时监控边民交易;创新朝鲜籍自然人入住互市区管理,制定实施《朝鲜籍自然人在丹东市登记管理暂行办法》。

第二,搭建互市贸易发展平台,补足专业市场"弱"短板。通过互市贸易产业链条延长培育互市贸易类专业市场,重点打造农产品、水产品、粮食、纺织服装、中药材等五大类专业市场,向国家申请各类产品进境指定口岸。继续推动中朝经贸旅游文化博览会。在丹东市区(如断桥、抗馆、安东老街等景区周边)增设互市贸易商品二次交易场所,打造知名度,吸引外地游客购买互市商品。

第三,提高通关便利化水平,补足口岸互贸"慢"短板。加大软硬件的财政投入,加强联检楼、入境通道、检验检疫等基础设施和物流、仓储及冷链建设,探索"一站式"通关模式。探索海关、边检、检验检疫、海事等部门"一次申报、一次查验、一次放行"联合通关新模式,加快电子口岸建设步伐,提高口岸信息化水平,推进口岸管理部门之间"三互"(信息互换、监管互认、执法互助)通关工程,不断优化进出口监管模式,提高通关效率。适时尝试在边境线零公里处开展"两国一检"双方合作查验的一站式查验试点。

第四,加强互市贸易监督管理,补足法规制度"空白"短板。严格执行《边民互市贸易管理办法》《关于边民互市进出口商品不予免税清单》等政策文件，积极推动省政府制定出台《辽宁省边民互市贸易管理实施细则》，尽快修订《丹东市边民互市贸易管理实施细则》，切实加强互市贸易各环节监管，坚决打击化整为零式的走私活动，维护互市贸易良好秩序。

第五，搭建与朝鲜（新义州市）交流合作平台，补足工作机制"缺失"短板。建立健全丹东与朝鲜新义州市政府、双方边贸主管部门及外事部门的定期会晤机制，加强沟通协商，及时解决经贸领域合作的新问题。

第六，开展"互市贸易+金融服务"模式，补足资金周转"难"短板。资金不足是制约边民参与互市贸易分享国家政策红利的重要原因。边民互助组（或合作社）成立后，政府应引导金融机构创新边民融资模式，积极开展边民联保贷款、边民贴息贷款等支持互市贸易发展，降低边民融资采购互市贸易商品成本；探索由丹东银行主导，合作区商务局、财政局及其他投资担保公司合作的边民互市贸易产业创业担保贷款业务（简称"边民贷"），通过简化流程、财政贴息等措施，积极鼓励边民利用互市贸易政策进行创业，实现金融促进互市贸易发展的精准服务，解决边民资金周转难题，同时加大创新型普惠金融项目对创业就业的扶持力度。商业贷款机构可以借助海关互市贸易大数据，针对信誉良好的互助组（或合作社）及互市商品加工企业，开展以互市贸易商品购销合同为抵押物的短期质押贷款，支持边民互助组和互市商品深加工企业做大做强。

第七，支持"互市贸易+落地加工"模式，抢抓国家边境贸易优惠政策调整惠及丹东的新契机。大力推进边民互市进口商品落地加工，重点支持水产品、农产品、中药材等互市进口商品落地实质性精深加工，扶持培育沿边消费市场，力求免税通关后深加工产出商品出厂免除增值税，就地进入餐饮消费的免除相关税费，带动就业及产业发展。丹东市委市政府应制定出台《丹东市边民互市贸易管理实施细则》，创新边民互市贸易监管、土地、税收等"互市贸易+落地加工"的政策扶持体系，对互市贸易商品落地加工企业建厂优先保障用地指标，对产品创新、技术研发、自建厂房等费用按照不超过实际费用的40%给予补贴，研究出台通关便利、税收优惠、财政倾斜等方面的改革措施，对入驻互市商品深加工园区的试点企业，在资金扶持、简化项目审批、保障土地供应、用电用水厂房补贴等方面作出具体部署，指定商务部门负责边民互市贸易落地加工企业的管理工作（包括准入管理、核查及日常监督等）。加快特色互市产品加工产业的培育，构建朝方产品—边民采购进口—企业收购加工的产业链条，实现由通道经济向口岸经济转型，形成前岸后厂、前岸后市，打造丹东市边境线上互市贸易与落地加工相互促进的沿边经济带，切实将国家边民互市政策的红利最大限度地留在丹东、惠及边民。

第八，探索"互市贸易+跨境劳务合作"模式，充分利用朝鲜劳动力成本优势。目前，朝鲜劳动力过剩，在丹东工资约 1 500 元人民币/月，而丹东市劳动密集型企业长期招工难、招工贵，一线生产工人工资已经超过 3 000 元/月，再加上社保及福利，企业用工成本很高。因此，丹东市可以探索建立跨境合作示范区，允许朝鲜边民在入境合法、停留合法、管理规范的前提下，在互市贸易深加工产业园、黄金坪特殊经济区的加工企业合法务工。开展试点取得初步经验后，建议与朝鲜边境省市签署跨境劳务合作协议，向辽宁省及国家申请，逐步允许朝鲜边民在丹合法稳定务工，降低企业用工成本，降低加工企业的互市仓储运输和边贸收费成本，形成成本洼地，必将成为丹东市招商引资的重要"撒手锏"。

第九，打造"互市贸易+专业市场"模式，彰显丹东市的区位优势和产品特色。充分利用互市和边境小额贸易等边境资源，根据丹东市进出口商品特点及优势，建设一批内外贸一体化，面向东北亚的边贸专业市场和物流基地，打造区域性进出口贸易集散中转基地。积极引进大型企业投资建设互市贸易深加工产业园区，发挥规模经济效应。充分利用国内国外"两个市场、两种资源"优势，结合丹东市边境贸易商品结构，重点打造农产品、水产品、粮食、纺织服装、中药材等面向朝鲜等东北亚国家以及国内的专业市场。

第十，探索"互市贸易+互联网"新模式，发挥东港等地国家电子商务进农村示范县的基础优势。高度重视将电子商务作为推动边境经济转型升级的重大支撑产业进行打造，大力发展跨境电商模式，积极探索推进"互市+边民+电商企业（落地加工企业）+线上线下分销"进口模式，"边民+互市申报+货物出境"出口模式，提升发展互市商品电子商务平台，探索政府牵头，联合海关、边检等互市商品交易相关单位，开发网上平台和手机APP，尝试在互联网上开办"线上互市贸易区"，与传统互市贸易区有效衔接，线下进行互市商品的展示体验，线上进行电商销售，引导互市贸易由场内交易向互联网+升级。

5.2.4 《辽宁沿海经济带高质量发展规划》获批带来新机遇

2021年9月，国务院批复同意《辽宁沿海经济带高质量发展规划》（国函〔2021〕91号），早在2009年7月，国务院审核通过《辽宁沿海经济带发展规划》（2010—2020年），已经将辽宁沿海地区的整体发展写入了国家的发展战略之中。辽宁沿海经济带是东北地区开发开放条件最好的区域，包括大连、丹东、锦州、营口、盘锦和葫芦岛6个沿海城市所辖的行政区域，陆域面积5.65万平方千米，海岸线长2 920千米，占全国的1/8，居全国第5位，海域面积约6.8万平方千米。辽宁沿海经济带作为东北老工业基地振兴和我国面向东北亚开放合作的重要区域，对于促进我国区域协调发展及推动我国形成互利共赢的开放格局有着重要的战略意义。

辽宁沿海经济带是我国东北地区沿海发展基础较好的区域，发展优势明显。其一，区位优势明显。辽宁沿海经济带地处我国环渤海地区和东北地区的重要接合部，毗邻渤海、黄海，对内是东北经济区与京津冀都市圈的交汇处，对外地处东北亚经济圈的核心地带，与日本、韩国隔海相望，与朝鲜邻江而望，与俄罗斯、蒙古国交通便利，不仅是我国东北地区对外开放的重要门户，也是欧亚大陆通往太平洋的重要通道。其二，资源禀赋充足。辽宁沿海经济带宜港岸线1 000千米，80%以上尚未开发，盘锦双台河、丹东鸭绿江口湿地等国家级和省级自然保护区陆域面积1 300多平方千米；拥有1 000多平方千米可利用的滩涂和荒滩；硼、镁、金、钼、天然气等资源储量较大。其三，工业基础雄厚。辽宁作为老工业基地，装备制造业如机床、造船、内燃机、成套设备等在国际市场上具有竞争力，原材料工业如冶金、石化等在国内也占据重要位置，能源工业如电力、石油等规模较大。其四，交通体系便捷。辽宁沿海经济带港口较多，其中，大连港和营口港的生产性泊位达到300多个，万吨级泊位超过130个，与世界上160多个国家和地区的300多个港口有贸易往来；形成了依托沈山、哈大等干线铁路为支撑的疏港和支线铁路运输网络；多条高速公路，如沈大、沈山、丹大、盘海营等贯穿域内；拥有大连、锦州、丹东3个空港。

"十四五"时期，在融入"一带一路"建设和中东欧"17+1"经贸合作的大背景下，在中央支持东北振兴的政策"组合拳"持续推动下，供给侧结构性改革将持续深入，新旧动能转换加速，辽宁沿海经济带发展面临着前所未有的机遇。《辽宁沿海经济带高质量发展规划》以推动高质量发展为主题，以深化供给侧结构性改革为主线，以改革创新为根本动力，以绿色低碳发展为引领，统筹发展和安全，聚焦新旧动能转换，做好改造升级"老字号"、深度开发"原字号"、培育壮大"新字号"三篇大文章，大力发展海洋经济，加快发展现代产业体系，完善区域协调发展机制，全面推进更高水平对外开放，积极参与东北亚经济循环，在国际经贸合作中增强竞争力，以辽宁沿海经济带高质量发展推动东北振兴取得新突破。

第一，辽宁"一带五基地"建设和"五大区域战略"的实施将加快推动辽宁实现高质量发展。2018年初，为了加快老工业基地振兴，辽宁提出：东北地区实现全面振兴，走在全国现代化建设前列，成为全国重要的经济支撑带，具有国际竞争力的先进装备制造业基地、重大技术装备战略基地、国家新型原材料基地、现代农业生产基地和重要技术创新与研发基地，简称为"一带五基地"建设。辽宁省制定印发了"一带五基地"的总体建设框架方案，以及与五基地建设相对应的五个实施方案。目前看，第一个阶段性目标"到2020年我省与全国同步全面建成小康社会，五基地建设顺利推进"已无悬念，第二阶段目标"到2030年现代产业体系基本形成，五基地全面建成"有望在"十四五"期间全面加速。2018年5月，辽宁又提出实施建设"沈阳经济区、沿海经济带、辽西北、县域经济、沈抚新区"的"五大区域发展战略"及三年攻坚计划，当前五大区域正按照各自的目标定位，共同推动辽宁在高质量发展道路上稳步前进。"十四五"时期，辽宁"一带五基地"建设和"五大区域发展战略"必将推动全省经济开始朝着更高质量、更有效率、更加公平、更可持续的方向发展。

第二，辽宁沿海港口整合推动海洋强省建设。2019 年初，招商局集团与辽宁省携手整合大连港与营口港，挂牌成立了辽宁港口集团，正式拉开辽宁沿海经济带一体化发展大幕，2020 年已经完成丹东港重组，锦州港、盘锦港和葫芦岛港预计在"十四五"前半期完成整合。届时，辽港集团将按照"一环一带一路+专项物流"的发展战略构想，全力推进国际物流通道及专项物流体系建设，大力发展口岸经济、海洋经济、临港产业集群和生态产业区，提升港口综合效益，打造世界一流港口产业，建立起完善的港口网络群，建成中国北方外贸枢纽港。"十四五"末，辽宁港口可完全实现业务结构调整到位和专业化运营，总资产有望超过 2 500 亿元，创造净利润 20 亿元至 50 亿元。辽宁也将继续抓住辽宁沿海经济带全面开放这一重点，全力推进"港产城"融合发展，打造服务辽宁、辐射东北、影响东北亚的"港口经济圈"，带动辽宁沿海城市的发展壮大，逐步实现港航强省、海洋强省和美丽海洋建设的目标。

第三，飞地经济可能成为辽宁经济走出低谷的突破口。2019 年初，辽宁制定出台了《关于支持"飞地经济"发展的实施意见》，打破行政区划界线支持市县和区域之间联合共建"飞地经济"园区，并以"飞地经济"模式鼓励外省产业向辽宁梯度转移，从而调动地方乡镇、街道的招商引资积极性，形成大招商格局，成为吸引投资和搞活县域经济的有力抓手，为"十四五"时期县域经济发展带来新契机。

总之，辽宁沿海经济带高质量发展，有利于完善国家沿海经济布局，提升东北沿海地区经济发展水平，有效促进东北地区与环渤海地区融合发展，形成全国沿海地区良性互动发展的新局面；有利于辽宁更好地参与东北亚区域合作，提高辽宁乃至东北地区对外开放水平，增强区域综合实力和国际竞争力。

5.2.5 《东北东部绿色经济带发展规划》获批带来新机遇

2019 年，习近平总书记在深入推进东北振兴座谈会上指出了东北振兴发展存在的"四个短板""六项重点工作"，随后中央下发了 37 号文件，国务院批准通过了《东北东部绿色经济带发展规划》等，为推进辽宁全面振兴、全方位振兴和高质量发展明确了发展方向，提供了根本遵循。东北东部铁路和丹通高速公路的开通，对于加强东北东部经济带各城市产业分工与合作，加强经济带内产业优势互补，促进经济带产业协调发展、提升综合竞争力具有重要意义。

（1）东部铁路、丹通高速公路及鹤大高速公路是东北东部经济带产业合作的前提条件

铁路方面，2012 年建成通车的东北东部铁路，紧紧地把北起黑龙江佳木斯南抵辽宁丹东的 12 + 2 城市连接在一起，使东北东部 12 + 2 城市合作变成了现实。东北东部地区货物不仅可以从丹东港出海，同时也可以通过东北东部铁路运抵佳木斯的抚远地区和绥芬河，直接进入俄罗斯远东地区，并进入俄罗斯腹地和东欧国家。公路方面，2012 年通车的丹通高速公路，使丹东到通化的公路距离缩短为 197 千米，通化货物经丹通高速公路运抵丹东港出海，比经沈大高速运往大连港出海每吨运费节省 144 元，极大地方便了两地的经贸往来。鹤大高速公路贯穿大连与丹东直至佳木斯。以佳木斯为例，2011 年鹤大高速公路全面竣工，佳木斯到丹东车程缩短至少 3 个小时。

（2）丹东港是东北东部经济带产业合作的助推器

丹东港虽然在地理位置上是东北东部内陆城市离海最近的港口，但是受到交通运输及通关条件限制，目前东北东部经济带的货物都是通过周转到大连港出海的。随着东部铁路和鹤大高速的全线贯通，以及丹东港全面推行"一条龙、一站式"服务，在腹地建设陆港，降低通关成本等措施的推行，丹东港必将成为东北东部地区出海大通道，将进一步推进东北东部经济带产业合作与发展。

5.3 辽宁贸易结构与产业结构良性互动的基本原则

5.3.1 树立"双循环"战略下新开放原则

继 2008 年国际金融危机对世界经济冲击之后，新冠肺炎疫情再次导致全球经济严重衰退，应对疫情各国的政策选择又改变了世界经济运行机制，因此，从国际宏观环境看我国开放型经济发展形势发生了重大变化。推动形成以国内大循环为主体，国内国际双循环相互促进的新发展格局，不仅是我国经济发展模式的重大转变，也必将带动世界经济增长模式的转变。新发展格局绝不是封闭的国内循环，而是开放的国内国际双循环。我国在世界经济中的地位将持续上升，同世界经济的联系会更加紧密，为其他国家提供的市场机会将更加广阔，成为吸引国际商品和要素资源的巨大引力场[①]。可以说，"双循环"背景下的双向开放是中国经济高质量发展的战略抉择，不再是简单的出口导向型增长模式，也不是进口替代发展战略，而是把国内大循环放在开放的世界经济体系中，把对外开放立足于提升国内大循环效率的基础上，这种大循环为主体也不是意味着完全放弃出口导向型增长模式，稳外资、稳外贸仍然是长期战略[②]。

党中央提出构建以国内大循环为主体、国内国际双循环相互促进的新发展格局，是适应我国新发展阶段要求、塑造国际合作和竞争新优势的必然选择。未来一个时期，我国国内市场主导经济循环的特征会更加明显，经济增长的内需潜力会不断释放。从需求看，我国拥有 14 亿人口，其中中等收入人口 4 亿多，我国商品零售额还有稳步增长空间。从供给看，我国基于国内大市场形成的强大生产能力，能够促进全球要素资源整合创新，使规模效应和集聚效应最大化发挥，就是通过发挥内需潜力，使国内市场和国际市场更好联通，以国内大循环吸引全球资源要素，更好利用国内国际两个市场两种资源，提高在全球配置资源的能

① 习近平. 在经济社会领域专家座谈会上的讲话 [N]. 人民日报, 2020-08-25.
② 王晋斌, 厉妍彤. "双循环"战略是中国新开放政治经济学的重大成果 [J]. 教学与研究, 2021（4）: 15.

力，更好争取开放发展中的战略主动。建设更高水平开放型经济新体制，实施更大范围、更宽领域、更深层次的对外开放是大势所趋，也是必由之路，为辽宁实行高水平对外开放创造了难得的环境。习近平总书记对东北地区对外开放工作高度重视、寄予厚望，要求深度融入共建"一带一路"，建设开放合作高地，形成对外开放合作新格局。辽宁正主动服务和融入国家开放总布局，充分释放沿海沿边的巨大开放潜力，推动高水平对外开放，打造对外开放新前沿。因此，辽宁要实现贸易结构与产业结构的良性互动就必须面向世界，将贸易结构优化和产业结构升级融入国内国际"双循环"当中，以更加开放的思路指导辽宁经济发展实践。

5.3.2 以产业结构为中心原则

（1）高技术产业作为产业结构调整的驱动力

国际金融危机之后世界各国都开始注重发展实体经济，通过提升传统产业的竞争力，进而调整本国的产业结构、提升产业水平与层次、培育战略性新兴产业及高科技产业。而高技术产业对于促进经济增长和转变经济发展方式等是最主要的推动力量，也是后危机时期世界范围内产业结构调整升级的重要驱动力。高技术产业通过科技进步以及集聚效应影响经济社会发展，而产业结构是经济发展的重要因子，所以高技术产业能够促进一国（或区域）产业结构优化升级。从具体途径来看，高技术产业发展能够从资源配置的角度，促进资本、技术、劳动力等资源要素重构，增加投入要素的附加值，实现高效率、高产出的产业结构，不断提升创新与研发能力，不断提升人力资本水平，进而提高生产力水平。除此以外，伴随高技术产业的发展壮大，各地纷纷出现高新区、高技术产业园区，空间上的集聚加强产业联系，通过产业集聚，释放集约效应与溢出效应，形成新的增长点，促进产业向高端化、专业化方向发展。

辽宁自中华人民共和国成立以来就是我国重要的工业基地之一，而高技术产业作为工业行业中的主导产业和战略性产业，其引导作用和协调作用凸显[①]。辽宁的高技术产业出口额总体呈现增长态势，2019年辽宁高技术产品出口总额达到607亿元，同比增长27.5%，高技术产品出口额占辽宁出口总额的比重达到19.39%。2020年受新冠肺炎疫情影响，高技术产品出口额回落至47.2亿美元，同比下降21.4%，占辽宁出口总额的比重降至17.99%。从辽宁高技术产品出口额占总出口额的比重来看，2003年最高为18.1%，其后开始下降，最低为2013年降为8.4%，2015年以后开始上升，2019年达到19.4%。而全国高技术产品出口额占总出口的比重自2006年以来基本维持在30%左右，2019年为29.2%。可见，与全国高技术产品出口额占总出口额的比重相比，辽宁低10个百分点左右，并且辽宁的高技术产品缺乏原始创新技术，仍然属于劳动密集型生产模式，作为老工业基地典型的辽宁省在制造业产业链条上，也只能算是制造者，缺乏高新技术优势。

从观念上看，辽宁老工业基地的振兴必须克服计划经济体制下的"等靠要"的思想，转向依靠科技创新，以科技创新改进生产技术是辽宁工业的核心竞争力，也是传统工业进行技术改造升级的必要条件。可见，发展高技术产业不仅可以转变辽宁的产业结构，也可以提高产品的国际竞争力，但是创新本身具有不确定性，公共物品的属性也极易导致市场失灵，也就是说，高技术产业不仅具有高附加值的优势，也具有高投入和高风险的特点，无法完全依靠企业为高技术产业发展提供持久创新的动力。因此，科技创新离不开政府的支持与引导，研究并落实好国家各项科技政策，引导企业投入符合国家科技政策且具有发展潜力的大项目，并积极争取国家支持。建立科技创新财政投入的长效机制，继续加大省市两级财政对企业科技创新的奖励力度，通过投入研发资金、减税免税、财政贴息等财政手段加大对核心关键技术的研发投入力度，提高企业创新积极性，积极引导企业增加研发投入，提升高技术产业产出效率。促进企业与高校、科研机构等产学研合作，鼓励协同创新，提高辽宁科技创新成果的转化率。

---

① 王伟光，冯胜利，姜博. 高技术产业创新驱动中低技术产业增长的影响因素研究[J]. 中国工业经济，2015（3）：70-82.

（2）产业结构"软化"①背景下加快工业结构调整

辽宁老工业基地对外贸易与产业结构既相互影响又相互制约。在产业升级过程中通过各产业生产能力的提高，进而提高出口产品的质量，并提高进口资源利用率，最终促进对外贸易发展；而对外贸易的发展又进一步发挥辽宁的比较优势，通过技术进步以及实现规模经济等途径，促进辽宁产业结构升级。在全球产业结构"软化"的大背景下，辽宁的产业结构也出现第三产业比重不断上升，呈现出"经济服务化"的特征。但是其演进过程中对信息、新技术及知识等"软要素"依赖性不强，使得辽宁工业内部结构并未完全出现真正意义上的调整和升级。

辽宁工业结构调整的方向：

产业高端化，即实现行业属性从传统到新兴及对应产品从低端到高端是辽宁工业结构升级的目标。随着社会的发展及科技的进步，消费者对产品性能、材质安全性和智能化程度、科技含量等需求档次不断提升，低档的传统产品已经无法满足消费者的高档次需求，并且原有低档的传统产品由于生产资料和劳动力价格不断攀升，已经导致附加值极低。而对应的高端产品由于尚未普及生产技术，市场竞争力较小。辽宁应借鉴德国装备制造业发展的先进经验，通过技术进步促进知识和技术密集型产业发展，提高工业产品的技术含量和附加值，这是辽宁应对消费结构升级、生产成本增加以及市场竞争加剧的唯一出路。

产业服务化，即实现提供产业链前端和后端服务"双延伸"是辽宁工业结构升级的"助推器"②。随着互联网技术的进步，消费者与生产企业之间的距离不断拉近，而消费者日趋多元化及精细化的需求导致制造环节的企业利润日渐萎缩，与此同时，与之相关的服务的附加值却在不断增加，也就是说，围绕产业链的研发设计环节和维修、租赁环节附加值较高，而产品生产和销售环节附加值较低，特别是其中的组装环节附加值最低。因此，产业服务化是延伸工业价值链以获取更高附加值的必然选择，辽宁应紧紧抓住制造业服务化的趋势，注重制造与服务的相

---

① 产业结构"软化"指的是工业经济时代传统的以物质生产为关联的硬件产业结构向以技术、知识生产为关联的软件产业结构转变的过程。转引自：郭连成，杨宏，王鑫. 全球产业结构变动与俄罗斯产业结构调整和产业发展 [J]. 俄罗斯中亚东欧研究，2012（6）：37.

② 辽宁省人民政府发展研究中心课题组. 转型时期辽宁工业结构的优化和升级 [J]. 辽宁经济，2014（3）：8.

互融合，利用服务使制造业增值，提升优势制造业的品牌优势。如对于数控机床而言，单纯依靠价格已经丧失优势，可以鼓励沈阳机床等企业从简单提供产品向提供完善的工程设计、维修保养、培训、翻新升级、设备租赁等综合服务延伸。

产业国际化，即根据比较利益原则，开展产业研究与开发的国际合作与交流，在全球范围内通过生产要素的流动进行国际分工，这是辽宁产业结构升级的必要条件。经济全球化背景下，跨国产业分工合作是一种必然趋势，跨国公司已经成为企业发展的高级形式，零部件全球采购的生产模式被广泛认可。企业只有积极参与国际产业分工，在国际市场上占有一席之地，才能不被排除在国际经济体系之外。因此，产业国际化是加入全球产业链分享国际收益的重要选择。辽宁应积极参与国际分工，发挥自身产业优势，通过实施品牌战略，打造自有品牌，加强与产业链高端和低端国家的产业合作。

辽宁工业结构调整的重点领域：

优先发展先进装备制造业。装备制造业是区域经济实力的基础，装备工业先行是老工业基地产业结构升级的先行条件。辽宁应以信息化、智能化和集成化为契机，积极促进企业技术进步，提升装备制造企业的自主创新能力和系统集成能力，提高重大成套装备国产化能力。重点发展资金技术密集、产业关联度高、产业带动性强且市场份额较大的通用设备、交通运输设备（汽车工业）及成套设备制造业。通过工业结构调整，提高辽宁装备制造产品国际竞争力，完善高度专业化的配套加工体系，进而带动辽宁老工业基地的改造和振兴，将对东北老工业基地乃至全国的产业结构调整升级起到示范带动作用。

优化升级原材料工业。原材料工业作为辽宁支柱产业之一，实现从传统原材料工业基地向新型原材料工业基地转型，对于辽宁老工业基地振兴意义重大。辽宁原材料工业产品总量较大，但是结构性矛盾明显。从产品结构来看，辽宁石化产品初级产品多，高附加值产品少，精深加工不足，致使精细化工率较低。从技术结构看，通过引进、消化吸收再创新，关键工艺技术有所提高，但是距离高精尖技术还有较大差距。另外，从组织结构看，辽宁原材料工业中央企占据绝对优势，地方原材料工业比重较小，大企业数量不足。因此，为激发原材料工业的生机和活力，必须在原有总量的基础上，优化行业内部结构和空间布局，提高精深加工水平，形成原材料—初加工—精深加工完整的产业链条，以知识化、信息化带动原材料工业化，用高新技术改造升级原材料工业，实现由规模扩张向效益增长的转变。

大力发展战略性新兴产业。依靠科技进步开拓新领域，发展壮大有发展潜力、有望占领制高点的战略性新兴产业，是推进辽宁经济高质量发展的助推剂和重要载体。大力推进具有研发能力和良好产业基础的新材料产业，如高端钢铁材料，高强韧钛合金、高强铝合金等产品，推进附加值低的原材料向高附加值和关键战略材料转型升级。在新材料领域，如化工、金属、无机非金属、多功能纺织等行业，打造一批"专精特新"的中小企业，加快基础材料转型升级。积极推进产业基础好、盈利能力强的生物技术产业发展，如新型疫苗、基因工程药物、抗体药物、现代中药等为代表的生物医药产业，加快高产、优质、高效动植物育种技术研发和产业化。加快推进新能源产业发展，充分利用辽宁省电力资源丰富的优势，重点研发和生产第三代核电机组系列产品，发展大功率风力发电机组和整机组装及关键零部件技术，积极推进生物质能源发展和氢燃料电池产业化。

（3）推动生产性服务业快速发展

生产性服务业具有高技术含量、高附加值、高人力资本、集群化和网络化特征，可以保障生产过程的连续性和高效率，因此，对区域经济增长方式转型及产业结构转型升级具有重要作用。对于辽宁而言，生产性服务业高质量发展对于促进老工业基地振兴起到重要作用。当前及今后一个时期受新冠肺炎疫情及全球经济低迷等客观因素影响，我国发展面临以国内大循环为主、国内国际双循环互相促进的"双循环"新发展格局，大力发展生产性服务业则是促进辽宁融入"双循环"格局，推进产业结构转型升级的重要突破口。

按照现行统计，生产性服务业包括信息传输、计算机与软件业，租赁和商务服务业，科学研究、技术服务与地质勘查业，交通运输、仓储和邮政业，金融业，房地产业六类①。辽宁生产性服务业规模不断壮大，2018年全省生产性服务业吸纳就业人数达到93.9万，其中，交通运输、仓储和邮政业吸纳就业人数最多，占比达到34.5%，金融业吸纳就业人数位居第二位，占比达到19.3%。从产业增加值来看，金融业产业增加值占生产性服务业增加值比重最高，达到32.3%，其次是房地产业，增加值占比为21.3%②。但从总体上看，生产性服务业增加值占辽宁省服务业增加值的比重明显偏低，低于北京、天津等发达地区20个百分点左右，并且纵向比较这一比值也呈现下降趋势，与2012年相比，2018年下降2.4个百分点。从区域分布来看，辽宁生产性服务业区域发展失衡，生产性服务业企业主要集中分布于沈阳和大连，数量占比在70%以上。

围绕"双循环"新发展格局，辽宁生产性服务业应当充分利用科技创新、经营方式创新以及国内市场资源，应对新冠肺炎疫情导致全球市场低迷造成的产业发展受阻问题，推动辽宁生产性服务业转型升级。一方面发挥沈阳、大连作为生产性服务业发展的龙头优势，合理规划布局，带动省内其他城市生产性服务业协同发展，促进辽宁生产性服务业的区域全面发展，切实加大力度融入国内经济循环；另一方面积极接轨国际市场，带动辽宁生产性服务业向高质量发展，将"'一带一路'国家采购对接会"和"央企采购洽谈会"打造成辽宁生产性服务业借船出海，加快融入"双循环"的重要平台。同时，政府层面要加强政策的支持与引导，推动辽宁服务贸易自由化，加大力度支持生产性服务业企业发展规模壮大与质量提升，夯实产业基础，推动生产性服务业产业链现代化发展。

（4）吸引外资加快产业结构调整

经济全球化背景下各国（或地区）生产要素在全球范围内自由流动和优化配置，与之对应的国际分工亦呈现出不断深化的特征。根据比较优势原理和成本最小化原则，跨国公司通过产品内贸易和国际直接投资的方式实现国际产业转移，围绕产业链将生产过程中的不同环节分配到

① 生产性服务业分类来源于国家统计局发布的《生产性服务业统计分类（2019）》。
② 杨凤，李春雷，秦丽."双循环"格局下辽宁生产性服务业发展的对策建议［J］.辽宁经济，2020（11）：64.

具有显著要素禀赋优势的国家（或地区）。因此，经济全球化时代一国（或地区）产业结构优化升级与国际分工和国际产业转移联系密切①。如果说推动产业结构优化升级是加快转变经济增长方式的主要内容，那么积极有效地利用外资则是加快推动产业结构优化升级的重要手段，也是保障经济高质量发展的重要途径。

改革开放以来，辽宁利用外资规模经历了从无到有、从小到大，产业分布从简单工业加工到农业、高技术产业到服务业，也就是说辽宁依托产业基础、人口红利及自然资源等要素禀赋优势，抓住产业内国际分工的机遇，以引进外资的方式承接国际产业转移，推动了辽宁老工业基地经济的持续增长。2017—2019年辽宁第二产业实际利用外资占比最大，其中，制造业实际利用外资比重最大，基本占实际利用外资额的40%以上。2020年辽宁省实际利用外资额25.2亿美元，第一产业实际利用外资0.04亿美元，下降67.3%；第二产业实际利用外资9.6亿美元，下降1.8%；第三产业实际利用外资15.5亿美元，增长25.0%②。这表明辽宁外资进入重点已经从制造业转向服务业，尽管辽宁制造业吸引外资的规模和比例呈现一定的下降趋势，但同时吸引外资结构亦呈现进一步优化，而制造业"低端过剩、高端不足"的现实状况仍然是制约辽宁经济高质量发展的突出问题。

对接高标准投资贸易规则全面振兴东北老工业基地，对接自贸区战略与辽宁省发展战略，积极推进投资贸易便利化及自由化，逐步完善自贸试验区外商投资负面清单制度，进一步提高政策开放度和透明度。优化外资结构，引导外资投入辽宁高端服务业，引导外资流向金融服务业、信息咨询服务业、科技研发服务业及会展服务业等知识型、生产性服务业。加快引进更高能级的外资总部及功能性机构，不断提高辽宁产业开放水平。引导外资在三次产业中合理分布，目前辽宁省第二产业的主导产业是制造业，要利用外资的技术优势实现辽宁制造业向制造业高端化转型，实现第二产业从劳动力密集型向技术密集型产业的转型升级，重点关注高端装备、新能源、航天航空、电子信息、生物制药、生

① 肖琬君，冼国明，杨芸. 外资进入与产业结构升级：来自中国城市层面的经验证据[J]. 世界经济研究，2020（3）：33.
② 《2020年辽宁省国民经济和社会发展统计公报》。

态环保等战略性新兴产业领域，推进向智能制造领域拓展，向高附加值的深加工型转变，形成新的经济增长点，向服务化制造业转型，也为高端服务业的发展提供支撑。进一步优化辽宁营商环境，完善公平、透明的国际化法治环境。健全知识产权保护制度，构建产业国际化标准体系，搭建知识产权综合服务平台，积极推进服务业标准与国际接轨。

5.3.3 以贸易结构优化作为推动力的原则

产业结构升级是一个长期过程，在开放经济条件下，各国（或地区）的生产和消费都是面对世界市场，产业关联度不断增强，产品供给与需求不仅受国内市场影响，同时也受世界市场的影响。如果说产业结构是反映一国（或地区）要素资源禀赋的利用情况，那么贸易结构则是其产业结构在空间上的拓展与延伸，体现该国（或地区）经济发展与国际市场的互动关系。因此，经济全球化背景下，贸易结构的优化是一国（或地区）产业结构升级的最重要外部因素。对于辽宁而言，作为老工业基地工业基础较好，并且对外贸易相对发展较快，但是产业结构有待进一步优化，可以通过对外贸易的发展进一步助推产业结构优化升级。

（1）优化对外贸易商品结构

在促进产业结构转型升级的背景下，辽宁对外贸易急需解决的问题是优化对外贸易结构，打造"双循环"格局下适应竞争新需要和辽宁经济高质量发展要求的对外贸易新优势。从出口方面来看，既可以借助于产业关联效应带动一国（或地区）其他产业发展，也可以通过技术进步效应及规模经济效应推动一国（或地区）产业结构优化与升级。发挥辽宁传统产业优势，扩大制造业出口规模，调整对外贸易政策，对高技术行业及中高端制造业等有助于推动辽宁产业结构优化转型的领域给予更多的优惠政策，鼓励企业加大科技研发投入力度，深化技术创新与改革，提高产品附加值，扩大技术和资金密集型的机电产品、高新技术产品和节能环保产品出口。强化电力、轨道交通、船舶、工程机械等装备制造业和大型成套设备出口的综合竞争优势，着力扩大投资类商品出口。同时引导省内资源集聚，以市场化手段加快辽宁落后产能的淘汰，切实提高辽宁外贸竞争力。从进口方面来看，扩大进口贸易规模，促进进出口贸易均衡发展。结合辽宁产业结构升级的需要，扩大初级产品的进口规模以减少对辽宁农业及能源资源的压力；减少工业制成品的进口，鼓励实现自给自足，同时鼓励先进技术设备、关键零部件等中间产品的进口。支持辽宁企业在境外进行能源资源开发，大力发展服务贸易进口，积极扩大辽宁急需的咨询、研发设计、节能环保、环境服务等知识技术密集型生产性服务业进口。通过出口的"拉力"和进口的"推力"所形成的合力作用，充分发挥辽宁外贸商品结构优化对产业结构升级的促进作用，构建"以出口带动进口，以进口促进出口"的良性互动格局，最终促进辽宁产业结构进一步优化升级。

（2）优化对外贸易方式结构

从出口贸易方式来看，21世纪以来辽宁一般贸易占比不断增加，由2001年的43.2%增加到2013年的56.6%，其后略有回落，2019年占比为53.9%，总额达到250.76亿美元。由于辽宁出口企业主要以劳动密集型为主，且生产设备较为陈旧，缺乏自主品牌。随着国内劳动力成本的增加，原材料采购及用工成本均增加，使得辽宁加工贸易优势逐渐减弱，加工贸易占比呈现下降趋势，由2001年的54.4%下降到2019年的38.7%，总额为177.16亿美元。顺应发展趋势，继续提高利润率较高的一般贸易方式占比，提高一般贸易出口产品附加值，加快加工贸易的转型升级，从以简单组装为主的低级产业链向附加值较高的产业链升级。扩大工业制成品的出口规模，鼓励加工贸易企业延伸产业链，提高本地增值本地配套比重。支持边境贸易创新发展，积极支持在丹东地区开展东北亚五国互市进口商品落地加工。强化对外贸易深度，加强产业关联度，实现出口产品由劳动密集型向资本、技术密集型转变。充分抓住国家"一带一路"倡议、新一轮东北振兴、边境贸易创新发展等重大机遇，利用辽宁的区位优势，大力发展高新技术产业，提升高新技术产业进出口比重，鼓励技术贸易出口，加速推进科技成果转化，助推辽宁经济高质量发展。

（3）持续优化对外贸易市场分布

从出口分布国家和地区看，辽宁对外贸易出口对亚洲依赖性加大，前五大贸易伙伴国家（或地区）所包括的日本、韩国和东盟均属于亚洲国家（或地区）。2019年辽宁对外贸易国家和地区达到226个，全年对亚洲出口1 979.5亿元，比上年增长3.2%。其中，对韩国出口344.7亿元，增长9.4%；对马来西亚出口135.7亿元，增长1.4倍；对印度出口90.5亿元，增长24.8%；对日本出口628.6亿元，下降2.8%。尽管国际金融危机之后，辽宁对欧盟、美国、加拿大等国家和地区出口额有所增加，但是总体比重远低于亚洲。2019年辽宁对欧洲出口503.5亿元，比上年下降6.3%。其中，对俄罗斯出口79.0亿元，增长9.2%；对欧盟（28国）出口408.5亿元，下降9.3%。全年对北美洲出口357.0亿元，比上年下降17.1%。其中，对加拿大出口49.9亿元，增长9.5%；对美国出口307.0亿元，下降20.3%[①]。地缘相近的单一市场结构必然影响辽宁出口贸易的进一步增长。辽宁应优化国际市场布局，深入实施市场多元化战略，巩固欧美、深耕日韩俄、狠抓中东欧、做大港澳台、拓展东南亚和辐射亚非拉市场。结合辽宁产业和出口产品特点，制订重点市场开拓计划，高质量办好辽宁出口商品（日本大阪）展览、辽宁国际投资贸易暨特色农产品采购洽谈会和辽宁跨国采购洽谈会。依托广交会、进博会等知名展会平台，助力企业开拓国际市场。定期在省内举办跨国采购商大会，不定期举办国际贸易对接活动。

5.4 贸易结构与产业结构良性互动的前景展望

贸易结构优化和产业结构升级是一国（或地区）经济健康发展的重要保障。产业结构决定贸易结构，尤其是出口结构与该国（或地区）的产业结构相辅相成，有什么样的产业结构就有什么样的出口结构与之对应，也即产业结构优化才会带动贸易结构升级[②]。因此，对于辽宁而言，促进二者良性互动是一种必然和迫切的选择。

5.4.1 贸易结构与产业结构错位现象短期内难以扭转

理论分析表明，从长期来看，开放条件下一国（或地区）贸易结构

[①] 《2020年辽宁省国民经济和社会发展统计公报》。
[②] 崔凯，周静言. 俄罗斯贸易结构与产业结构错位现象分析 [J]. 福州大学学报，2016（7）：42.

与产业结构之间趋势是一致的，也就是说，二者良性互动是该国（或地区）经济发展的重要保障。但对于辽宁老工业基地而言，其贸易结构与产业结构的错位现象短期内难以快速扭转，原因在于产业结构的转型升级才能带动贸易结构的真正优化，而辽宁产业结构表现出一定的优化迹象，但是与发达国家或者发达地区相比差距仍然较大，并且产业结构内部问题短时间内难以化解，必将给辽宁贸易结构优化升级带来阻力。

（1）产业结构升级动力不足

近年来，辽宁老工业基地产业结构优化升级水平有所提升，但是结构不合理和结构低质化问题仍很突出，具体来说，第一产业的效益水平普遍偏低，第二产业尤其是工业效益水平也比较低，第三产业长期依赖于零售贸易、餐饮等传统服务业，而现代服务业竞争力不强，如金融、信息和中介服务业发展相对不足。对于一国（或地区）而言，产业结构升级的根本动力是技术创新，而辽宁作为东北老工业基地，当前自主研发较少，缺乏技术创新，制造业领域关键零部件、核心技术主要依赖国外进口，导致辽宁产业结构升级动力不足。分析其原因：一方面科研投入不足。2018 年辽宁省 R&D 经费投入 460.1 亿元，位居全国第 16 位，但是各市并不均衡，其中沈阳和大连拉动作用明显，两市 R&D 经费投入占全省比重 51.2%，丹东、朝阳、铁岭均少于 5 亿元，三市 R&D 经费投入占全省比重不足 3.2%。辽宁省 R&D 投入强度 1.82%，相比 2017 年下降 0.02 个百分点，并且与全国 R&D 经费投入强度差距扩大至 0.37 个百分点。从各市排序来看，盘锦、沈阳、大连居全省前三位，分别为 2.7%、2.68% 和 2.17%，而丹东、铁岭、朝阳均不足 0.5%。从政府层面看，对基础研究投入强度不足，科研机构和高等院校是基础研究的主要承担部门，辽宁省在重点科研院所和高等院校数量上具有明显优势，但是政府资金支持力度却在下降，2018 年辽宁省科研机构和高等院校基础研究投入分别减少 1 亿元和 1.9 亿元，导致基础研究费用仅占总费用的 6%，比 2017 年减少 1.1 个百分点。从企业层面看，多数企业只关注生产和营销，对加大投入提升核心技术的意愿较弱。2018 年辽宁省规模以上企业 7 906 家，其中，拥有研发投入的企业 2 147 家，占比仅为 27.2%，也就是说，本应该作为研发主体的规模以上企业，在辽宁却有

70%以上没有研发投入，并且从行业细分数据来看，辽宁规模以上工业企业的研发投入比重由2017年的21.5%下降到2018年的19.7%[①]。另一方面高层次技术创新服务业体系不完善。科技载体对科技创新的支撑不足，现有的高新技术孵化器等平台与辽宁主导产业产业链结合度不高，高效的产学研合作机制缺乏，创新成果的市场化运作效益及影响力等综合水平仍然比较低，对进一步推动辽宁产业转型升级缺乏持续的支撑力。产业结构升级动力不足与辽宁对外贸易发展密切相关，不合理的产业结构势必影响对外贸易竞争力，相反，对外贸易对产业结构的引导作用也会受到阻碍，导致产业结构升级受到较大影响。

（2）贸易结构低级化短期内较难改变

通常认为，对外贸易通过出口"拉力"和进口"推力"促进国内产业结构升级，也就是通过国际比较利益机制实现。从发展中国家来看，主要是结合本国的生产要素优势进口技术先进且发展潜力大的产品，最终通过进口替代实现规模经济效应、实现出口目标，进而促进本国产业结构升级。从发达国家来看，研发新产品首先满足国内需求然后转向出口，最后实现进口替代，同时转向新产品研发，既可以保障其在国际贸易中的优势地位，也可以通过高新技术产品研发促进其国内产业结构升级[②]。辽宁出口商品结构层次较为低端，与全国出口产品结构相比差距较大，占比最大的机电产品和高科技产品出口占全国同类产品比重过低，并呈现下降趋势，2017年比重分别为1.4%和0.9%。辽宁的高新技术产品缺乏原始创新技术，仍然属于劳动密集型生产模式，作为老工业基地典型的辽宁省在制造业产业链条上，也只能算是制造者，缺乏高新技术优势。出口产品无核心竞争力，同时又受资源限制，出口产品较为单一。

经验分析表明，促进产业结构升级和提高对外贸易开放度是促进一国（或地区）经济增长的双轮驱动力。但是辽宁以工业为主的单一产业结构，不仅整体层次不高，而且经济对工业产业发展依赖程度过高，因此，后危机时期工业增长率的下降直接导致辽宁经济整体随之迅速下

① 《2020年辽宁省国民经济和社会发展统计公报》。
② 崔凯. 俄罗斯贸易结构与产业结构错位发展问题研究［D］. 沈阳：辽宁大学，2016：126.

滑。从对外贸易发展来看，后危机时期外需不足的背景下辽宁出口贸易受阻，并且出口产品附加值较低，对外贸易发展不平衡且波动幅度较大，进出口总额增长率由2010年的28.1%下降到2015年的-15.7%再到2016年的-9.8%，这一结果对辽宁的产业结构调整起到较大的制约作用[①]。从可持续发展来看，辽宁对外贸易结构与产业结构良性互动迫在眉睫，只有迈出这一步，才能降低未来经济发展的不确定性。

5.4.2 创新驱动发展战略是促进贸易结构与产业结构良性互动的必由之路

创新驱动发展战略实施的本质旨在加强以企业为主体、市场为导向、产学研相结合的技术创新体系的建设，并由企业创新驱动产业发展乃至区域创新体系的形成[②]。党的十九届五中全会强调，坚持创新在我国现代化建设全局中的核心地位，把科技自立自强作为国家发展的战略支撑[③]。辽宁应在创新驱动发展战略指导下，大力发挥企业创新主体作用，充分激发科技创新活力，完善以产学研合作为基础的科技创新体系，加快完善科技服务体系，坚持完整、准确、全面贯彻落实新发展理念，把创新作为第一动力，为实现辽宁经济高质量发展塑造新优势。

辽宁作为东北老工业基地，产业创新发展不均衡，支柱产业仍然以装备制造、冶金及石化工业为主，而战略性新兴产业的辐射带动作用对于产业结构的优化调整促进作用更大，尽管政府鼓励发展战略性新兴产业，但是囿于核心、关键技术限制，并未实现规模经济效应，辐射带动作用不够强大。并且辽宁作为创新主体的企业创新系统能力较弱，特别是工业企业进行新产品、新技术及新商业模式创新较少，多数依赖于原有发展模式，创新意识不强，技术创新更多的是依赖进口国外技术及先进设备，少数企业的独立创新并不能支撑产业内及产业间的企业创新联动。以创新驱动战略性新兴产业发展，并带动辽宁传统产业改造升级，

---

① 周静言. 辽宁对外贸易结构对产业结构升级的影响分析 [J]. 改革与战略，2018 (11)：116.
② 冯荣凯，尹博，夏茂森. 辽宁创新驱动发展战略实施情况及对策分析 [J]. 辽宁经济，2014 (10)：26.
③ 孙新波，张媛. 打造科技创新生态系统 塑造辽宁发展新优势 [N]. 沈阳日报，2021-04-08.

必须依托原有老工业基础，推动传统产业与战略性新兴产业联动发展，既是辽宁实现产业结构优化升级的重要途径，又是科技创新与产业融合实现辽宁创新驱动发展战略的重要体现。

从辽宁大力发展的战略性新兴产业来看，高端装备制造业、新能源、新一代信息技术、生物医药等产业与老工业基地的传统优势产业紧密相关，尽管当前辽宁战略性新兴产业发展仍然存在规模较小且缺乏核心技术等问题，但在传统优势产业基础上继承式发展的战略性新兴产业发展前景广阔，加强二者之间的创新协作，联合攻关共性技术和关键技术，加快实现技术的创新突破与应用，将是辽宁省产业结构优化调整的战略重点。2021年7月27日，辽宁省十三届人大常委会第二十七次会议表决通过了《辽宁省科技创新条例》，共包括7章56条，明确规定省、市两级政府应当持续加大财政科技投入力度，确保财政科技投入只增不减；注重引导全社会加大科技创新的投入，规定R&D经费年均增速不低于7%，引导金融、保险、创投、国有资本等社会力量推动科技创新活动。

5.4.3 产业政策积极引导是促进贸易结构与产业结构良性互动的重要手段

产业政策最突出的特点是直接干预产业发展，各国（或地区）政府都不同程度地实施产业政策，辽宁省也不例外，先后出台了一系列政策：《辽宁省人民政府关于印发辽宁省壮大战略性新兴产业实施方案的通知》（2015年7月）、《中国制造2025辽宁行动纲要》（2016年1月）、《辽宁省智能制造工程实施方案》（2016年5月）、《辽宁省装备制造业重点领域发展指导意见》（2017年5月）、《辽宁省电子信息产业发展政策》、《辽宁省工业高质量发展推荐产品目录》（2019版）、《辽宁省5G产业发展实施方案（2019—2020）》等，明确了辽宁产业定位和未来发展思路。2021年3月辽宁提出构建"3+10+N"的政策体系，其中，"3"指的是改造升级"老字号"、深度开发"原字号"、培育壮大"新字号""三篇大文章"；"10"指的是辽宁已经出台或计划出台《产业基础振兴工程实施方案》等10项配套政策文件；"N"是省政府会同发改、科技、财政等相关省直部门和指导各市制定的配套政策。其后，辽宁省工信厅制订《"三篇大文章"专项行动计划（2021—2023年）（1.0版）》，针对改造升级"老字号"明确加强产业基础能力建设、加快数字化转型等9项重点任务，针对深度开发"原字号"明确产业链补链延链强链、供给侧结构性改革等10项重点任务，针对培育"新字号"明确发展高端装备制造业、壮大集成电路产业等10项重点任务。因此，通过产业政策积极引导创新，建立辽宁创新体系，最终实现老工业基地经济的创新发展，是促进产业结构与贸易结构良性互动的重要手段。

第6章　辽宁贸易结构与产业结构良性
互动的对策建议

6.1　对外贸易推动辽宁产业结构升级的对策建议

6.1.1　发挥贸易结构先导效应，扩大贸易开放度

从发挥贸易结构先导效应的角度来看，辽宁要充分利用国家"一带一路"建设的机遇，借助"辽满欧"、"辽蒙欧"和"辽海欧"三条国际大通道，提高口岸通关便利化水平，扩大与沿线各国的贸易往来，推进装备制造业和能源领域的国际合作，积极创建"一带一路"综合试验区，通过"引进来"和"走出去"的有效对接，扩大辽宁省进出口贸易总额，进而扩大贸易开放度。辽宁未来的开放合作是发挥自身优势的开放合作，是包括"政策沟通、设施联通、经贸畅通、资金融通、民心相通"的全领域的开放合作。同时"一带一路"背景下的开放合作还是全时空的开放合作，以构筑"数字丝路"为契机，搭建全球信息平台，实

现交易方式创新，培育数字贸易新业态模式。大数据中心和数字化平台建设使得辽宁的对外开放呈现出全时空的特点。

从提高贸易投资便利化的视角看，辽宁要以自由贸易区为载体，着力推进自贸区创新改革向纵深方向发展，开拓服务贸易新业态；着力提升自贸试验区、出口加工区和综合保税区等高端开放平台的能级水平，完善高能级的开放平台。辽宁自贸区以制度创新为核心，以可复制可推广为要求，借鉴其他自贸区成功经验，结合辽宁自身的经济及区位优势，加快市场取向体制机制改革、积极推动结构调整，对内有助于推进贸易、金融、税收等领域改革，对外有助于吸引外资入辽，辽宁自贸区将成为提升东北老工业基地整体竞争力和对外开放水平的新引擎。因此，辽宁要发挥地缘优势，形成外连俄蒙欧、内接京津冀、对接长三角的产业合作与交流格局，推进辽宁经济外向化发展，将产业结构升级融入国内外大环境当中去。

6.1.2 发挥对外贸易的资本积累效应，丰富辽宁对外贸易方式

一国（或地区）对外贸易通过资本积累能够促进该国（或地区）产业结构升级。辽宁对外贸易出口产品主要包括机电产品、高新技术产品、钢材产品、农产品和船舶五大类，以机电产品和高新技术产品占比最大。但是辽宁出口商品结构层次较为低端，与全国出口产品结构相比差距较大，占比最大的机电产品和高新技术产品出口占全国同类产品比重过低，并呈现下降趋势，2017年比重分别为1.4%和0.9%。辽宁的高新技术产品缺乏原始创新技术，仍然属于劳动密集型生产模式，作为老工业基地典型的辽宁省在制造业产业链条上，也只能算是制造者，缺乏高新技术优势。辽宁对外贸易长期从事低附加值及技术含量较低的加工贸易，出口产品无核心竞争力，同时又受资源限制，出口产品较为单一。国际金融危机之后，辽宁加工贸易优势逐渐减弱，主要是因为以劳动密集型为主的出口企业生产设备较为陈旧，缺乏自主品牌。随着国内劳动力成本的增加，原材料采购及用工成本均增加，逐渐失去劳动力优势，国际市场份额随之下降。辽宁的资本积累仍然处于低端加工资本积

累的地位，不利于辽宁产业结构优化升级。

在对外贸易出口方面，辽宁应注重提升对外贸易层次、提高出口产品的附加值，积极促进加工贸易产业链的前、后向延伸，改变以往的仅处于加工装备环节，并最终实现辽宁出口产品从以劳动密集型为主转向以技术密集型为主，改变辽宁传统的对外贸易增长方式，实现原有的规模扩张型外贸增长方式转向质量效率型。在对外贸易进口方面，辽宁应不断优化进口贸易方式，通过引进国外先进技术和创新型产品，获取技术分析经验，促进辽宁的技术革新和产业发展。同时各地方政府对于引进外商投资的政绩考核标准应该以引进外资质量代替外资规模，避免盲目引进劳动密集型产业。紧跟国家对外贸易政策思想，改变"以进养出"的传统贸易战略，积极培养符合辽宁实际的对外贸易新模式。

6.1.3 发挥对外贸易的消费需求效应，进一步提高辽宁消费水平

前述分析表明，"剩余出路"理论为对外贸易通过消费促进一国（或地区）产业结构升级提供了理论依据，也就是说，对外贸易通过出口解决国内产能过剩问题，为国内多余的生产要素和资源提供出路，同时通过进口缓解国内生产要素瓶颈问题，并且可以通过优化出口产品结构促进一国（或地区）产业结构升级。

在新冠肺炎疫情冲击世界经济的大背景下，习近平总书记提出了要"加快构建以国内大循环为主体、国内国际双循环相互促进的新发展格局"的大战略，构建基于"双循环"的新发展格局是顺势而为的战略举措，也是推动我国开放型经济向更高层次发展的重大战略部署。

首先，主动融入内循环。依托强大国内市场，以国内需求为导向，坚定不移扩消费、强投资、优供给，为畅通国内大循环作出积极贡献。着力创新流通，全面促进消费。顺应消费升级趋势，支持实体零售业创新发展，推动消费新模式新业态发展，塑造消费新场景，通过创新发展"前店后坊""VR/AR交互娱乐"等场景丰富消费体验，塑造全天候全

时域消费场景；主动适应各类新兴消费群体和消费文化的出现，针对"宅文化"，推出"懒人经济""宅经济"周边产品和服务，拓宽传统消费模式时间和空间，大力发展在线消费、到家服务；加快文旅、娱乐、体育、家政等服务消费提质升级，促进餐饮、购物等实物消费升级；加快发展无接触交易服务，帮助企业降低流通成本，促进线上线下消费融合发展，开拓城乡消费市场。适时出台促消费政策，加大政企联合发放消费券力度，全力推动夜经济、假日经济、平台经济、共享经济发展，培育体验式消费，促进消费向绿色、健康、安全发展。积极培育新型消费，适当增加公共消费，落实节假日制度、带薪休假制度，促进节假日消费。

其次，积极融入外循环。立足国内大循环，以国内大循环吸引资源要素，充分利用国际国内两个市场、两种资源，积极促进内需和外需、进口和出口、引进外资和对外投资协调发展。一是培育对外贸易新优势。积极主动对接共建"一带一路""中东欧 17+1"合作等国家重大倡议布局，抢抓中发 37 号文件、国办发 46 号文件、东北东部绿色经济带发展规划等政策新机遇，用足用好用活上级关于边境贸易、东北亚经贸合作、互市贸易创新发展等方面的政策"大礼包"。鼓励外向型企业通过加大研发和设计投入、建设自主销售体系，使业务范围从低端加工制造环节向"微笑曲线"两端高附加值的研发、设计、销售及售后服务环节延伸拓展，实现全产业链发展，切实提高自主知识产权产品的国际竞争力。加快区内具有技术和品牌优势的企业"走出去"，以 RCEP 伙伴国和中东欧、非洲国家为重点，布局海外仓，塑造外贸新优势。发挥特色农产品资源优势，建设农产品贸易高质量发展基地。加快推进沿边开发开放，深化与朝韩日俄蒙 5 国的经贸合作，大力推进边民互市进口商品落地加工，推动国门湾边民互市贸易转型升级，打造百亿级互市商品深加工园区和互市贸易集散地。二是提升利用外资水平。全面落实《中华人民共和国外商投资法》，对内资外资企业、国企民企、外来本土企业、大企业小企业、新企业老企业一视同仁，复制辽宁自贸区先进经验做法，推行外资准入负面清单，增强外资企业投资发展信心，鼓励外商投资企业增资扩股、利润再投，建立研发中心。推动制造业、服务业、农业等领域扩大开放，转变招商引资方式，以日韩为主攻方向，谋划实施一批重大利用外资项目。加大外资内招力度，推动项目与外企国内总部进行对接，以国内循环带动国际大循环。深度谋划包装外资项目，发挥与韩国、日本、朝鲜地缘相近的独特优势，紧盯振兴外资重要来源地、国际资本投向，采取"一把手"招商、以商招商、产业链招商、委托招商等形式，重点对接世界500强等国外有实力的企业和战略投资者，积极引进上下游产业链企业，提升外资项目签约率、到资率，形成更多收获点。

6.1.4　发挥对外贸易的技术创新效应，加大技术创新投入

对外贸易能够通过"技术外溢"和"干中学"促进一国（或地区）产业结构转型升级，因此，辽宁应注重发挥对外贸易的技术创新效应，加大技术创新投入力度，鼓励企业走创新发展之路。创新作为企业的核心竞争力，是企业实现"走出去"对外贸易战略的关键。以科技创新获取先进生产技术是辽宁工业的核心竞争力，也是传统产业进行技术改造升级的重要前提，而由于创新本身具有不确定性，加上公共物品的属性极易导致市场失灵，所以，科技创新离不开政府的干预与支持，落实好国家各项科技政策，引导一批符合国家科技政策且具有较大发展潜力的项目，争取国家的政策支持；建立科技创新投入的长效机制，省市两级财政继续加大对企业科技创新的奖励力度，加大对核心关键技术的研发投入力度；鼓励高校、科研院所及其他研究机构的协同创新，促进产学研结合，提高辽宁工业领域科技创新成果的转化率。从观念上看，必须改变长期计划经济影响下的"等靠要"的思想，改变创新意识薄弱的现状，充分认识到辽宁老工业基地的振兴必须依靠科技创新；从科技创新投入体系上看，应建立以政府投入为引导、企业投入为主体、金融资本为支撑、民间资本为补充的市场化科技投入体系；从创新型人才体系看，创新人才培养模式，加强支撑辽宁各产业发展的专业技术及技能人才、管理人才的培养力度，同时大力引进产业发展急需的高层次专业人才，搭建人才服务平台，推动其与产业融合、企业互动及项目对接，加快辽宁产学研一体化进程。

6.1.5　发挥对外贸易品牌效应，拓展海外营销渠道

对外贸易品牌建设是一国（或地区）转变外贸方式、调整外贸结构的重要组成部分，也是扩大自主知识产权、提高产品世界市场竞争力的有效方式。辽宁应围绕改造升级"老字号"、深度开发"原字号"、培育壮大"新字号"的发展思路，提升外贸出口产品的附加值和品牌效应。从"老字号""原字号""新字号"外贸产品品牌建设的保护与服务、政策支持力度等多方面加强外贸品牌建设，打造辽宁制造的良好国际形象。联合商务、海关、质检等相关部门，构建辽宁外贸品牌保护机制，促进对外贸易企业的自我保护与政府行政保护有效结合，形成较为完善的对外贸易品牌保护体系。积极发挥外贸行业协会的引导作用，推动制定对外贸易品牌培育规划，为辽宁外贸企业提供品牌宣传机会及途径，有效提供国内、国外商标注册等服务，鼓励对外贸易企业注册国际商标、申请国际专利，并给予企业一定奖励或者优惠政策，以便更好地应对对外贸易过程中知识产权纠纷问题。政府应加大对外贸企业进行技术研发、技术创新等资金投入力度，鼓励企业形成自主知识产权。加快培育自主出口品牌，完善品牌培育、评价和保护机制，鼓励企业扩大辽宁知名品牌在国际市场的影响力，借助品牌优势提升国际市场竞争力。支持引导企业对标和接轨国际一流标准，开展国际通行的质量管理体系、环境管理体系和行业认证。拓展对外贸易企业海外营销渠道，鼓励在国际市场具有品牌知名度的企业建立海外营销中心，利用好行业协会及现有的海外仓平台，探索建设市场采购海外仓，或者利用现有海外仓开展市场采购业务，促进不同贸易模式之间的融合发展。支持本地电商企业开展海外仓储业务，在国外保税、展销，扩大出口。推动东北亚5国共建网上"东北亚经济走廊"，建设"买全球、卖全球"东北亚数字贸易基地。

6.2 产业结构升级促进对外贸易结构优化的对策建议

6.2.1 建立产业分工体系，促进产业对接

产业结构合理化要求必须建立明确的产业分工体系，并促进产业对接。第一，提升辽宁原有传统优势产业的素质与层次。推动传统装备制造业向信息化及高科技化转移，以产业集群化为目标，提高相关配套产品的制造能力，鼓励产学研结合，推动辽宁制造业由生产型向服务型转移，提高产业发展的丰厚度。钢铁、石化等原材料工业向高附加值、精深加工转移，拉长产业链条、优化产品结构，提高产品的深加工度及产业集中度。第二，加快发展战略性新兴产业。发挥高新技术对辽宁新材料、新能源、高端装备制造、航天航空、生物医药等新兴产业的支撑带动作用，强化高新技术对产业技术的改造，加快辽宁创新与开放的步伐，为新兴产业发展搭建平台。以重点项目及重点企业为支撑，打造辽宁新兴产业的龙头企业，围绕产业链打造特色新兴产业集群。第三，大力发展生产性服务业。辽宁发展服务业必须结合已有的工业优势，也就是围绕装备制造业和石化产业，实现产业结构由以重工业主导过渡到以服务业主导，鼓励装备制造业、石化行业龙头企业及大企业加大研发、设计、管理、物流及售后等服务领域的投入力度，向服务业领域延伸，并促进其与金融、保险、信息技术及物流等现代生产性服务业的融合发展，提高生产性服务业的发展水平。辽宁无论是传统产业、新兴产业，还是生产性服务业的发展都必然走集群化的发展模式，不仅要发挥老工业基地的本地化优势，更要充分消化吸收国外先进的技术、管理经验及资金，将其与本地的生产要素结合，以项目为载体，加强产业有效对接，促进产业结构优化。

6.2.2 引进高新技术改造传统产业，提高外贸产业竞争力

辽宁作为东北老工业基地，其工业中占比最高的两个行业为装备制造和石化工业，2017年两大行业增加值占全部规模以上工业增加值的

比重高达58.8%。但是两大行业的产品则以初加工及加工装配为主，产品低附加值的特性决定生产处于产业链低端。高端制造业领域，辽宁许多高技术产品长期依赖进口，如机床控制系统、汽车发动机等装备制造业中的重大技术装备以及输变电设备制造中的关键基础零部件等，不仅使生产成本增高，而且进口过程中常常受制于人。初级产品加工业所占比重较高，其中，农副食品加工业增加值占全省规模以上工业增加值比重基本在10%左右波动。在世界已经进入信息高科技时代的大背景下，微电子、光纤通信、生物工程、激光、空间技术及新材料等高新技术的开发与应用，强烈冲击着辽宁的传统产业。也就是说，辽宁的传统产业已经难以适应当今经济社会发展的需要，但是传统产业又作为辽宁老工业基地产业结构的重要组成部分，因此，辽宁的传统产业仍需不断发展，而这种发展就不能是维持原有技术的发展，而是通过高新技术改造传统产业，最终提高传统产业生产力的发展。

首先，全面提高自主创新能力。紧紧抓住高新技术快速发展的机遇，努力开发适合辽宁产业发展实际的高新技术和先进适用技术，进而提升产业技术水平。通过积极培育大型企业集团、建设企业创新文化、整合科技资源、调动民营企业积极性等措施，推动建立以企业为中心的技术创新体系，使企业成为辽宁技术创新的主体，在引进—消化—吸收的基础上充分利用高新技术开发新产品，不断增强自主创新能力，加快经济转型。

其次，不断提升传统产业竞争力。加大利用高新技术和先进适用技术改造辽宁传统产业的力度，淘汰落后生产能力。辽宁传统重工业产业比重高，但技术设备较为落后，如钢铁、石化、机床、造船及轴承等一批老企业，急需注入高新技术和先进适用技术，以使企业经济效益和市场竞争力不断增强。政府应加强引导，鼓励辽宁传统企业进入高新技术领域，如鼓励开发石化中下游产品，提高船舶的技术含量和附加值，开发数字机床等，进而加快传统产业升级和产品更新换代速度，提高产品的市场竞争力。

最后，优先发展先进装备制造业。装备制造业是国民经济可持续发展的基础，是工业化、现代化建设的永动机，其高质量发展更是辽宁经济高质量发展的重中之重。辽宁要发挥老工业基地产业优势和临港临海的区位优势，优先发展数控机床、机器人、海工装备、航空装备、智能装备、新能源汽车等先进装备制造业，打破原有装备制造业低端产品产能过剩、中高端产品供给不足、关键核心零部件依赖进口的现状，实现辽宁装备制造业由产业链低端向中高端迈进，使装备制造业成为辽宁经济新的增长点。

6.2.3 大力发展生产性服务业，推动对外贸易结构优化升级

生产性服务业的发展水平，已经成为衡量一个国家（或地区）综合实力和竞争力的重要依据。生产性服务业[①]具有高技术、高人力资本、高附加值、网络化及集群化的产业特征，不仅可以保障生产过程连续性及高效率，而且对转变区域经济增长方式和促进产业结构转型升级具有重要作用。受新冠肺炎疫情的影响及全球经济低迷的制约，当前及今后一段时间我国将处于国内国际"双循环"经济发展新格局，因此，要求生产性服务业发展必须发挥内需潜力、利用国际国内两大市场资源、加强产业链与供应链融合发展。可以说，推动生产性服务业快速发展是加快辽宁融入"双循环"格局，推动产业结构升级的必然要求，并且也是促进东北老工业基地振兴、经济高质量发展的重要支撑，更是辽宁在应对疫情及国际市场冲击下加快向制造强省转变的必由之路，极具现实意义。

尽管辽宁作为东北老工业基地的典型代表，但是经济结构较为单一且对重工业过度依赖，导致辽宁经济增长处于全国平均水平之下。国际金融危机之后制造业快速崛起带动产业链不断向下游拓展，使得生产性服务业不断从制造业中剥离出来，也就是说，在制造业转型升级过程中，生产上游的利润获取相对滞后。对辽宁而言，在我国寻求经济结构优化改革的大背景下，推动制造业的创新进步可以极大地促进辽宁经济可持续发展，只有向"微笑曲线"两端移动，才能实现辽宁制造业的更新换代、提高产品附加值。因此，深化辽宁制造业与生产性服务业的

---

① 根据国家统计局发布的《生产性服务业统计分类（2019）》，生产性服务业分为六类，即信息传输、计算机与软件业；租赁和商务服务业；科学研究、技术服务与地质勘查业；交通运输、仓储和邮政业；金融业；房地产业。

深度融合必将成为重中之重。

首先，加强政策引领与支持，促进服务业与制造业融合发展。先进制造业和现代服务业"两业融合"为辽宁生产性服务业创造了增量空间。从制造业服务化看，发达国家和地区服务收入占制造业企业总收入的平均水平已超30%，我国制造业企业在10%左右，发展潜力巨大。从服务业向制造环节延伸看，服务衍生制造正在兴起[1]。落实国家关于生产性服务业发展的相关政策，继续加大制造业和生产性服务业的物质资本投入力度，为相关企业提供税收优惠和财政补贴，进一步完善辽宁省内金融服务，设立创新创业投资基金，支持生产性服务业可持续发展。特别加大对中、低技术水平的制造业企业的技术创新支持力度，比如通过税收减免或者低息贷款等方式予以支持。充分发挥计算机、软件和科技服务等生产性服务业对制造业的支撑作用。同时积极改善营商环境，进一步放松外商来辽投资管制，加大力度支持外资对辽宁制造业和生产性服务业的投入力度，并且支持辽宁制造业企业和生产性服务业企业"走出去"，扩大国际投资，推动辽宁经济整体提升，既可以促进二者的融合发展，又可以促进制造业与生产性服务业向全球价值链高端攀升。

其次，推动产业区域协调发展及与国际市场接轨。在"双循环"发展格局下，以国内循环为主体的前提下，辽宁应着重加大改革力度，努力消除生产性服务业在国内市场的障碍，加快生产性服务业集聚发展。一是发挥沈阳、大连等中心城市生产性服务业发展的辐射带动作用，促进生产性服务业在辽宁14个地级市合理规划布局，加快生产性服务业的区域协调发展，最终实现更大范围、更宽领域的国内经济循环。二是着力构建高水平的区域特色生产性服务业产业集群。加快中心城市聚集的一流科技、信息、商务、金融等专业服务机构和优势要素资源向周边地区辐射扩散，在制造业发展比较活跃的地区重新布局和集聚，为有制造业基础的地区带来新的发展机遇。辽宁生产性服务业总体集聚水平较低且发展不均衡，沈阳和大连的生产性服务业集聚水平远远高于省内其

---

① 章剑. 嘉兴锁定生产性服务业 [N]. 国际金融报，2021-12-13.

他城市，尤其是铁岭、抚顺、辽阳3个城市高集聚度细分行业为零，城市间生产性服务业集聚的区域差异明显。三是发挥外循环作用，促进辽宁生产性服务业向更高水平迈进，接轨国际市场。通过参与国际经济合作，扩大辽宁生产性服务业的国外市场份额及拓宽发展空间，在全球范围内布局产业链，切实保障产业链贯通与供应链稳定。

最后，促进制造业与生产性服务业信息化融合。为便于制造业与生产性服务业之间信息互通及交流沟通顺畅，应由政府搭建有效的支撑平台，既可以提高辽宁制造业与生产性服务业之间的沟通效率，又可以促进信息共享。围绕重点发展的智能制造优势学科领域打造智能制造研究中心，支撑区域综合性实验室建设，超前布局重大科技基础设施，加快建设符合辽宁发展定位和优势的重大科技基础设施，为抢占科技制高点，攻克"卡脖子"关键核心技术培育新的经济增长点提供强有力的科技支撑。围绕智能制造的核心技术、关键共性技术、基础零部件制造、智能装备的研发和产业化，联合智能制造相关行业协会和龙头企业，建设辽宁智能制造公共服务平台，为构建服务链、开展调研与政策咨询、开展技术及人才交流、探索行业性解决方案提供支撑。推进装备、服装、智能制造等工业互联网平台建设，分行业、分区域打造一批面向垂直行业和细分领域的省级工业互联网平台。鼓励龙头企业、国家级、跨行业、跨领域平台在辽宁落地，建立大量以制造业企业和生产性服务业企业为纽带的平台，不仅有利于政府部门的监管，同时可以发挥政府的引导作用，帮助企业搜集有利于其发展的有效信息，如最新出台的法律法规、制造业的技术更新、生产性服务业的市场需求等，对企业而言，政府部门整合后的信息安全性具有保障。

6.2.4 加快推进国家外贸转型基地升级，培育外贸竞争新优势

外贸转型升级基地作为产业和贸易有机结合的重要平台，已成为推进贸易高质量发展的重要载体和抓手，通过培育外贸转型升级基地，可以提升地方产业集中度。而国家级外贸转型升级基地是国家重点扶持和发展的集生产、出口功能于一体的产业集聚体，培育国家外贸转型升级

基地是推动外贸转动力调结构、培育竞争新优势的重要举措，在推动地方外贸创新发展、优化和稳定产业链供应链等方面发挥了积极作用。地方可以根据本地区产业集群情况，建设产业集聚区，支持相关产业发展，提升产品竞争力。

从2011年开始，商务部开展了首批国家外贸转型升级基地认定工作，经过10多年的发展，外贸转型升级基地总体实力稳步增强，创新发展能力不断提升，已经成为培育技术、标准、品牌、质量、服务等外贸竞争新优势的重要载体。为贯彻落实《中共中央国务院关于推进贸易高质量发展的指导意见》和《国务院办公厅关于推进对外贸易创新发展的实施意见》精神，2021年7月，商务部新认定105家国家外贸转型升级基地。至此，全国共有国家外贸转型升级基地578家，涵盖机电产品（含装备制造）、农产品、轻工工艺品、纺织服装、医药、新型材料、专业化工、五金建材8大行业。辽宁高度重视外贸转型升级基地的培育与建设工作，新认定的105家中辽宁新获认定基地6家，分别为：沈阳市浑南区国家外贸转型升级基地（装备制造）、大连瓦房店市国家外贸转型升级基地（轴承）、大连市长兴岛（西中岛）石化产业基地国家外贸转型升级基地（石化）、大连金普新区国家外贸转型升级基地（建材）、营口高新技术产业开发区国家外贸转型升级基地（新型材料）、凤城经济开发区国家外贸转型升级基地（汽车零部件）。辽宁国家外贸转型升级基地达到24家，数量位居全国第六。24家国家级基地包括机电产品基地4家、农产品基地5家、纺织服装基地5家、医药基地1家、新型材料基地5家、专业化工基地2家、五金建材基地2家[1]。为进一步发挥国家外贸转型升级基地对促进对外贸易高质量发展的支撑作用，辽宁应高水平建设贸易平台体系，政府应进一步加大政策支持力度，从资金、信贷及公共服务平台建设等多个方面给予政策支持，培育产业优势明显、创新驱动突出、公共服务体系完善的外贸转型升级基地。同时在产业配套、创新环境等方面为企业营造良好的转型环境。发挥行业协会的组织作用，围绕国家外贸转型升级基地加大对行业龙头企业的支持力度，通

---

① 邱海峰，王俊岭. 国家外贸转型升级基地达578家［EB/OL］.［2021-07-12］. http://www.gov.cn/xinwen/2021-07/12/content_5624228.htm.

过提供更多的信息、培训、资源整合等促进基地之间的对口合作和交流。发挥辽宁各市基地的比较优势，抓住国家外贸转型升级基地机遇，做强做大各自的优势特色产业，提升外贸发展质量和水平。

6.3 构建数字化服务产业

当前，大数据、云计算、物联网、人工智能等新一代信息技术快速发展，全球新一轮科技革命和产业革命正蓬勃兴起，全球信息化进入全面渗透、跨界融合、加速创新、引领发展的新阶段。党的十九大以来，习近平总书记多次强调，要坚持以供给侧结构性改革为主线，加快发展以数据为关键要素的数字经济，推动互联网、大数据、人工智能同实体经济深度融合。党的十九届五中全会提出了"加快数字化发展"的新要求，加快数字化发展已成为我国构建现代化经济体系、构建新发展格局、实现由经济大国向经济强国迈进的必然战略选择。在此背景下，辽宁把数字经济建设作为落实数字中国战略的重大举措，作为推动高质量发展的重要路径，全力打造数字辽宁制造强省。

当前，辽宁已经进入转变发展方式、优化经济结构、转换增长动力的关键时期。新一轮振兴东北老工业基地战略为数字经济发展提供了坚实基础和持久动力。工业互联网全球峰会已成为全球工业互联网交流合作的世界级平台，抢抓新一轮技术发展变革的重大战略机遇，加速传统产业尤其是制造业向网络化、数字化、智能化转型，运用大数据促进政府管理和治理模式创新，加快辽宁数字蝶变。加强物联网、大数据、人工智能、工业互联网等新一代信息技术在工业和服务业领域的融合和应用，构建数字化服务产业，以数字化助力产业融合发展，加快培育数字化新业态。

6.3.1 提升工业数字化水平

加快人工智能、5G、工业互联网等新一代信息技术在工业领域的应用部署，促进制造业高端、智能、绿色化发展，推动装备制造业数字化、网络化、智能化改造，以"企业上云网—工业互联网—智能制造"

为发展路径，促进企业研发设计、生产加工、经营管理、销售服务等业务数字化转型。大力实施企业上云工程，推进企业"上云用数赋智"行动，加快推动企业实现业务数据、设备上云、上平台。推进工业互联网创新发展。积极支持企业利用5G、软件定义网络、工业边缘计算、标识解析等新型工业网络技术改造内网，打造汽车、化工、钢铁、机械等支柱产业企业内网升级样板。深入实施智能化提升工程。围绕汽车、装备、电子、化工、冶金、建材等重点领域实施智能化提升工程，赋能工业转型升级，实现工业经济高质量发展。引导和鼓励制造业企业应用自动化控制、物联网等技术，对机器设备和生产流程等进行优化更新，推动企业从单机生产向网络化、连续化生产转变，显著提升企业的生产效率和产品品质。以企业需求为主导，聚焦重点行业，针对不同规模的企业采取相应的大数据策略，采集、挖掘、应用工业数据，形成数据驱动、快速迭代、持续优化的良好发展态势。推进集群企业间的数据交互、共享和集成，驱动产业链内外资源合理配置，充分发挥工业数据融合应用价值，实现产业链协同制造。落实企业"上云用数赋智"行动要求，以规上工业企业为重点，加大用云标杆企业培育力度，推动企业从资源上云逐步向管理用云、业务用云、数据用云升级，形成一批企业用云的典型案例。

6.3.2 引领服务业数字化发展

利用数字技术推动生产性服务业升级改造，加快数字技术与服务业融合发展，积极培育数字物流、数字金融等服务新业态新模式。数字物流方面，引入智能管理系统和智慧溯源系统，打造集信息化、智能化、现代化、专业化多种服务功能于一体的综合服务型物流园。科学布局建设冷链仓储、快件仓储、分拨中心、转运中心、配送站等基础设施，建立统一规范的物流信息平台，优化配送流程，提高运行效率。利用新技术新设备，实现物流实时跟踪和可视化管理，增强物流安全性和精准性。鼓励商品市场与机场、车站、港口、仓储基地等建立长期稳定的合作关系，加强流通节点衔接，开展多式联运，进一步降低流通成本。数字金融方面，从数据管理能力、数据应用等方面入手，不断强化金融行业大数据应用的基础能力，加快 5G、人工智能、分布式技术等在金融领域的融合创新。支持金融机构依法合规建设创新性互联网金融平台，稳妥开展网络银行、网络证券、网络保险等业务，规范发展互联网支付业务等新型金融业态。加快金融与信息技术融合发展，落实区块链+供应链金融等相关技术标准，支持普惠金融、绿色金融等数字化转型。

6.3.3　打造现代化智慧农业

利用智能传感器、物联网、卫星导航、空间地理信息等技术，建立农业大数据库，搭建农业物联网大数据应用系统。打造现代化智慧农业体系，推动农业智能化生产。支持开展农业机械设备和生产设施智能化改造。推进养殖智能化，建设智能牧场，促进产需精准对接。建设部署农业物联网，强化农产品质量追溯和监管能力，推进质量安全追溯系统建设，实现生产、收购、储藏、运输等环节的追溯管理。加快发展农村电子商务。实施"互联网+农村农产品出村进城工程""互联网+高质量农产品行动"。建设省、市、县三级农产品电商运营中心；整合现有农村电商平台，形成特色农产品电子商务集群。鼓励运用网络直播等多媒体加大农产品宣传销售，建设综合服务体系，加快涉农数据上云，形成农产、农业全产业链数据资源，鼓励开发基于 APP 应用的农业信息服务产品。推动农业新业态发展。加快物联网与特色农业深度融合，拓展农业多种功能，促进农业与文化、旅游、教育、物流、养老等深入融合。建设智慧农业大数据平台，按照智慧农业大数据规范要求，对接辽宁现有涉农业务数据系统，搭建省级农业大数据平台，打造全省数字农业一张图。开展智慧农业应用，建设服务辽宁智慧农业的生产、经营、监管等诸多领域的智慧农业应用云。依托智慧农业应用云，开展智能种植业、智能牧场、智能渔场、智能海洋牧场试点示范，建设全省主要农产品质量安全监管平台，强化农产品质量追溯和监管能力，实现生产、收购、储藏、运输等环节的追溯管理。构建智慧农业产业链数字化服务体系。依托辽宁智慧农业中心，构建农业产业链数字化服务体系建设及集分析决策、应急管理、指挥调度于一体的智慧农业大数据指挥中心，建设提供乡村公共事务在线服务的"三农"信息服务中心，建设线下展示和线上销售的品牌农产品展示中心，建设针对大数据、5G、人工智能、物联网等新技术的合作发展研究中心。

6.3.4 大力发展数字化服务贸易

加快发展跨境电子商务。依托沈阳、大连、抚顺、营口和盘锦跨境电子商务综合试验区作为跨境电商经营主体，推动兴城泳装、西柳服装等辽宁品牌"走出去"，扩大跨境电商交易规模。大力发展数字化服务贸易。积极推动数字服务行动，扩大对外开放，将大连高新技术产业开发区打造成国家级数字贸易的重要载体和数字服务出口集聚区。推动大连服务贸易创新发展试验试点建设，探索服务贸易发展体制机制创新，推进沈阳、大连服务外包示范市建设。高质量办好全球工业互联网大会以及中国国际数字和软件服务交易会。发挥政府、产业联盟、行业协会及中介机构作用，开展数字经济领域国际业务合作，打造全球重要会展和高端对话平台。

6.4 深化国有企业混合所有制改革

辽宁是东北地区唯一既沿海又沿边的省份，起着东北地区对外开放的门户作用，并且作为东北老工业基地，工业基础较好、门类比较齐全，但由于复杂的历史和现实原因，2016年开始辽宁经济开始出现下滑，暴露出产业结构不合理、企业创新能力不强、高质量人才大量外流、政府服务意识不强等问题。当然，这种现象不是辽宁特有，吉林、黑龙江同样存在大量经济指标下滑，被共同称为"新东北现象"，究其本质原因，还是东北地区市场缺乏活力，国企比重过大且效率不高造成的。因此，2017年3月7日，十二届全国人大五次会议上习近平总书记参加辽宁代表团审议时提出了三个推进，其中之一就是要推进国有企业改革，明确提出将国有企业作为辽宁老工业基地振兴的"龙头"，通过改革做强、做优、做大国有企业，振兴辽宁经济。其后，国务院批转的《关于2017年深化经济体制改革重点工作的意见》，也将"国有企业改革"作为重点任务之一。也就是说，国家已经将"国企改革"作为一项重点推进的工作来抓。对辽宁而言，顺利推进"国企改革"已经成为经济实现复苏和成功转型的关键所在。2021年3月，国家发展改革委、国务院国资委联合印发《深化东北地区国有企业混合所有制改革实施方案》，辽宁省把混合所有制改革作为国企改革三年行动和深化沈阳区域性国资国企综合改革试验的重点任务，吸引社会资本和外部资源向辽宁集聚。

所谓混合所有制，就是不同所有制产权间的交互融合。从宏观层面来看，混合所有制经济指的是一个国家（或地区）所有制结构非单一性，包括公有制经济（国有、集体等）、非公有制经济（外资）和合资合作经济（拥有国有和集体成分）。从微观层面来看，混合所有制经济指的是不同所有制性质的投资主体共同出资组建的企业。大力发展混合所有制经济，既可以帮助非公有资本的中小企业拓展发展空间和经营领域，又可以调动劳动者的积极性，促进收入水平的提升。并且国有资本、集体资本和非公有资本相互融合的混合所有制经济对于盘活国有资产、深化国有企业改革、打破国有企业垄断，最终实现多种所有制经济优势互补，具有重要的现实意义。

6.4.1 继续完善现代国有企业体制

国有企业混合所有制结构改革中"改"的关键点就是抓住完善公司治理，辽宁应借鉴上海"混改"经验，加大国企改革力度，进一步完善现代国有企业体制，使老工业基地混合所有制改革发挥更大效用。尽快实现国有企业"去行政化"，破除原有国企用人弊端，改变国资委"管人、管事、管资产"模式，由国有资本投资运营公司持有股份，履行出资人的职责，并通过市场机制选择企业经营管理者。此外，进一步推进国企股权多元化改革，推行专业化合作模式。也就是说，具有相同或相近专业（或业务）的不同部门、不同层次、不同地域的国有企业互相参股，不仅可以优化资源配置、降低经营成本，还可以发挥协同效应、规模效应，通过提高专业化程度最终达到提升国企核心竞争力的目的。做强、做优、做大国有企业，不仅增强了辽宁国企自身的国际竞争力，也增强了东北老工业基地竞争力，乃至国家竞争力，可以助力争取辽宁国际发展空间。

6.4.2　完善国有企业的公司治理结构

帮助国有企业建立健全的现代企业制度、规范的法人治理结构，完善公司治理的法律制度，是推进混合所有制改革的最终目的。在公司控股形态上，合理确定国有持股比例，尽可能采用国有股相对持股的组织形式，避免国有股一股独大。加大独立董事在董事会的比例，并且增加非国有股东代表的比例，积极引入员工持股计划等激励机制，切忌将董事会和经营层混为一谈。对于国有资产绝对控股的企业，其董事会成员应由董事会严格依照法律程序，通过股东大会投票表决的方式产生，而不能由政府部门派遣，包括董事长不能由政府安排国有资本方强行进入董事会。切实提升国有资产的监管能力，防止国有资产流失，同时警惕把混合所有制改革变成私有化运动，不仅要避免过去存在的利益输送，更要避免在新一轮改革中借机洗白的情况发生。

6.4.3　营造公平竞争的市场环境

完善政策法规，加强对各类市场主体的保护，真正做到一视同仁地保护国有企业、民营企业和自然人的资产收益的财产权及其他合法权益，创新国企混改模式，鼓励民间资本进入。一是放宽市场准入条件，彻底消除对"非公有制"的歧视政策，使其与公有制经济享有平等的投资权利，遵循"非禁即入""非禁即行"原则，也就是说，凡国家法律没有明确禁止进入的领域和行业，均应允许非公有制资本进入，使得非公有制经济与公有制经济在投融资、土地、税收、对外贸易、公共服务等方面享有平等待遇。二是创新国有企业混改模式，鼓励民间资本进入。通过鼓励各类社会资本分期出资，提前介入经营等方式增强非国有资本的话语权、提高其参与国有企业混合所有制改革的积极性，并且积极保护私有产权，提高产权所有者参与国企混改的安全感。

6.4.4　大力发展民营经济

正确处理好政府与市场的关系。通常认为，一个地区的市场化程度越高，与之相关的经济开放度和自由度也就越高，市场机制对资源配置的基础性作用越明显，效率也越高。辽宁的经济活力不足，更应该以市场为主导调节其经济运行，使本地的生产要素流向效益高、创新能力强的产业，以产业集群效应推动产业结构升级。同时，大力发展民营经济，鼓励其参与辽宁国有企业改革与重组，开放对非公有制企业的投资领域，通过税收优惠及财政补贴等手段加大扶持民营企业及中小微企业的发展力度。另外，通过建立市场竞争机制，一方面弱化政府在资源配置中的行政权力，最大限度发挥"看不见的手"的资源配置作用；另一方面培育企业在产品品质、品牌、功能及服务等方面的竞争观。进一步发挥民营经济在辽宁老工业基地振兴中的作用，才能使生产朝着专业化的方向发展，迸发出经济活力。

此外，辽宁的国有企业混合所有制改革还应考虑"十四五"时期乃至2035年参与产业的国际竞争力。紧密围绕供给侧结构性改革及辽宁产业基础，将国企混改与新产业培育有机结合，引进民间资本或外资时，注重考虑产业协调较好的战略投资者和社会资本。通过深化国有企业混合所有制改革使辽宁的国企向更强、更优转变，进而带动工业产业结构优化升级。

6.5 积极推进辽宁边民互市贸易创新发展

借鉴东兴、瑞丽、黑河、满洲里等边民互市贸易新模式，充分利用区位及政策优势，积极发挥主动性和创造性，因地制宜创新边境贸易发展方式，推动以边境贸易带动为主的单一发展模式向贸易、投资、加工制造、旅游等协同带动的综合发展模式转变，同步打造具有沿边特色的加工制造业，逐步形成各具特色、符合地区实际的边境贸易发展新路径。

6.5.1 推动边民深度参与互市贸易

鼓励边境城乡居民广泛开展边民互市贸易，成立边民互助组（合作社），掌握更充分的市场信息，提升边民在互市贸易中的参与度，实现边民互市零散交易向有组织的互助组交易转型、拓宽货源渠道、降低市场风险，带动更多边民参与交易。充分发挥边民互助组（合作社）整体抱团的作用，解决边民交易难、成本高、收益小等问题，破解小生产和大市场之间的矛盾。推动互助组（合作社）与金融机构合作，鼓励金融机构为边民互助组提供授信、贴息融资等支持；探索推行"边民联名卡"，将"边民证"和"个人结算账户"合二为一，形成集边民认证、结算、通关、大数据于一体的数字银行卡，做到管理数字化、结算便利化。设立综合服务窗口，为边民互助组织、互贸商品加工企业、各国自然人"一站式"办理备案登记手续和贸易经营资质。强化边民经营主体地位，以边民为互市贸易经营主体，推动边民互助组（合作社）成员间利益共享、诚信合作，促进边民互助组（合作社）与互市贸易进口商品落地加工企业建立稳定合作关系，提高边民的互市贸易能力和收入。

6.5.2 鼓励互市贸易产品落地加工

制定出台系列政策，吸引边贸加工企业入驻互市贸易创新发展区，利用互市进口资源优势，大力发展具有边境地区特色的优势加工业，建成具有示范带动作用的互市进口商品综合性加工园区。引进高端装备制造、智能制造、精密电子、半导体及芯片、生物医药、健康美容等产业；开展松子、红小豆、松茸、面粉、农（水）产品、牛油等农副产品，以及蚕丝、蚕棉、羊毛、羊绒等原料和进口服装面辅料加工；依托进口水产品发展冷链物流和水产品深加工。以"通关便利化、成本最低化、落地加工企业优先化、贸工互动效益最大化"为目标，发展"边境贸易+跨境加工制造业"的产业发展模式，促进口岸经济向"产业经济"转型。引导支持组建边贸加工业协会，合理降低加工企业的互市仓储运输和边贸收费等成本，减轻企业资金压力；深入推进跨境劳务合作试点，进一步降低企业用工成本。规范加工企业对互市进口商品实施台账管理，进行实质性加工，加工增值比率不低于20%。加强商务、财政、税务、市场监管、海关等部门联动，建立对互市进口商品落地加工的全链条监管机制，及时查处违法违规行为，确保互市加工源头可溯、风险可控、责任可究，确保政策红利惠及边民，促进落地加工稳定健康发展。

6.5.3　大力发展跨境电子商务

适应市场需要和形势变化，从方便企业、方便边民、方便管理的角度出发，打造电商平台，鼓励发展"互联网+边境贸易"，引导企业线上推广、线下交易，推动新业态、新模式与边境贸易融合，构建边境地区现代流通体系和跨境电商市场营销体系，降低交易成本，拓宽边境贸易渠道，扩大边境贸易规模，实现边境贸易高质量发展。

（1）规划建设互市进口电商园

依托边民进口免税、进口加工增值税优惠和境内物流运费三重优势，吸引天猫国际、京东国际、洋码头、网易考拉、亚马逊等国内外跨境电商平台入驻电商园区，实现品牌授权组装、半成品进口、定制化包装、平台独家发售。推动互市进口电商园与日本产业园、韩国产业园协同发展，形成三园鼎立的互市贸易落地加工产业格局。

（2）建设互市商品供应链平台

精准筛选日韩朝蒙俄的药妆、保健品、食品、农水产品等热销商品，向境内外销售。鼓励互市贸易商在天猫、京东、拼多多、苏宁易购等电商平台发展代销网店，通过代销网店合作加快互市产品推广。

（3）设立跨境出口体验馆

依托国门湾互市贸易区海关监管区域，按国别分别设置东北亚5国精品分区，招引跨境零售商入驻。探索建立跨境零售平台（APP）、跨境零售网店、海外仓、体验店和跨境直邮中心，形成多点支撑的跨境电商新格局。

6.5.4　推动跨境贸易与边境旅游相结合

充分利用边民互市贸易进口商品免征关税和环节税等优惠政策，建设互市商品购物一条街和免税商城，为国内外商家、游客提供边境贸易结算、物流、仓储、智能化信息安保、售后等综合服务，满足游客旅游购物需求。积极引入"互市贸易+旅游"业态，促进中朝边境旅游、海洋旅游与互市贸易相融合，推进赴日购物旅游、赴韩医美旅游等特色边境旅游项目。加大宣传力度，举办鸭绿江国际旅游节及东北亚5国经贸博览会，提升"互市贸易+旅游"产品知名度。探索简化外籍游客进出境流程，积极争取实施丹东口岸"144小时过境免签"政策，努力拓展旅游客源市场。

6.5.5 培育"产贸融"一体化创新生态

支持龙头企业搭建资源和能力共享平台，以"产贸融"一体化为导向，探索以央企为核心、民企为先锋、外企为策应的发展模式，充分发挥"央企实力、民企活力、外企能力"作用，构建全价值链服务生态。借鉴"新蛇口"经验，推动"政府+央企"协同合作，创新贸易模式和园区开发模式。创新加工贸易模式，推动"民企+外企"协同发展，促进日韩技术、品牌、资金等与丹东民企合作，实现由落地加工组装向研发设计、品牌营销、金融结算环节延伸，培育全要素产业集群。坚持生产性服务业先行先试，推进"政府+央企+民企+外企"协同联动，构建联合研发、共享制造、共享信息、统一分销的服务生态。

6.5.6 构建跨境运输物流体系

着力推进通边口岸、互市贸易点、口岸基础设施建设，加快形成互通互达的现代交通网络。联合中铁物流、怡亚通等国内外知名供应链企业，共建以多式联运为重点的东北亚国际贸易中心，集中布局双向货源中心、国内电商仓储区、国际电商仓储区、海关监管查验区、冷链库、保税物流仓库、集散分拨中心、海关监管仓库及综合服务楼等物流企业配套设施，促进现代仓储业、商业、交通运输业协调发展，以及集专业化商品配送、储存、运输、展示与交易于一体的智慧物流园区，面向日、韩、朝、蒙、俄5国开展大宗商品交易、期货交割、综合物流、互联网+集装箱、冷链、跨境电商等业务。积极完善综合物流服务功能、打造期货交割平台等新动能孵化器、培育智慧物流新业态，构建辐射内陆、贯通海外的物流全链路。

6.5.7 完善政策支撑体系

（1）加大资金支持力度

设立边境贸易发展和边境小额贸易企业能力建设基金，向边境贸易物流运输、进出口加工企业、小额贸易企业、边境贸易仓储物流设施及商品市场等贸易产业和贸易载体建设倾斜。整合边境贸易资金，用于支持边境贸易发展，促进边贸企业能力建设、边贸市场建设，发展边境加工贸易等。统筹安排财力，保障边贸市场、边贸物流园等重点项目配套资金及时到位，引导社会资金合理有序投向口岸验货场、边民互市点、边贸市场等经营性建设项目，形成多元投入、保障有力的建设格局。

（2）加大税收优惠力度

在区域内新办的以辽宁地区鼓励类产业为主营业务的法人企业，自取得第一笔生产经营收入所属纳税年度起，5年内免征属于地方分享部分的企业所得税。积极争取参照民族自治地方企业所得税优惠政策。

（3）加大金融支持力度

抓住国家支持边境地区建设边境贸易结算中心的契机，规范和便利互市贸易商品交易结算、互市贸易商品经营户结算和互市贸易商品游客结算。鼓励金融机构开展对边贸企业、落地加工企业的信贷业务，支持边贸企业、落地加工企业融资担保业务，放宽担保条件，扩大担保范围。鼓励金融资本参与边境口岸、边贸市场和边贸物流园区建设，缓解建设资金的"瓶颈"制约。支持金融机构通过"政府平台公司＋政府增信"模式，联合保险公司、融资担保机构等，为企业提供方便快捷的信贷支持。

（4）实行差别化产业支持政策

对以进口农产品为原料进行落地加工的产业，经企业申请可纳入农产品增值税进项税额核定扣除试点范围；对符合条件的落地加工商品，经抽取代表性样品后可先予放行，待检验合格后进行加工生产。

6.6　提升区域合作新水平

6.6.1　着力打造"一带一路"重要节点

充分发挥辽宁丹东作为国家区域级流通节点城市作用,高标准推动陆上边境口岸型国家物流枢纽和区域性交通运输枢纽建设,进一步加强与"一带一路"沿线国家和地区的合作对接,创新合作模式,搭建交流平台,逐渐形成全方位、多层次、宽领域的开放格局。

（1）加强东北亚经济走廊合作

依托中朝经贸博览会、中韩投资贸易博览会等贸易展销平台,深化辽宁与东北亚5国交流与合作,共建东北亚经济走廊,巩固辽宁在东北亚贸易领域的重要地位。加强辽宁港口与东北地区及俄罗斯远东、蒙古国的通道建设,探索开通辽宁丹东至朝鲜、韩国、日本和俄罗斯的国际航线及邮轮,提升国际互联互通能力。

（2）积极推动要素与资源聚集

发挥辽宁在东北亚经济走廊中的枢纽优势,建设集商品批发、物流配送、技术共享、金融服务为一体的专业化市场平台,吸引东北东部粮食、木材、钢铁、医药、旅游等资源聚集,实现东北东部技术、资本、人才等生产要素的充分利用,推动要素市场一体化。对特色优势产业在市场准入、国际合作、项目审批核准、土地供给、劳务合作、工程承包和技术转让等方面给予支持。适当放宽产业准入限制,对电、水、土地等生产要素使用提供优惠政策。

（3）构建辽东地区现代物流发展格局

以丹东港为依托,以丹沈、丹大、丹通、丹海高速公路和沈丹客专、丹大快速铁路以及新鸭绿江大桥为支撑,着力构建"一枢纽五通道五组团多节点"的现代物流发展格局。依托新鸭绿江大桥,加快推进丹东陆上边境口岸型国家物流枢纽项目建设;大力发展国际物流业态,形成对接半岛开发开放、联结东北东部和俄罗斯远东地区的国际物流重要枢纽;着力打造衔接"辽珲俄""辽蒙欧""辽海欧""辽满欧"和朝鲜半岛贸易运输物流五个大通道；培育港口、东北东部前阳编组站、边境口岸、金山北铁路货场、空港五个重点物流组团，积极发展多种特色物流节点。

6.6.2　深化东北东部区域合作

以落实《东北东部绿色经济带发展规划》为重点，充分发挥丹东、本溪两市比较优势，用好用足各项优惠政策，完善东北东部区域合作机制，加强产业合作，促进东北东部绿色经济带高质量发展。

（1）深化和完善东北东部区域合作机制

会同东北东部城市推动在国家层面设立贯彻落实《东北东部绿色经济带发展规划》工作领导小组。积极争取国家和省级层面支持，提高东北东部区域合作圆桌工作会议规格，建立健全常态化会商制度，完善高层会商、工作推进和部门合作等机制，促进各市（州）间高层互访、信息沟通和交流合作。完善区域合作秘书处机构设置，在丹东设立东北东部区域合作交流中心（联络办公室），实现各市（州）联络人员集中办公。

（2）推进东北东部城市深度合作

充分利用丹东港作为东北东部最便捷出海口优势，主动承接吉林"向南开放"战略，加快通化陆港和丹东港深度融合发展。推广通化陆港模式，在重要节点城市加快建设一批新陆港，开展陆港联运、江海联运、海铁联运等多式联运，加快东北东部区域物流一体化进程。加强东北东部各市（州）联系，共同做好项目筛选和谋划，推动落实一批重点合作项目，促进东北东部城市间产业和企业互补性投资合作。

（3）积极争取政策资金支持

推动省政府设立东北东部绿色经济带丹本（丹东和本溪）地区建设补助专项资金，支持东北东部区域合作重点项目。争取省政府在统筹安排中央预算内投资、省本级专项资金时，优先安排丹东、本溪符合条件的项目。争取省财政加大一般性转移支付及专项转移支付力度。

6.6.3 积极推进辽宁沿海经济带高质量发展

以辽宁沿海6市协同发展为重点，加快新旧动能转换，加强基础设施互联互通，推动辽宁沿海经济带"黄海翼"快速崛起，打造开发开放新高地。

（1）积极参与沿海6市协同发展

全面加强沿海各市在公共服务、产业、项目、人才、资金以及改革创新等方面合作，促进各类要素合理流动和高效集聚，不断拓展沿海城市协同发展的领域。加强沿海6市信息资源共享，优化配置服务资源，建立教育、医疗、养老、旅游等领域协同发展机制，促进区域间基本公共服务合作布局。支持龙头企业跨区域开展上下游产业配套，打造紧密协作区域供应链，加强创新链与产业链的精准对接。

（2）推进基础设施互联互通

完善港口建设规划，落实规划环评要求，释放港口效能，推进港口智能化集疏运体系建设，大力发展公海铁等多式联运。完成丹东港泊位升级改造，推进实施矿石、散杂货、粮食、客滚及通用泊位改扩建等重点项目。谋划推进丹东港经珲春口岸连通俄罗斯符拉迪沃斯托克港"辽珲俄"铁路新通道。推进丹东港与大连港的分工合作，积极融入大连东北亚航运中心体系。完善现代化能源输配网络，建设大连至丹东石油天然气长输管线，提升能源系统综合调节能力。

（3）加强生态环境协同共治

完善沿海6市海洋生态环境保护协调合作机制，实行严格的海域使用管理制度，合理保护和开发海岸线资源，集约利用海洋资源。坚持"陆海统筹、河海兼顾"的原则，严格落实"三线一单"分区管控要求，协同推进近海海域污染防治和陆域环境综合整治，共同推进跨境河流治理和生态脆弱区生态保护与修复。加强环境执法统一与信息共享化，共同建立突发环境事件应急机制。统筹做好重要生态功能区、生物多样性保护区、重要海洋牧场区、海洋和海岸工程密集区的生态评价和管理。

6.6.4 密切与发达地区的交流合作

充分发挥市场主导和政府引导作用，对接京津冀协同发展、长江经济带发展、粤港澳大湾区建设等重大战略，持续深化与扬州市的对口合作，密切与发达地区的经济联系，健全交流合作的长效机制。

（1）深入对接国家重大发展战略

充分挖掘各市在生态环境、资源禀赋、港口和区位等方面的比较优势，进一步加强与京津冀协同发展、长江经济带发展、粤港澳大湾区建设等国家战略的对接。深化与京津冀、长三角、珠三角等地区的交往，全面掌握重点地区产业布局和产业转移需求，加强制度设计和政策引导，围绕数字经济、智能制造、汽车及零部件、纺织服装、仪器仪表、农产品深加工、旅游康养等产业开展对接。完善省级以上产业园区基础设施和公共服务，不断提升承载能力，将园区打造成承接产业转移的重要平台。

（2）持续深化与发达地区对口合作

建立健全交流互访制度，探索互派干部开展短期挂职交流。落实市县两级对口合作框架协议，复制借鉴发达地区在重大项目、营商环境、开放平台、智慧城市建设等方面的先进经验。结合各市产业发展需要和发达地区产业特色，组织相关部门、科研院所和重点企业开展精准对接和科研合作。以丹东市为例，加强优势产业对接，依托丹东特色农业资源，充分利用电子商务、网络营销等商业模式，开发扬州及周边"长三角"消费市场，建立两地特色农产品长期产销对接关系，推动扬州市农业、食品加工及餐饮龙头企业在丹建设一批特色农产品加工采购基地。扩大文化旅游产业合作，充分利用扬州至丹东航线，以互为华东游和东北游集散地建设为目标，通过各类新媒体平台向扬州客源市场宣传推介丹东旅游资源和产品。鼓励丹东企业借助扬州各类展销平台，扩大市场占有率和影响力。推动两市产业园区深度合作，鼓励扬州市重点园区在丹东设立分园区，发展"飞地经济"。

6.7　转变政府职能，改善营商环境

产业结构优化升级本应由市场机制发挥调节作用，但就辽宁当前的市场环境来看，市场机制的作用很难充分发挥，因此，政府是辽宁产业结构优化的重要载体之一。以打造市场化、法治化、国际化营商环境为目标，围绕"办事方便、法治良好、成本竞争力强、生态宜居"四个标准，深入推进"应该办、服务效能提升、降低企业成本和法治环境优化""四个专项"行动，努力打造政策最优、成本最低、服务最好、办事最快的"四最"发展环境。

6.7.1　营造办事方便的政务环境

强化服务意识，创新服务方式，提高办事效率，打造"办事方便不求人"的政务环境。

（1）持续深化简政放权

全面精简重复审批事项、优化审批流程，实行政府权责清单动态管理，进一步降低制度性交易成本，解决好政策中的"最先一公里"、"中梗阻"和"最后一公里"问题，建立细化的落实机制和流程，以制度创新进一步明确政企行为的边界，用政府权力的"减法"换取市场活力和创新力的"加法"。加快工程建设项目审批制度改革，全面实施"清单制+告知承诺制"审批，完善联合验收制度。实施涉企经营许可事项清单管理，加强事中事后监管，对审批制度进行创新，严格落实项目审批"绿色通道""容缺后补""以函代证""承诺制"等制度，实现从"严进宽管"向"宽进严管"转变。全力推动"应该办、无政策障碍"的事项痛快办，"应该办、有政策瓶颈"的个案规范程序、特事特办，"应该办、有政策障碍"的共性问题创新机制解决。

（2）持续优化政务服务

严格规范服务，严格执行政务服务事项清单、进厅事项清单、即办事项清单、最多跑一次清单、不见面审批事项清单等一系列清单，不做选择、不搞变通、不折不扣落实到位。积极推进"一网通办"，除法律

法规另有规定或涉密等原因外，实现政务服务事项100%网上可办。全面推进"一网、一门、一次"改革，深化"互联网＋政务服务"，打破各系统间"信息壁垒"，实现部门之间实时信息交互。完善一体化政务服务平台功能，持续推进一体化平台向村（社区）延伸，政务服务事项"网上可办率"达到100%。巩固"三集中三到位"成果，根据政务服务事项变化情况及时调整进厅事项、人员，始终保持100%的"应进必进"率。拓展"最多跑一次"事项范围。不断增加"最多跑一次"事项数量，由"跑一次"向"不见面"延伸。探索"政务服务驿站"试点，实现乡镇（街道）、村（社区）服务中心（站点）等全覆盖，就业、失业、人才、户籍、民政等便民服务就近能办、多点可办。

（3）持续强化多元监督

深化8890平台建设，健全政务服务"好差评"制度体系，实现全省各级各类政务服务中心、政务服务系统、服务热线等渠道全覆盖，全面、科学、客观地反映企业和群众对政务服务的满意度。进一步拓展电子监察系统功能，发挥智能叫号系统和监控系统作用，对已申请但未办理、否定事项和逾期事项，第一时间启动调查处置机制。加强社会监督和舆论监督，通过开展营商环境第三方评估、企业评、调查问卷、走访座谈、明察暗访等多种方式广泛收集"应办未办"问题线索，及时调查处理。强化纪检监察监督，对轻易否定、应办不办、服务效能低下、庸懒散拖等不作为不担当问题进行重点查处，曝光负面典型，严肃追责问责。

6.7.2　营造公平公正的法治环境

大力推动"法治辽宁"和"诚信辽宁"建设，打造更高层次的法治化营商环境。

（1）坚持依法行政

全面清理违反公平、开放、透明市场规则的行政规范性文件，实现清理工作常态化、制度化、规范化，使政府部门权责更加清晰，破解依法行政源头性难题，清除各类制度性障碍。提升党政主要责任人法治思维和依法执政、依法行政、依法治理、依法办事能力。强化公务人员的服务精神，树立"人人都是营商环境、个个都是开放形象"的理念，增强运用法治思维和法治方式处理行政社会事务的能力，依法行政、严格执法、文明执法。构建亲清政商关系，健全政企沟通协商制度，依法平等保护民营企业产权和企业家权益，促进中小微企业和个体工商户健康发展。

（2）建设诚信辽宁

建立健全政府守信践诺机制，加强项目投资、政府采购、招标投标、社会管理等重点领域政务诚信建设，出台招商引资优惠政策规范文件，建立招商引资项目综合评估机制，坚决杜绝在招商引资过程中"信口许诺""空头支票"现象；坚持"新官理旧账"，全面梳理和化解政府拖欠民营企业资金、招商引资承诺不兑现、优惠政策不兑现等行为。建立健全"政府承诺+社会监督+失信问责"机制，杜绝发生新的不诚信行为，打造安全、诚信、可预期的环境。实施守信联合激励和失信联合惩戒，对诚信企业实行轻微违法违规首次免处罚机制，对严重违法失信者实施联合惩戒，提高违法违规成本，让守信者一路绿灯、失信者处处受限。健全政务诚信工作机制，推动重点领域政务诚信建设，强化政务失信惩戒措施，增强公职人员诚信履职意识，全面提升政府公信力。

（3）保障市场公平竞争

全面实施市场准入负面清单制度，建立负面清单动态调整机制和第三方评估机制，将清单事项与行政审批体系有效链接，定期评估、排查、清理各类显性和隐性壁垒，破除"玻璃门""弹簧门"，推动"非禁即入"，为各类所有制企业、内外资企业提供一视同仁、公平竞争的市场环境。完善涉企公共法律服务体系。

6.7.3　营造成本竞争力强的市场环境

坚决把中央关于减税降费的阶段性政策和制度性安排落实到企业，确保应落尽落、应落快落，变"人找政策"为"政策找人"。

（1）着力降低企业生产要素成本

落实好国家降低水、电、气、网等要素成本政策，依法鼓励以多种方式向民营企业供应土地；全部开放电力直接交易企业用户范围，支持园区内企业"打捆"参与电力市场交易；帮助企业引进朝鲜劳动力；支持企业与高校、科研院所结对子，大力招引毕业生。通过降低税费负担、降低人工成本、降低生产要素成本、降低物流成本、提升政务服务效能"四降一升"工作，帮助企业"轻装上阵"，增强企业发展后劲。

（2）着力降低企业制度性交易成本

按照"可收可不收的一律不收"的原则，进一步梳理和精简清单目录，对涉企行政事业性收费凡是在区级层面能够取消的，坚决取消；能够降低的，降到最低。切实把企业因为各种税费、政策、手续而付出的制度性交易成本降下来，全力提高成本竞争力、涵养发展生态。

（3）着力降低企业融资成本

提升金融政策扶持能力，积极培育政府性融资担保机构，筹建担保集团，鼓励降低担保费率。加强银政企融资对接，鼓励银行合理让利，增加小微企业信用贷、首贷、无还本续贷，有效破解银行机构"不敢贷、不愿贷"和工业企业"融资难、融资贵"问题。

6.7.4　营造生态宜居的人文环境

紧盯政治、自然、社会和创新等各个方面，汇集各方力量，共同打造优良发展生态，不断增强辽宁对人才、技术、资本、项目等要素的吸引力。持续抓好政治生态，推进全面从严治党向纵深发展，着力营造政治上的"绿水青山"，打造风清气正的政治生态，对破坏党风党纪特别是政治纪律、政治规矩的，严惩不贷、决不姑息。全力抓好自然生态，保护好辖区内的山山水水，深入开展全民绿色行动，进一步加大环保宣传、教育和引导力度，从身边小事做起、从改变习惯开始，把广大市民对美好生态环境的向往转化为行动自觉，增强全民节约意识、环保意识、生态意识，让每个市民都投身其中、当好主人，共建共享美好家园，实现人与自然和谐共生。全面抓好社会生态，提升社会文明进步水平和教育、医疗、科技、文化、公共服务的水平和质量，打造一个个富有时代感、极具吸引力的幸福生活场景，吸引更多的人到辽宁各市投资兴业、工作生活、旅游观光。大力抓好创新生态，积极推进以企业为主体的技术创新、商业模式创新，以及政府为主导的制度创新、体制机制创新，打造充满生态活力的创新生态系统，倾心倾力培育新动能。

辽宁作为我国工业崛起的摇篮、曾经的"共和国长子"，在经济转型中迷失了方向，辽宁经济增长严重下滑表明长期增长的动力机制不足，究其根本原因还是经济结构不合理、产业结构单一。在东南沿海省份得益于对外贸易对经济增长、产业升级的促进作用的同时，辽宁低水平对外开放不仅制约了辽宁产业结构的调整升级，更是辽宁经济发展的短板所在。辽宁要充分利用国家"一带一路"建设的机遇，以自由贸易区为载体，完善高能级的开放平台，将产业结构升级融入国内外大环境当中去。产业结构合理化要求必须建立明确的产业分工体系，辽宁无论是传统产业、新兴产业，还是生产性服务业的发展都必然走集群化的发展模式，以项目为载体，加强产业有效对接，促进产业结构优化。辽宁国有企业数量多且比重大，必须彻底破除原有的体制机制、深化改革，使国有企业真正成为市场主体。同时深化市场化改革，大力发展民营经济。辽宁人才流失问题归根结底还是人们对经济发展前景和投资环境失去了信心，辽宁不仅要加大科技创新的投入力度，更要积极转变职能，从观念上认清政府在市场经济中的服务职能，由计划经济的行政干预者转变为市场经济的主导者，协调好企业、资本及与企业发展相关的各方面关系，为辽宁产业发展提供优质的营商环境，使辽宁经济朝更加规范化的方向发展。

主要参考文献

[1] 郭涛，赵德起. 产业结构视角下辽宁经济失速原因及对策研究 [J]. 东北财经大学学报，2017（3）：86-91.

[2] 郭振，刘晓娟. 供给侧结构性改革推进东北地区产业结构调整 [J]. 哈尔滨商业大学学报，2017（1）：94-99.

[3] 陈少晖，张锡书. 产业结构高级化、贸易开放度与福建经济增长 [J]. 福建师范大学学报，2016（2）：197-206.

[4] 蔡海亚，徐盈之. 贸易开放是否影响了中国产业结构升级？[J]. 数量经济技术经济研究，2017（10）：3-22.

[5] 邢军伟. 实施振兴战略后辽宁老工业基地产业结构调整升级研究 [J]. 科技促进发展，2015（4）：530-536.

[6] 孙强，温焜. 对外贸易结构调整与产业结构升级的相关性研究 [J]. 贵州大学报，2016（1）：67-75.

[7] 栾申洲. 对外贸易、外商直接投资与产业结构优化 [J]. 工业技术经济，2018（1）：96-92.

[8] 马骥，马相东. "一带一路"建设与中国产业结构升级——基于出口贸易的视角 [J]. 亚太经济，2017（5）：31-37。

[9] 解海，郭富，康宇虹. 东北地区产业结构变迁及其经济效应分析 [J]. 商业研究，2017（10）：171-176.

[10] 徐承红，张泽义，赵尉然. 我国进口贸易的产业结构升级效应及其机制研究——基于"一带一路"沿线国家的实证检验 [J]. 吉林大学学报，2017

(7)：63-76.

[11] 刘凤良，闫衍，等．我国产业结构调整的新取向：市场驱动和激励相容 [J]．改革，2013（10）：44-50.

[12] 黄亮雄，安苑，刘淑琳．中国的产业结构调整：基于三个维度的测算 [J]．中国工业经济，2013（10）：70-82.

[13] 马飞．我国服务贸易出口对产业结构调整的提升路径研究 [J]．贸易经济，2018（10）：61-62.

[14] 马光明，刘春生．中国贸易方式转型与制造业就业结构关联性研究 [J]．财经研究，2016（3）：109-119.

[15] 田荣华，李寒娜．贸易开放对国内资源配置效率的影响分析——基于广义倾向匹配法的经验研究 [J]．现代管理科学，2015（2）：85-87.

[16] 杜运苏．出口技术复杂度影响我国经济增长的实证研究——基于不同贸易方式和企业性质 [J]．国际贸易问题，2014（9）：3-11.

[17] 陈万灵，杨永聪．全球进口需求结构变化与中国产业结构的调整 [J]．国际经贸探索，2014（9）：13-20.

[18] 赵锦春，谢建国．需求结构重叠与中国的进口贸易---基于收入分配相似的实证分析 [J]．国际贸易问题，2014（1）：30-41.

[19] 马颖，李静，余官胜．贸易开放度、经济增长与劳动密集型产业结构调整 [J]．国际贸易问题，2012（9）：96-106.

[20] 盛斌，魏方．新中国对外贸易发展70年：回顾与展望 [J]．财贸研究，2019（1）：35-50.

[21] 钱学锋，裴婷．新时期扩大进口的理论思考 [J]．国际贸易，2019（1）：12-17.

[22] 韩亚峰．"一带一路"倡议下中国双向投资与对外贸易增长的协调关系研究 [J]．宏观经济研究，2018（8）：53-56.

[23] 熊俊．"一带一路"背景下中国对外贸易发展现状探析 [J]．经济研究导刊，2018（6）：174-176.

[24] 者贵昌，谭兆何．"一带一路"背景下人民币汇率变动对工业制成品进出口贸易的影响研究 [J]．哈尔滨商业大学学报（社会科学版），2018（3）：17-22.

[25] 蔡一鸣，罗冰，明小晴．中美贸易摩擦背景下中国商品出口地理方向的优化 [J]．华南师范大学学报（社会科学版），2019（4）：93-98.

[26] 卢跃，阎其凯，高凌云．中国对外贸易方式的创新：维度、实践与方向 [J]．国际经济评论，2017（4）：116-127.

[27] 侯杰．"一带一路"建设的贸易效应研究 [J]．对外经贸实务，2019

（11）：20-23.

[28] 张茉楠. 基于全球价值链的"一带一路"推进倡议 [J]. 宏观经济管理，2016（9）：15-18.

[29] 史学慧，张振鹏. 新时代文化产业高质量发展的新亮点、新要求和着力点 [J]. 出版广角，2019（6）：14-17.

[30] 谢孟军. 文化能否引致出口："一带一路"的经验数据 [J]. 国际贸易问题，2016（1）：3-12.

[31] 张英，马如宇. 中国与"一带一路"沿线国家"丝路电商"建设的路径选择 [J]. 对外经贸实务，2019（12）：19-22.

[32] 丁威. 发挥中国优秀传统文化在"一带一路"建设中的积极作用及其努力方向与建议——基于习近平的相关论述 [J]. 探索，2018（6）：185-191.

[33] 丁正良. 基于VAR模型的中国进口、出口、实际汇率与经济增长的实证研究 [J]. 国际贸易问题，2014（12）：91-100.

[34] 谢涓，廖进中. 进口贸易对我国区域产业结构调整影响的实证研究 [J]. 财经理论与实践，2012（5）：105-108.

[35] 陈俊聪，黄繁华. 对外直接投资与贸易结构优化 [J]. 国际贸易问题，2014（3）：113-121.

[36] 黄琳娜. "一带一路"倡议下我国贸易结构优化问题研究 [J]. 商业经济研究，2019（11）：138-140.

[37] 李凯杰. 供给侧改革与新常态下我国出口贸易转型升级 [J]. 经济学家，2016（4）：96-102.

[38] 徐建伟. 当前我国产业结构升级的外部影响及对策 [J]. 经济纵横，2014（6）：54-62.

[39] 李钢. 强化贸易政策和产业政策协调若干问题研究 [J]. 国际贸易，2013（3）：4-9.

[40] 王莹，成艳萍. 山西省对外贸易结构与产业结构关系的实证分析 [J]. 经济问题，2018（5）：124-129.

[41] 陈晋玲. 中国出口商品结构变化、产业结构优化升级与经济增长动态影响关系的实证研究——基于SVAR模型 [J]. 工业技术经济，2017（10）：63-69.

[42] 李林荣，姜茜. 我国对外贸易结构对产业结构的先导效应检验——基于制造业数据分析 [J]. 国际贸易问题，2010（8）：3-12.

[43] 姜茜，李荣林. 我国对外贸易结构与产业结构的相关性分析 [J]. 经济问题，2010（5）：19-23.

[44] 孙晓华，王昀. 对外贸易结构带动了产业结构升级吗？——基于半对数模

型和结构效应的实证检验 [J]. 世界经济研究，2013 (1)：15-22.

[45] 王菲. 中国出口贸易结构影响产业结构的机制——基于贸易内生技术进步经济增长模型的实证研究 [J]. 华东经济管理，2013 (3)：83-87.

[46] 王舒. 中国对外贸易结构与产业结构的关系研究——基于VAR模型 [J]. 经济问题，2013 (24) 166-168.

[47] 严武，刘斌斌. 中小板上市企业股票融资的地区差异与产业结构升级研究 [J]. 财贸经济，2012 (10)：74-81.

[48] 严武，李佳，刘斌斌. 定向增发、控股权性质与产业升级效应分析 [J]. 当代财经，2014 (5)：45-58.

[49] 张曙霄，张磊. 中国贸易结构与产业结构发展的悖论 [J]. 经济学动态，2013 (11)：40-44.

[50] 张磊. 中国广义贸易结构与产业结构的错位发展与实证检验 [J]. 商业时代，2014 (4) 32-33.

[51] 袁丹，占绍文，雷宏振. 国际贸易、国内居民消费与产业结构——基于SVAR模型的实证分析 [J]. 工业技术经济，2016 (8)：100-106.

[52] 杨海丽，梁伦西，曾庆均. 对外贸易、FDI和产业结构优化升级——基于重庆数据的实证研究 [J]. 贵州商学院学报，2019 (6)：35-44.

[53] 王爽，张曙霄. 中国文化贸易与经济增长关系的实证研究 [J]. 经济经纬，2014 (4)：56-61.

[54] 邢国繁，王爽，刘运良. 海南省对外贸易与经济增长的关系实证分析 [J]. 对外经贸，2017 (12)：26-28.

[55] 李骏. 山西省对外贸易对产业结构优化的影响研究 [D]. 北京：中共中央党校，2016.

[56] 杨丹萍，杨丽华. 对外贸易、技术进步与产业结构升级：经验、机理与实证 [J]. 管理世界，2016 (11)：172-173.

[57] 马骥，马相东. "一带一路"建设与中国产业结构升级：基于出口贸易的视角 [J]. 亚太经济，2017 (5)：31-37.

[58] 左勇华，刘斌斌. 出口贸易结构与地区产业结构调整升级效应分析 [J]. 河北经贸大学学报，2019，40 (1)：81-89.

[59] 谢涓，廖进中. 进口贸易对我国区域产业结构调整影响的实证研究 [J]. 财经理论与实践，2012 (5)：105-108.

[60] 周茂，陆毅，符大海. 贸易自由化与中国产业升级：事实与机制 [J]. 世界经济，2016，39 (10)：78-102.

[61] 赵景峰，杨承佳. 生产性服务进口对中国制造业升级的影响研究 [J]. 经济纵横，2019 (3)：102-133.

［62］ 潘家栋. 扩大进口应中美贸易摩擦的机制与路径［J］. 中国流通经济，2019，33（5）：49-56.

［63］ 孟亮. 新时代下中国构建开放型全球经贸新机制及效应分析：基于中国国际进口博览会视角［J］. 当代经济管理，2019，41（6）：66-71.

［64］ 张倩肖，冯雷，钱伟. 技术创新与产业升级协同关系：内在机理与实证检验［J］. 人文杂志，2019（8）：65-75.

［65］ 范文祥，齐杰. 外贸结构对产业结构升级的中间作用机制分析［J］. 石家庄经济学院学报，2016，39（2）：1-7.

［66］ 喻美辞. 中间产品贸易、技术溢出与发展中国家的工资差距：一个理论框架［J］. 国际贸易问题，2012（8）：14-21.

［67］ 赵春明，谷均怡. 高新技术产品进口对我国人力资本积累的影响分析［J］. 经济经纬，2019（6）：78-86.

［68］ 韩永辉，黄亮雄，王贤彬. 产业政策推动地方产业结构升级了吗？基于发展型地方政府的理论解释与实证检验［J］. 经济研究，2017，52（8）：33-48.

［69］ 陈阳，唐晓华. 产业集聚对制造业效率的影响研究：基于区域互动的视角［J］. 财经论丛. 2019（2）：12-20.

［70］ 贾明琪，侯芬萍，贾文迈. 金融发展、技术进步与产业结构升级：基于西部12省面板数据的经验分析［J］. 科学决策，2016（8）：37-51.

［71］ 苏振东，金景仲，王小红. 中国产业结构演进中存在"结构红利"吗？基于态偏离份额分析法的实证研究［J］. 财经科学，2012（2）：63-70.

［72］ 左勇华，刘斌斌. 出口贸易结构与地区产业结构调整升级效应分析［J］. 河北经贸大学学报，2019（1）：81-89.

［73］ 龙华芳，周桂荣. 天津市对外贸易、外商直接投资与产业结构优化［J］. 产业创新研究，2019（2）：8-10.

［74］ 龚渲棋. 对外贸易对湖南产业升级影响研究［J］. 现代交际，2019（3）：78-79.

［75］ 贺青青. 新形势下我国产业贸易政策的合理选择及其调整研究［J］. 对外经贸，2019（2）：31-35.

［76］ 肖维鸽. 我国新一轮对外贸易政策对扩大进口的影响及应对［J］. 对外经贸实务，2019（5）：79-82.

［77］ 杨泽琛. 中国产业结构升级、对外贸易与环境效应的关系研究［J］. 纳税，2019（18）：139-141.

［78］ 杨海丽，梁伦西，曾庆均，等. 对外贸易、FDI和产业结构优化升级——基于重庆数据的实证研究［J］. 贵州商学院学报，2019（2）：35-44.

[79] 盛斌，魏方. 新中国对外贸易发展 70 年：回顾与展望 [J]. 财贸经济，2019 (10)：34-49.

[80] 卜伟，杨玉霞，池商城. 中国对外贸易商品结构对产业结构升级的影响研究 [J]. 宏观经济研究，2019 (8)：55-70.

[81] 蔡海亚，徐盈之. 贸易开放是否影响了中国产业结构升级？[J]. 数量经济技术经济研究，2017，34 (10)：3-22.

[82] 吴丰华，刘瑞明. 产业升级与自主创新能力构建——基于中国省际面板数据的实证研究 [J]. 中国工业经济，2013 (5)：57-69.

[83] 李伟庆，聂献忠. 产业升级与自主创新：机理分析与实证研究 [J]. 科学学研究，2015，33 (7)：1008-1016.

[84] 付宏，毛蕴诗，宋来胜. 创新对产业结构高级化影响的实证研究——基于 2000—2011 年的省际面板数据 [J]. 中国工业经济，2013 (9)：56-68.

[85] 王鹏，赵捷. 产业结构调整与区域创新互动关系研究——基于我国 2002—2008 年的省际数据 [J]. 产业经济研究，2011 (4)：53-60.

[86] 耿晔强，郑超群. 中间品贸易自由化、进口多样性与企业创新 [J]. 产业经济研究，2018 (2)：39-52.

[87] 蓝庆新，陈超凡. 新型城镇化推动产业结构升级了吗？——基于中国省级面板数据的空间计量研究 [J]. 财经研究，2013，39 (12)：57-71.

[88] 刘伟，张辉，黄泽华. 中国产业结构高度与工业化进程和地区差异的考察 [J]. 经济学动态，2008 (11)：4-8.

[89] 袁航，朱承亮. 国家高新区推动了中国产业结构转型升级吗 [J]. 中国工业经济，2018 (8)：60-77.

[90] 吴万宗，刘玉博，徐琳. 产业结构变迁与收入不平等——来自中国的微观证据 [J]. 管理世界，2018，34 (2)：22-33.

[91] 鲁钊阳，廖杉杉. FDI 技术溢出与区域创新能力差异的双门槛效应 [J]. 数量经济技术经济研究，2012，29 (5)：75-88.

[92] 王小鲁，樊纲，余静文. 中国分省份市场化指数报告 (2016) [M]. 北京：社会科学文献出版社，2017.

[93] 李海峥. 中国人力资本指数报告2016 [R]. 北京：中央财经大学中国人力资本与劳动经济研究中心，2016.

[94] 王鹏，尤济红. 产业结构调整中的要素配置效率——兼对"结构红利假说"的再检验 [J]. 经济学动态，2015 (10)：70-80.

[95] 李平，季永宝. 要素价格扭曲是否抑制了我国自主创新？[J]. 世界经济研究，2014 (1)：10-15.

[96] 张杰，周晓艳，李勇. 要素市场扭曲抑制了中国企业R&D？[J]. 经济研

究，2011，46（8）：78-91.

[97] 李磊，蒋殿春，王小霞. 企业异质性与中国服务业对外直接投资［J］. 世界经济，2017，40（11）：47-74.

[98] 李逢春. 对外直接投资的母国产业升级效应——来自中国省际面板的实证研究［J］. 国际贸易问题，2012（6）：124-134.

[99] 干春晖，王强. 改革开放以来中国产业结构变迁：回顾与展望［J］. 经济与管理研究，2018，39（8）：3-14.

[100] 刀莉，朱琦. 生产性服务进口贸易对中国制造业服务化的影响［J］. 中国软科学，2018（8）：49-57.

[101] 史长宽. 中美贸易摩擦对我国产业结构升级的影响及对策［J］. 中国流通经济，2019（6）：47.

[102] 薛继亮. 产业升级、贸易结构和就业市场配置研究［J］. 中国人口科学，2018（4）：58.

[103] 陈晋玲. 中国外贸结构推动产业结构优化效应的统计测度［D］. 太原：山西财经大学，2015.

[104] 李荣林，姜茜. 我国对外贸易结构对产业结构的先导效应检验——基于制造业数据分析［J］. 国际贸易问题，2010（8）.

[105] 黄蓉. 中国对外贸易结构与产业结构的互动关系研究［D］. 上海：上海社会科学院，2014.

[106] 祁国志. 浙江省对外贸易结构与产业结构关系研究［D］. 杭州：浙江大学，2008.

[107] 池商城. 中国对外贸易商品结构对产业结构升级的影响研究［D］. 北京：北京交通大学，2017.

[108] 刘秀. 全球价值链视角下浙江省加工贸易转型升级研究［D］. 长春：吉林大学，2017.

[109] 王爽，邢国繁，汪海飞. 海南省对外贸易与产业结构优化升级——基于VAR 模型的实证检验［J］. 对外经贸，2019（11）：42-47.

[110] 杨丹萍，杨丽华. 对外贸易、技术进步与产业结构升级：经验、机理与实证［J］. 管理世界，2016（11）：172-173.

[111] 卫军. 对外贸易促进山西省产业结构升级的实证研究［D］. 太原：山西财经大学，2016.

[112] 王兆海. 山东省对外贸易对产业结构升级的影响分析［D］. 济南：山东师范大学，2015.

[113] 王方. 对外贸易与投资协同发展视角下的我国产业结构升级研究［D］. 武汉：武汉理工大学，2015.

[114] 邓平平. 对外贸易、贸易结构与产业结构优化 [J]. 工业技术经济，2018，37（8）：27-34.

[115] 唐运舒，冯南平，高登榜，等. 产业转移对产业集聚的影响——基于泛长三角制造业的空间面板模型分析 [J]. 系统工程理论与实践，2014，34（10）：2573-2581.

[116] 余申哲. 长三角制造业转移的效应和模式选择 [D]. 杭州：浙江财经大学，2016.

[117] 王煌，张秀英. 技术创新、产业结构升级与国际贸易效应的实证分析 [J]. 统计与决策，2017（9）：122-126.

[118] 林毅夫，夏俊杰，张浩辰. 结构变迁与产业转移——中国制造业的新趋势与微观证据 [R]. 2019.

[119] 左勇华，刘斌斌. 出口贸易结构与地区产业结构调整升级效应分析 [J]. 河北经贸大学学报，2019，40（1）：81-89.

[120] 通产省与日本奇迹：产业政策的成长（1925—1975）[M]. 唐吉洪，等译. 长春：吉林出版集团有限责任公司，2010.

[121] 郭凯明，杭静，颜色. 中国改革开放以来产业结构转型的影响因素 [J]. 经济研究，2017（3）：32-46.

[122] 江小涓. 高度联通社会中的资源重组与服务业增长 [J]. 经济研究，2017（3）：4-17.

[123] 林毅夫. 产业政策与中国经济的发展：新结构经济学的视角 [J]. 复旦学报（社会科学版），2017，59（2）：148-153.

[124] 林毅夫. 产业政策：总结、反思与展望 [M]. 北京：北京大学出版社，2018.

[125] 张维迎. 产业政策争论背后的经济学问题 [J]. 学术界，2017（2）：28-32.

[126] 沈坤荣，徐礼伯. 中国产业结构升级：进展、阻力与对策 [J]. 学海，2014（1）：91-99.

[127] 熊金月. 我国对外贸易结构与产业结构的协同关系研究 [D]. 南京：东南大学，2017.

[128] 曲越，秦晓钰，黄海刚，等. 中美贸易摩擦对中国产业与经济的影响——以2018年美国对华301调查报告为例 [J]. 中国科技论坛，2018（5）：128-135.

[129] 马朝基. 中国产业结构与中美贸易摩擦相互作用研究 [D]. 大连：东北财经大学，2015.

[130] 梁双陆，刘林龙，崔庆波. 自贸区的成立能否推动区域产业结构转型升

级？——基于国际数据的合成控制法研究［J］. 当代经济管理，2020
（3）：1-15.

［131］ 盛斌，毛其淋. 进口贸易自由化是否影响了中国制造业出口技术复杂度
［J］. 世界经济，2017（12）：54-77.

［132］ 邓洲. 制造业与服务业融合发展的历史逻辑、现实意义与路径探索［J］.
北京工业大学学报（社会科学版），2019（4）：61-69.

［133］ 宋罡，韩意，刘鹏. 辽宁装备制造业与生产性服务业融合发展的影响因素
研究［J］. 中国市场，2018（7）：78-79.

［134］ 魏作磊，王锋波. 广东省制造业与生产性服务业融合程度研究［J］. 兰州
财经大学学报，2018（6）：1-13.

［135］ 孙先民，韩朝亮. 生产性服务业与制造业耦合发展——中国嵌入全球价值
链实现路径［J］. 商业研究，2019（7）：50-60.

［136］ 付云鹏，臧洁，谭瑶. 辽宁制造业与生产性服务业协调发展研究［J］. 辽
宁大学学报（自然科学版），2019（3）：270-277.

［137］ 孔令夷，邢宁. 生产性服务业与制造业的互动差异——基于区域及行业视
角［J］. 山西财经大学学报，2019（4）：46-62.

［138］ 顾乃华，朱文涛. 生产性服务业对外开放对产业融合的影响——基于行业
面板数据的实证研究［J］. 北京工商大学学报（社会科学版），2019（4）：
11-20.

［139］ 于兆吉. 新时代背景下辽宁装备制造业发展路径选择［M］. 沈阳：辽宁人
民出版社，2020：248.

［140］ 杜宝贵. 推动辽宁装备制造业高质量发展——评《新时代背景下辽宁装备
制造业发展路径选择》［J］. 渤海大学学报（哲学社会科学版），2021（5）.

［141］ 张晓芬，杨震. 辽宁制造业与生产性服务业融合发展影响因素分析——基
于全球价值链的视角［J］. 沈阳师范大学学报，2021（4）：1-7.

［142］ 周静言. 辽宁对外贸易发展对产业结构升级的影响分析［J］. 改革与战略，
2018（11）：116-122.

［143］ 周静言. 俄罗斯贸易结构与产业结构错位发展的实证分析［J］. 辽东学院
学报，2018（2）：50-57.

［144］ 崔凯，周静言. 俄罗斯贸易结构与产业结构错位现象分析［J］. 延边大学
学报，2016（7）：38-43.

［145］ 王志. 对现阶段发展混合所有制经济的几点思考［J］. 改革与战略，2015
（1）：53-55.

［146］ 王志. 推动混合所有制发展，深化国有企业改革［J］. 行政事业资产与财
务，2014（12）：38-40.

［147］ 宋冬林．制约东北老工业基地创新的主要因素及建议［J］．经济纵横，2015（7）：11-13.

［148］ 胡峰．上海深化国企改革的实践探索及发展路径［J］．上海经济管理干部学院学刊，2017（5）.

［149］ 戴秦，赵康丽，丁会凯，等．上海深化国资国企改革立法问题的探索［J］．经济问题，2018（2）：87-90.

［150］ 王竹泉，于小悦，权锡鉴．以要素市场化配置推动国有企业混合所有制改革创新发展［J］．财会月刊，2020（8）：135-140.

［151］ 李锦．国企难点与对策［M］．北京：研究出版社，2016.

［152］ 薛贵．新时期完善国有资产管理体制的探析［J］．财政科学，2018（4）：85-94.

［153］ 孙丽．中日贸易结构的变化对中国产业结构转型升级的影响［J］．东北亚论坛，2019（6）：95-111.

［154］ 大成企业研究院课题．组深化国有企业改革 发展混合所有制经济［J］．经济研究参考，2015（25）：12-15.

［155］ 齐亚芬，孙德升．深化混合所有制改革 实现国有企业高质量发展［J］．环渤海经济瞭望，2022（1）：10-11.

［156］ 张世成，张虹．辽宁自贸试验区建设对产业结构升级的影响［J］．沈阳师范大学学报（社会科学版），2021（11）：21-26.

［157］ 周祥军，刘宇奇，刘天一．东北三省产业结构服务化拐点测算及辽宁产业结构调整建议［J］．全国流通经济，2020（8）：128-130.

［158］ 苗蕴慧，白炜，张展．新时代东北振兴和产业结构优化问题分析——以辽宁为例［J］．当代经济，2018（6）：20-21.

［159］ 许燕，鞠彦辉．"互联网＋"助推产业结构转型升级研究——以辽宁A市数据为例［J］．经济研究参考，2016（14）：42-46.

［160］ 张虎，董思楠．对外贸易发展对东北产业结构调整的影响［J］．经济视角，2017（3）：13-25.

［161］ 高宏伟．新形势下东北地区产业结构调整的路径与建议［J］．辽宁经济，2022（5）：21-25.

［162］ 杨灿灿．高质量发展下东北老工业基地产业结构优化升级研究［D］．保定：河北大学，2021.

［163］ 罗晶．新发展格局下数字贸易发展对产业结构升级的影响——基于长江经济带沿线省域数据的经验分析［J］．商业经济研究，2022（10）：185-188.

［164］ 郑月明，梅澳裕．技术贸易对中国产业结构升级的影响分析——基于省级

面板数据的实证 [J]. 科学与管理，2022 (7)：17.

[165] 蒋婧昳，赵仲珏，叶小蝶. 江苏省对外贸易商品结构对产业结构影响的研究 [J]. 中国集体经济，2022 (11)：30-32.

[166] 段联合. 新发展格局下我国贸易结构优化与产业结构升级联动关系 [J]. 商业经济研究，2021 (23)：173-176.

[167] 董树功，王亚玲. 区域对外贸易与产业转型升级相关性研究——京津冀协同发展视角 [J]. 经济论坛，2022 (3)：67-78.

[168] 陈文翔，周明生. 自主创新、技术引进与产业结构升级：基于外部性视角的省级面板数据的实证分析 [J]. 云南财经大学学报，2017 (4)：34-44.

[169] 冯志刚，张志强，刘昊. 国际技术贸易格局演化规律研究——基于知识产权使用费数据分析视角 [J]. 情报学报，2022 (1)：38-49.

[170] 杨慧瀛，杨宏举. 数字贸易对产业结构升级的影响研究——来自中国省际面板的经验数据 [J]. 价格理论与实践，2022 (3)：14-18.

[171] 曾海鹰，岳欢. 产业结构、对外贸易与碳排放——基于长三角地区41个地级市的实证分析 [J]. 工业技术经济，2022 (1)：71-78.

[172] 杨尊亮，王蕊超. 黑龙江省对外贸易商品结构与产业结构发展关系研究 [J]. 对外经贸，2022 (3)：50-54.

[173] 刘靖波，赵鑫. 对外贸易视角下我国产业结构优化 [J]. 青海金融，2022 (1)：10-15.

[174] 史丹，李鹏，许明. 产业结构转型升级与经济高质量发展 [J]. 福建论坛，2020 (9)：108-118.

[175] 刘婷. 中国对外贸易结构与产业结构的互动关系研究 [J]. 当代经济，2018 (14)：18-20.

[176] 代新玲. 产业结构变迁与我国对外贸易结构的发展趋势 [J]. 改革与战略，2017 (11)：90-93.

附录 辽宁省"十四五"对外开放规划

辽宁省"十四五"对外开放规划，主要依据《辽宁省国民经济和社会发展第十四个五年规划和二〇三五年远景目标纲要》和商务部《"十四五"商务发展规划》编制，阐明"十四五"时期辽宁对外开放的指导思想、主要目标、重点任务、重大举措，是全省各地区、各有关部门推动对外开放工作的重要依据。

第一章 编制依据和发展基础

第一节 编制依据

坚持以习近平新时代中国特色社会主义思想为指导，深入贯彻习近平总书记关于东北、辽宁振兴发展的重要讲话和指示精神，贯彻落实党中央、国务院决策部署，立足新发展阶段，完整、准确、全面贯彻新发展理念，加快构建新发展格局，推进新时代辽宁深度融入国家高水平对外开放大格局，打造成为对外开放新前沿，推动辽宁全面振兴全方位振兴。主要依据包括：

习近平总书记重要讲话和指示精神。习近平总书记关于东北、辽宁振兴发展的重要讲话和指示精神，关于经济社会高质量发展、"十四五"规划编制工作以及关于对外开放工作的重要讲话精神。

党中央、国务院重大决策部署。党的十九大和十九届历次全会精神，中央经济工作会议精神、中央全面深化改革委员会会议、中央财经委员会会议等重要会议精神，关于推动高质量发展、建设现代化经济体系、支持东北振兴发展等重要文件精神和决策部署。国务院关于进一步做好利用外资工作的意见，关于推进对外贸易创新发展的实施意见，关于建设自由贸易港（以下简称自贸港）、自由贸易试验区（以下简称自贸试验区）、跨境电子商务综合试验区（以下简称跨境电商综试区）、国家级新区等重要文件精神，"十四五"商务发展规划，商务部全面深化服务贸易创新发展试点总体方案。

省委、省政府总体要求。辽宁省第十三次党代会、省委经济工作会议精神，《中共辽宁省委关于制定辽宁省国民经济和社会发展第十四个五年规划和二〇三五年远景目标的建议》，贯彻落实党中央、国务院决策部署的重要文件和相关重点工作部署。

第二节 发展基础

"十三五"期间，辽宁对外开放工作在省委、省政府的领导下，坚持以习近平新时代中国特色社会主义思想为指导，全面贯彻落实党的十九大和十九届历次全会精神，深入贯彻习近平总书记关于东北、辽宁振兴发展的重要讲话和指示精神，积极应对纷繁复杂的国内外形势特别是新冠肺炎疫情的严重冲击，凝心聚力、迎难而上、奋力攻坚，全省开放型经济实现了持续较快发展，对外开放水平不断提升，为辽宁经济社会发展作出了重要贡献。

开放影响力不断扩大。"十三五"期间，辽宁举办了夏季达沃斯论坛、中国民营企业500强峰会、全球工业互联网大会、首届辽宁国际投资贸易洽谈会、中国国际数字和软件服务交易会、中国国际装备制造业博览会等重大经贸活动，成功签约一批高质量合作项目。辽宁-德国巴登符腾堡州混委会、新加坡-辽宁经贸合作理事会、辽宁省·京畿道·神奈川县三省县道友好交流大会、辽宁-富山联谊会等对外联络平台机制作用发挥良好。省委、省政府领导多次出访日本、德国、法国、英国等重点国家（地区），推动一批重大外资项目入驻辽宁。连续三年赴粤港澳大湾区、长三角区域、京津冀协同发展区开展招商引资促进周活动，签订了一批重大招商引资项目合作协议，已成为辽宁招商引资的品牌活动。成功举办第五次中国-中东欧国家地方省州长联合会工作组会议，中东欧国家代表团"辽宁行""一带一路"国家新闻官员和媒体人员"辽宁行"、海外侨胞"辽宁行"等活动，有效扩大了辽宁的国际知名度和影响力。借助中国国际进口博览会、中国进出口商品交易会、中国-东盟博览会、中国-非洲经贸博览会等国家级国际经贸活动，全方位、多层次展示辽宁经济社会发展新成就、新形象、新优势、新机遇。

开放政策体系基本形成。"十三五"期间，辽宁注重加强对外开放的顶层设计，先后出台了《中共辽宁省委 辽宁省人民政府关于加快构建开放新格局以全面开放引领全面振兴的意见》（辽委发〔2018〕20号）、《中共辽宁省委办公厅 辽宁省人民政府办公厅印发〈关于深度融入共建"一带一路"建设开放合作新高地的实施意见〉的通知》（辽委办发〔2018〕132号）、《辽宁省人民政府关于加快东北亚经贸合作打造对外开放新前沿的意见》（辽政发〔2019〕15号）等一系列对外开放指导性文件，确定了以全面开放引领全面振兴的总体战略，进一步做好对外开放制度性、结构性安排，逐渐完善对外开放政策体系。

开放合作领域不断拓展。在经贸领域不断扩大对外开放的同时，科教文卫、人文交流、金融等领域对外开放不断取得新突破。国际合作科技项目、联合研发机构、科技合作基地等国际科技合作体系逐步完善，"海外学子创业周""'一带一路'辽宁科技创新合作周"等活动影响力不断扩大。省内高校与全球1 000多所高等教育组织机构建立了广泛的交流合作关系，举办国际会议200余次、建设18个国别和区域研究中心、招收166个国家留学生2.77万人次、拥有海外孔子学院和孔子课堂 35 个。与东北亚、中东欧、非洲等国家友好交流频繁，举办了匈牙利文化周、日中青少年交流会、外国友人看辽宁、中日传统文化友好交流等一系列人文交流活动，优秀动画片、纪录片、图书逐步走出国门，文化艺术团体赴海外几十个国家进行交流汇演，结合重要外事活动、国际旅游交流合作平台举办旅游交流、经贸推介活动。全省现有外资银行分支机构 24 家。截至 2020 年末，全省金融机构累计办理跨境人民币收付金额 12 417 亿元，与 56 个"一带一路"沿线国家开展跨境人民币结算业务。

开放载体建设逐步完善。中国（辽宁）自由贸易试验区建设取得阶段性成果，国家赋予辽宁的 123 项试点任务全部完成，12 项辽宁经验在全国复制推广，113 项改革创新经验向全省复制推广，中国（辽宁）自由贸易试验区内新增注册企业 6 万户，新增注册资本 8 000 亿元。截至 2020 年末，全省共有国家级经济技术开发区 9 个、国家级边境经济合作区 1 个、省级经济技术开发区 81 个；沈阳、大连、抚顺、营口、盘锦 5 个城市获批国家级跨境电子商务综合试验区；长兴岛港口岸通过国家验收正式开放，全省正式开放口岸达到 13 个；沈阳、营口 2 个新设综合保税区实现封关运营，全省综合保税区数量达到 5 个。国际贸易"单一窗口"标准版在全国率先实现海陆空口岸主要业务全覆盖。辽宁中欧班列通达 10 个国家 40 多个城市。沈阳至法兰克福空中航线复航，沈阳、大连与日韩、东南亚、欧美等国家和地区现有国际航线 52 条。辽宁港口整合工作取得较大进展，初步形成大连太平湾合作创新区开发建设总体方案。

招商引资成效显著。"十三五"期间全省累计引进外资 190 亿美元。2018—2020 年，全省引进内外资资金 1.4 万亿元，年均增长 10% 以上。投资领域逐渐由原来的冶金、石化、汽车等传统领域向新一代信息技术产业、智能制造、先进材料、生物医药、新能源和节能环保、现代服务业等新兴领域拓展。华晨宝马、华晨雷诺、大连英特尔、日本电产、恒力石化、宝来利安德巴塞尔等一批重大内外资项目投产增资，华为、京东、腾讯、华润、光大、香港新华集团等世界 500 强企业先后与辽宁签订了战略合作协议。

对外货物贸易稳中提质。"十三五"期间，全省货物贸易进出口累计33 791.9亿元，年均增长1.86%，辽宁商品已经出口到全球214个国家和地区。一般贸易进出口额由"十二五"期末的3 219.5亿元提升至4 170.3亿元，占比由"十二五"期末的38.3%增至2020年的63.7%。机电产品、高新技术产品出口额占比分别由"十二五"期末的38.3%、8.9%提升至2020年的50.3%、18%。鞍山西柳服装城、大连金普新区分别获批国家市场采购贸易方式试点和国家进口贸易促进创新示范区，省政府批准丹东市新设5个边民互市贸易区，外贸综合服务企业、外贸转型升级基地、跨境电商综试区、国际营销网络等外贸新业态发展取得新进展，为辽宁外贸发展注入新动能。

服务贸易优化发展。"十三五"期间，服务贸易逆差明显减少，"十三五"末期，服务出口总额占服务进出口总额的比重达到40.2%，比"十二五"末期提高9.1个百分点。计算机和信息服务、研发设计、咨询服务、知识产权使用等知识密集型服务贸易发展迅速。培育建设一批国家级服务出口平台载体，大连市成为国家全面深化服务贸易创新发展试点，沈阳市和大连市成为国家服务外包示范城市，辽宁中医药大学和大连神谷中医医院成为国家中医药服务出口基地，大连高新技术产业园区成为国家数字服务出口基地，北方联合出版传媒（集团）股份有限公司、沈阳杂技演艺集团有限公司等5家公司成为国家级重点文化出口企业。

"走出去"有序推进。"十三五"期间，辽宁共备案（核准）对外投资企业696家，协议投资总额137.5亿美元，中方投资额114.6亿美元；对外承包工程新签合同782份，新签合同额108.1亿美元，完成营业额61.6亿美元，外派劳务人员91 290人。成功并购美国罗宾斯、德国卡酷思、杜尔集团全资子公司、乌纳铝业、韩国施诺时等一批跨国投资项目，成功实施孟加拉国帕亚拉一期二期燃煤电站EPC、伊拉克萨拉哈燃油气电站、马来西亚焦化厂、尼日利亚水泥生产线和浮法玻璃厂等一批典型重大国际工程承包项目，特变电工沈变集团几内亚阿玛利亚水电站投建营一体化项目正式启动。

第二章　"十四五"时期面临的发展环境

"十四五"时期，是我国开启全面建设社会主义现代化国家新征程、向第二个百年奋斗目标进军的第一个五年，是加快推进辽宁全面振兴全方位振兴的关键时期，辽宁对外开放既面临重大的发展机遇，也面临错综复杂的风险挑战。

从国际看：在以习近平同志为核心的党中央坚强领导下，我国坚定不移统筹好国内国际两个大局，做好疫情防控和经济社会发展工作，成为2020年全球经济唯一实现正增长的主要经济体。中国超大市场规模优势进一步显现，连续四年保持第一货物贸易大国，服务贸易居全球第二，利用外资居世界第二，对外投资稳居世界前列。中国参与全球经济治理能力不断提高，积极参与世贸组织改革，已累计与26个国家和地区签署19个自贸协定，特别是区域全面经济伙伴关系协定（以下简称RCEP）生效和中欧投资协定谈判完成，为我国推进高水平对外开放奠定了坚实基础。我国参与国际经济合作和竞争新优势不断增强，逐步成为全球经济的重要贡献者、引领者，中国商品、中国服务、中国投资的国际影响力持续提升。

新冠肺炎疫情全球大流行让国际环境愈发复杂恶劣，国际形势多变急变，"黑天鹅""灰犀牛"事件多出迭出，贸易保护主义、单边主义涌动躁动，国际市场、全球投资贸易格局等都面临前所未有的大变革。国际经贸规则调整步伐加快，我国在关税、市场开放、知识产权等诸多方面将面临来自美国、欧盟的更大压力。全球产业链、价值链、供应链加速整合，制造业从发达国家向发展中国家转移放缓，全球各主要经济体均注重发展实体经济并将新能源、新材料、智能制造及互联网应用放在国际竞争突出位置，欧美日加强了对技术转让和企业兼并的限制，主要大国都在纷纷争夺未来发展的战略制高点。

从国内看：随着我国在世界经济中的地位持续上升，同世界经济的联系会更加紧密，为其他国家提供的市场机会将更加广阔，成为吸引国际商品和要素资源的巨大引力市场。我国已进入高质量发展阶段，经济发展具有多方面优势和条件，制度优势显著、经济长期向好、市场空间广阔、发展韧性强大。国家大力推进的"一带一路"倡议和自由贸易试验区、自贸港建设方兴未艾，重大区域经济发展战略带动作用明显。国家正在加快构建以国内大循环为主体，国内国际双循环相互促进的新发展格局。这是适应我国新发展阶段要求的必然选择，是与时俱进提升我国经济发展水平、塑造我国国际合作竞争新优势的战略抉择，是事关全局的系统性深层次变革。我国将坚持扩大内需这个战略基点，畅通国内大循环，贯通生产、分配、流通、消费各个环节。我国将深入参与国际大循环，推进更高水平对外开放，推进内需和外需、进口和出口、引进投资和对外投资协调发展。

进入新发展阶段，我国发展不平衡不充分问题依然突出。随着外部环境和发展所具有的要素禀赋的变化，资源和市场两头在外的国际大循环动能明显减弱。受原材料价格上涨、劳动力成本逐年上升、物流成本居高不下、人民币升值等因素影响，我国稳外资稳外贸面临较大困难。我国已进入工业化中后期，制造业增长放缓并逐步迈向中高端，现代服务业发展呈加快趋势，发展动力从主要依靠资源和低成本劳动力等要素投入转向创新驱动的内涵型增长。新冠肺炎疫情发生后，一些国家正在推动制造业回流，各国采取更多措施推动产业链本地化，国内产业链自主可控能力面临重大挑战。

从我省看：过去五年，全省上下深入学习贯彻习近平总书记关于东北、辽宁振兴发展的重要讲话和指示精神，贯彻新发展理念，以供给侧结构性改革为主线，推动经济高质量发展，积极构建对外开放新格局，出台了一系列对外开放政策措施，加快补齐开放合作短板，我省对外开放发展的内在动力不断增强。中国（辽宁）自由贸易试验区、沈抚改革创新示范区、大连金普新区、沈大国家自主创新示范区、中日（大连）地方发展合作示范区、跨境电商综试区等一系列高能级开放平台加快建设。辽宁交通基础设施更加完善，铁路、公路、水路、航空等现代化、立体化、国际化交通综合网加速构建。辽宁营商环境逐步优化，与国内经济发达地区的体制、政策差距逐步缩小。辽宁的产业、资源、科教、生态、区位等优势依然相对突出，辽宁具备发展更高层次开放型经济的基础和条件，正从货物贸易便利化向人力、资本、技术等生产要素自由流动转变提升，新时代辽宁站在了打造对外开放新前沿的历史起点上。

当前，辽宁经济社会发展仍然面临诸多风险和挑战，总需求不足、经济循环不畅等宏观条件仍未得到有效改善，自身存在的结构性、体制性矛盾更加凸显，保持经济平稳运行难度加大。辽宁振兴发展仍处于滚石上山、爬坡过坎的关键阶段，经济社会发展正由传统模式加速向新科技革命驱动模式转型，辽宁将面临更为激烈的国际国内产业竞争，需要破解更为深层次的问题。习近平总书记在"9·28"重要讲话中专门指出体制机制、经济结构、思想观念、对外开放等四个制约辽宁乃至东北经济发展的短板。辽宁在开放领域的问题突出表现为开放进展不快、步伐不大、融入共建"一带一路"的大格局尚未形成，贸易、投资、通道、平台之间缺乏统筹，对外开放水平同沿海发达省（市）相比差距较大，开放环境建设、开放理念仍需要进一步提升，开放通道建设水平较低，对外开放对辽宁振兴的带动作用不大。

第三章　总体要求

第一节　指导思想

坚持以习近平新时代中国特色社会主义思想为指导，深入贯彻党的十九大和十九届历次全会精神，全面落实习近平总书记关于东北、辽宁振兴发展的重要讲话和指示精神，牢牢把握我国进入新发展阶段、贯彻新发展理念的丰富内涵和实践要求，立足深度融入国家对外开放大格局、服务构建国内国际相互促进"双循环"新发展格局和高质量参与"一带一路"建设，充分发挥辽宁的区位和产业优势，以加快推进东北亚经贸深度合作为重点，优化对内对外开放布局，统筹投资、贸易、通道、平台建设，提升对内对外开放合作层级，实施更大范围、更宽领域、更深层次对外开放，建设更高水平开放型经济新体制，以高水平开放推动高质量发展，以全面开放引领全面振兴，把辽宁打造成为对外开放新前沿。

第二节 基本原则

深化改革、全面开放。坚持以体制机制改革为重点，充分发挥市场主体作用，促进各类要素有序流动、资源高效配置、市场深度融合。发挥政府引领作用，加强服务和监管，营造开放透明的办事方便、法治良好、成本竞争力强、生态宜居的市场化、法治化、国际化营商环境。全面开展经贸、科技、教育、文化、医药等领域的国际交流与合作，以全方位、高层次、高水平的大开放，带动辽宁经济社会大发展。

理念引领、创新开放。坚持新发展理念抓开放工作，以开放促创新、促发展。创新国际进出口贸易和国际双向投资新模式、新平台，持续优化对外贸易和投资结构，提高综合运用国际国内两个市场、两种资源的能力，推动贸易结构、资本结构、市场结构、要素结构以及空间发展结构的全方位优化。推进以高端制造业、现代服务业为重点的高水平对外开放，引导新产业、新业态形成，培育经济增长新动力，提升发展质量和水平，全面构筑辽宁开放型创新型经济体系。

内外联动、协调开放。坚持国际国内、省内省外联动，打造陆海统筹、港区城协调联动、陆海空多式联运的全面开放格局。坚持对内与对外开放、内资与外资、货物贸易与服务贸易、进口与出口、"走出去"与"引进来"、线上与线下协调发展，在投资、贸易、通道、平台建设相互促进中建设高水平开放型经济，融入国内国际"双循环"新格局。加强与重点国家和地区合作，对接国家重点区域开放战略，深化高层次交流与合作，吸引高端要素集聚，推动辽宁经济高质量发展。

积极主动、安全开放。我国进入新发展阶段后，应对外部经济风险、维护国家经济安全的压力前所未有，"引进来"与"走出去"在深度、广度、节奏上都是前所未有。辽宁要发展更高层次的开放型经济，必须统筹安全与发展，主动参与国家推动的全球经济化进程、全球经济治理，参与国际经济合作和竞争，处理好对外开放同维护经济安全的关系。坚持新发展理念，把握好自立自强与开放合作的关系，处理好参与国际分工与保障国家安全的关系，既积极引入外资，又做好安全审查，在确保安全前提下扩大开放。

第三节　主要目标

到 2025 年，全省开放型经济水平显著提升，全省货物贸易进出口增幅高于全国平均水平，服务贸易在对外贸易总额中占比逐步提高，招商引资到位资金年均增长 10% 以上，对外经济合作水平进一步提高，开放型经济新体制机制基本形成，在建设对外开放大枢纽、构建对外开放大平台、畅通对外开放大通道等方面取得重要进展，成为对外开放新前沿。

货物贸易量稳质升。货物贸易进出口稳定增长，高新技术产品出口占比逐步提高，跨境电子商务、外贸综合服务等外贸新业态出口成为新的重要增长点；进口规模进一步扩大，先进技术、设备及关键零部件、战略性资源能源等进口大幅提高，国际化多元化市场格局更趋完善。

服务贸易稳步发展。全省服务贸易在对外贸易总额中占比逐步提高，服务出口占比稳步提升，服务贸易结构持续优化，服务贸易成为对外开放、转变经济发展方式、促进高质量发展的新动力。

招商引资稳步增长。"十四五"时期，全省招商引资到位资金年均增长 10% 以上，实际利用外资稳步增长；招商引资成为培育新动能的重要抓手，内外资结构不断优化，高端制造业和现代服务业吸引投资逐步占主导地位，智能科技、数据产业、工业互联网等为全省经济社会发展不断赋能。

国际合作稳步提升。"十四五"时期，境外投资、对外承包工程规模持续扩大、质量不断提升，与"一带一路"沿线重点国家、新兴市场国家的产能合作水平大幅提升，打造一批"走出去"骨干项目，对外承包工程产业链条进一步延伸，境外经贸合作园区建设水平有效提高。

体制机制新优势初步形成。中国（辽宁）自由贸易试验区、沈抚改革创新示范区、中日（大连）地方发展合作示范区建设取得重要进展，收获一批高水平制度创新成果、突破一批共性政策瓶颈，新型贸易方式创新发展较快推进，外商投资负面清单管理体制体系和服务质量不断优化，办事方便、法治良好、成本竞争力强、生态宜居的市场化、法治化、国际化营商环境建设取得突破性进展。

平台载体更加完善。各级各类园区不断转型升级创新发展，引进落地一批具有重大影响力和带动作用的内外资项目，园区企业外贸进出口总额在全省占比超过50%；综合保税区等海关特殊监管区高质量发展，制度不断创新、功能不断完善；国际贸易"单一窗口"建设覆盖全省，贸易便利化水平显著提升，口岸区域合作和国际合作范围不断扩大，与世界的互联互通更加紧密高效。辽宁国际投资贸易洽谈会、大连夏季达沃斯论坛、中日（大连）博览会等重大开放活动效应显著提升。

专栏1　　　　　　　"十四五"对外开放主要经济指标

指标名称	2020年		2025年	
	数额	全国占比	增幅	全国占比
货物贸易进出口	6 544亿元	2%	高于全国平均增长水平	稳定增加
服务贸易进出口	8 61.9亿元	4.5%	—	稳步提高
招商引资实际到位资金	5 221亿元	—	年均高于10%	—

第四章　主要任务

第一节　优化对外开放布局

以推动东北亚深度合作为重点，向东联动日本、韩国、朝鲜，向北深入参与中蒙俄经济走廊建设，向西对接新欧亚大陆桥，向南拓展东南亚国家，继续深化与美洲、大洋洲、欧洲、非洲等地区经贸合作，建设开放合作新高地。

深度融入"一带一路"建设。坚持共商共建共享原则，加强与"一带一路"沿线国家务实合作，引导辽宁优势产业全球化布局，融入全球产业链价值链供应链构建，参与国际产业链重塑。支持辽宁企业特别是大型民营企业"走出去"，投资并购国外的一些优质资源、能源和技术产业。加强与日本、韩国、新加坡以及欧洲发达国家合作，开拓第三方市场。推动辽宁企业依托多元化投融资体系，充分发挥出口信用保险、开发银行、进出口银行以及大型国有银行等对"一带一路"项目的银保支持政策，参与轨道交通、水利、电力等重大项目建设，采用国家专项贷款基金和 PPP 等方式参与投、建、营一体化项目。建立健全境外投资风险防控和监测预警机制，指导辽宁"走出去"企业境外合规经营，提升参与国际经济合作的风险意识，积极参与健康丝绸之路、数字丝绸之路、绿色丝绸之路等合作。

高水平建设东北亚合作中心枢纽。借助我国超大规模国内市场、完整产业链、亚洲产业链的中心地位及通往"一带一路"沿线国家的海上、陆路国际物流网络优势，通过良好的营商环境和各项惠企政策，坚定日韩等发达国家企业投资辽宁、扎根辽宁的信心。推动在沈阳、大连、沈抚示范区等地区与日韩共建高起点、高水平、高质量的地方合作产业园。主动参与中日、中韩国家层面经济合作机制，发挥辽宁毗邻日韩及与日韩投资贸易合作密切的优势，积极争取国家有关部门支持，在面向日韩开放布局中多向辽宁倾斜，特别是对日韩合作项目给予上海临港新片区和海南自贸港的产业及人才政策，优先打造辽宁东北亚经贸合作示范区。创新中日韩产业开放合作体制机制，打造改革系统集成、创新资源集聚、开放创新一体的东北亚经贸合作新高地。在高端装备、新材料、人工智能、节能环保、健康养老等领域开展有针对性的招商引资，重点吸引日韩世界 500 强企业、产业链中高端的行业龙头企业来辽宁投资。充分运用日本、韩国产业优势，加强在精密电子、高端制造业、钢铁、冶金、石化等传统产业以及电动汽车、汽车电池等产业领域的交流合作，推动做强做优辽宁产业链。积极拓展与日本、韩国地方自治体、中介机构、大型商社、金融机构的联络机制与信息互通。鼓励有条件的地区（开发区）在日韩设立经贸代表处。建好中日（大连）地方发展合作示范区。持续办好辽宁国际投资贸易洽谈会、中日（大连）博览会。进一步扩大中朝边民互市贸易规模，积极组织企业参加朝鲜平壤博览会，努力在经贸、交通、旅游、文化等领域合作取得新突破。

务实推动中蒙俄经济走廊建设。推动辽宁"一带一路"建设工作与俄罗斯远东地区自由港和跨越式发展区及中蒙俄经济走廊对接合作，以中国东北地区和俄远东及贝加尔地区政府间合作委员会机制和中俄边境地方间经贸合作工作组机制为平台，加强与俄罗斯地方政府间交流，为双方合作提供更广阔发展机遇。加强装备制造、能源电力、航空及发动机、船舶制造、海洋航运、农林渔业、旅游等领域互利合作。支持在俄投资开发油气田、有色金属矿山等境外资源基地。推动辽宁扩大对俄农业、食品加工等领域的合作，鼓励双方木材加工企业开展全产业链合作，大力推进对俄远东海域渔业资源开发和海产养殖合作，推动双方在更大范围、更宽领域、更深层次上推进双方合作。引导辽宁企业开拓蒙古国市场，发挥好中蒙经贸联委会合作机制作用，积极开展基础设施、国际产能和畜牧业合作。推动沈阳五爱、鞍山西柳和辽阳佟二堡等市场内的重点企业"走进蒙古国"。加强同蒙古国农业合作，建立农业种植基地。支持辽宁企业对蒙古国的肉类等农产品进行深加工，与蒙方共同拓展国际市场。

深化同欧洲、东盟等区域经贸合作。抓住中欧投资协定谈判已完成的重大机遇，加强与欧洲国家先进科技和高端装备制造业的投资贸易合作，在新一代信息技术、高端装备、新材料、生物医药等领域引进实施一批外资重大标志性工程。发挥辽宁-德国巴登符腾堡州混委会、欧洲科技商会等合作平台作用，吸引更多欧洲企业投资辽宁，推动中德（沈阳）高端装备制造产业园等国际合作园区建设取得新进展。借助辽宁与中东欧国家的经贸友好合作基础，务实推进一批经贸合作成果。充分利用 RCEP 和中国-东盟自由贸易区合作机制，深化与东盟地区全方位合作。积极引进新加坡在工业园区运营方面的先进经验，提升辽宁各类产业园区的开发建设水准。推动与马来西亚、印尼等国开展经贸投资及旅游合作，主动参与我国与越南、柬埔寨、泰国等国的澜湄合作，在产能、贸易、旅游、医疗、文体等领域深化合作。拓展面向东盟地区产业投资，推动工程承包、建设运营、劳务输出和贸易合作相结合，促进我省相关产品出口，带动对外贸易发展。借助中国-非洲经贸博览会、中美省州合作工作组、中国拉美加勒比经济技术合作论坛等平台，推动辽宁与非洲、美洲开展经贸合作。

第二节　推动"一圈一带两区"开放

充分发挥沈阳、大连两市对外开放"双引擎"作用，引领沈阳现代化都市圈、辽宁沿海经济带以及辽西融入京津冀协同发展战略先导区、辽东绿色经济区对外开放。

推进沈阳现代化都市圈高水平协同开放。以沈阳为中心，以鞍山、抚顺、本溪、阜新、辽阳、铁岭、沈抚改革创新示范区为支撑，合力支持沈阳建设成为具有国际影响力的先进制造业中心、科技创新中心和区域金融中心。共建高水平开放平台，协力办好世界工业互联网大会、中国国际装备制造业博览会等国际展会，强化展会参展商对接服务，提升展会规模和影响力，推进招商引资项目协同，共同策划和开展贸易投资配套活动，加强都市圈内各类国际品牌展会和相关贸易投资活动协调联动。共同深化与相关国家和地区基础设施互联互通、经贸合作及人文交流，支持沈阳成为解决"一带一路"建设项目投资和商业争议的区域服务中心，打造参与"一带一路"建设的共享平台。加强都市圈产业链协同建设，共同吸引发达国家先进制造业、现代服务业和战略性新兴产业投资，吸引跨国公司和国际组织区域总部落户都市圈。支持跨国公司在都市圈内设立全球研发中心、实验室和开放式创新平台，共同创造应用场景。共同参与国际经济合作，依托都市圈龙头企业的海外商业网络和海外运营经验优势，推动都市圈企业联手开拓国际市场，鼓励都市圈企业合作开展绿地投资、实施跨国兼并收购和共建产业园区，带动产品、设备、技术、标准、检验检测认证和管理服务等走出去。

以大连为龙头推进辽宁沿海经济带开发开放。以大连东北亚国际航运中心建设为支撑，推动物流、金融、商贸、信息、人才向沿海经济带集聚，打造特色突出、竞争力强、国内一流的临港产业带。依托大连与日本等国在高端制造业的融合互补优势，构建高端制造业深度合作体系，争取进入芯片、智能数控机床等高端制造业产业链下游。支持沿海各市向日本、德国等发达国家学习精细制造的理念和管理技术，推动开展高端技术人员的国际交流与合作，推动制造业向精细制造升级。依托现有交易场所依法依规开展大宗商品的现货、期货交易。全面加强沿海六市工作协调机制建设，一体化协同推进沿海经济带开发开放，加强全方位合作对接，加强与环渤海地区其他城市群合作。充分发挥大连、锦州、营口、盘锦、葫芦岛等沿海各市及抚顺、辽阳的石化产业研发优势、产业优势、港口优势，探索在沿海城市新建大型原油储运和中转基地，大力发展精细化工产业，做强做优辽宁炼化产业，延伸辽宁石化产业链条，以大连长兴岛、盘锦辽滨两个国家级石化基地为龙头，引领建设世界级石化基地和精细化工产业带。发挥大连、盘锦、葫芦岛等高技术船舶和海工装备研发制造优势，打造具有国际竞争力的海洋先进装备制造基地。立足海洋特色资源和海洋开发需求，大力发展海洋生物医药、海洋新材料、海洋清洁能源等新兴产业。鼓励扶持发展远洋渔业，在境内外建立健全远洋渔业产运销配套的渔业产业基地。支持在丹东临港产业区设立互市贸易创新发展区，申请国家赋予互市贸易创新发展区综合保税功能，实现互市贸易落地加工政策与综合保税政策叠加。

推动辽西融入京津冀地区协同开发开放。发挥阜新、朝阳、葫芦岛毗邻京津冀的区位优势、交通连接优势，率先融入京津冀协同发展战略，加快推进国家级承接产业转移示范区建设，打造辽宁开放合作的西门户和新增长极。加强与京津冀地区的通道对接、产业对接、平台对接、市场对接，吸引京津冀企业、资本、人才来辽，推进产业链供应链资本链创新链深度融合，建设环京津冀先进制造业基地和高品质服务业集聚区。依托区域内经济技术开发区和高新技术开发区等园区政策优势、主导产业，重点承接与本地产业结构匹配度高，具有一定本地配套能力的项目。

辽东绿色经济区可持续开发开放。推动辽东绿色经济区按生态优先、绿色发展路径开发开放，依托丰富的森林资源和优质水资源，引入国内外资金发展生物制药、现代中药、食品保健品和健康服务产业。充分发掘"两区"及省内的自然、文化、历史、人文等资源，积极发展面向京津冀以及全国的产品服务供给，建设优质农产品供应基地，积极开拓国际市场，引入内外资开发特色观光和文化体验项目，建设精品文旅、休闲产业融合发展带，打造全国乃至东北亚知名的生态休闲、人文历史旅游目的地。

第三节 全方位拓宽开放领域

聚焦辽宁创新驱动发展和产业结构优化，培育更多国际化人才，扩大辽宁在国际上的影响力和朋友圈，以制造业扩大对外开放支撑做好"三篇大文章"，用数字经济提升辽宁国际化发展水平，全面推动农业、科技、教育、医疗卫生、数字经济、金融、人文交流等领域扩大对外开放。

推动制造业扩大开放。围绕加快辽宁工业振兴，推动制造业高质量发展，全力做好结构调整"三篇大文章"推动辽宁制造业扩大开放。在高端装备制造、智能制造、新材料等优势主导产业引进龙头企业和知名品牌，打造先进制造业基地。加大芯片制造、生物医药、工业互联网、增材制造等战略新兴产业引智引技；用数字经济产业为冶金、化工、建材等传统产业赋能，推动延伸产业链、提升价值链，促进传统产业绿色化、智能化。支持境内外优势企业、资本参与辽宁企业兼并重组和制造业创新中心建设，着力引入高层次人才、先进技术、管理观念和制度。支持辽宁制造业企业通过海内外并购，开展强强联合、上下游整合，在先进装备制造等领域形成一批处于国际产业分工关键环节、具有国际竞争力的骨干企业，打造一批进入中国500强的知名企业，积极努力争取进入世界500强。

推进农业领域开放发展。加强国际农业科技交流合作，积极引进现代农业先进技术，提升农业科技自主创新水平，加快农业现代化发展。参与国际农业综合开发和农产品有效供给，培育一批具有国际视野和运营能力的龙头企业，打造一批具有世界品质和品牌影响的农产品出口基地，培养一批具有辽宁特色的大型跨国农业企业集团，引领带动辽宁农业企业在全球范围内布局产业链。打造辽宁农业对外开放合作试验区，推进与日本、韩国及欧洲等国家和地区在先进农业、食品科技方面的交流合作和成果转化，规划建设中日韩现代高效农业示范园，推动一批大型国际合作项目尽快落地，招引入驻一批国内外农业及食品行业领军企业总部，打造开放合作典型样板。深入对接粤港澳大湾区战略，发挥蔬菜、禽肉等特色农产品优势，争取更多农业园区和企业获得"菜篮子"工程认证。鼓励企业以设备、技术输出和直接投资的方式，到海外发展种植业、养殖业和农产品加工业。加快培植适应国际劳务市场的外派劳务资源，扩大农村劳动力对外输出。实施"互联网+农业"，推动企业开展跨境电子贸易，支持农产品跨国展示和交易平台建设。

推动数字经济产业开放发展。推动辽宁与日韩和"一带一路"沿线国家深入开展数字经济交流合作，打造数字信息产业国际合作示范园区，形成一批商贸、物流和科技创新等领域的数字化合作成果。充分发挥对日本、韩国区位和合作优势，不断完善交流合作机制，深化电子信息制造、智能制造、车联网、跨境电商、数字内容、智慧零售等重点领域互惠合作。吸引日韩、欧美等信息技术企业在辽宁省设立区域总部、研发中心。支持省内骨干企业、研究机构、行业组织搭建对日韩、对欧数字经济交流平台，推动在前沿技术创新、新兴产业培育、国际标准研制等方面务实开展合作，共同拓展国际市场。建立辽宁品牌网上展示中心，增强品牌产品国际影响力。支持骨干物流企业建设国际物流信息服务平台，实现与"一带一路"沿线国家和地区多式联运物流信息汇聚共享。支持骨干企业依托"一带一路"国家云服务中心在沿线国家建设国家级数据中心，为当地提供教育、金融、税务、农业、城市等智慧数据服务。建立"投资辽宁"招商专业网站，宣传推介重大项目和政策。推动建立跨国技术转移中心，统筹开展技术研发、标准制定、技术合作等活动，推动形成相互确认的电子认证、电子签名和云计算可信服务、大数据服务、北斗导航与位置服务等交流合作。围绕跨境电商、智能制造、智慧城市等信息技术创新热点领域，形成一批示范性强、带动性强的重大技术合作项目。积极对接全球电子商务新模式新规则新标准，加强辽宁数字化贸易平台建设，加强跨境电商国际合作，推动国际贸易制度创新、管理创新、服务创新。

提升国际科技合作水平。坚持以全球视野谋划和推动科技创新，提高科技对外开放水平。深度融入共建"一带一路"，培育"一带一路"联合实验室或研发中心，推动高新技术企业"走出去"，与"一带一路"沿线国家在装备制造、生物医药、信息技术、现代农业等重点领域进行科技交流合作，开展国际技术转移，提升双方科技创新能力和行业技术水平。深耕日韩俄国际科技合作，推动优势科研力量与日韩俄知名科研院所在基础研究领域开展交流，深化与日韩中小企业科技合作，重点在人工智能、新材料、节能环保等产业和领域开展国际技术转移转化。巩固与欧美科技合作，鼓励科研单位与欧美发达国家知名大学、科研院所及著名企业建设国际联合研发中心，重点在智能制造、汽车、化工催化等领域开展技术交流与合作。积极拓宽国际科技合作交流渠道，构建科技对外开放合作服务体系。打造重大国际科技活动品牌，继续支持举办"大连海外学子创业周""俄罗斯科创周"等国际科技活动，吸引海外人才、技术、资金等资源集聚辽宁。加强国际科技合作基地建设，完善"项目-人才-基地"的国际科技合作模式，发挥基地在对外科技合作与交流中的引领和示范作用。聚焦日韩俄、中东欧以及南非等重点国家和地区，以科技服务机构为主体建设国际技术转移示范网络，整合各种国际科技创新资源，建立科技交流与合作网络信息平台。

加快和扩大教育对外开放。努力拓宽教育国际交流合作领域，加强与各国教育合作交流的频度深度，提高教育国际化的质量和水平，加快提升教育国际化的服务支撑能力，将辽宁打造成东北地区教育对外开放的重要窗口。坚持创新驱动发展，持续推进国际产学研用深度合作，加大关键核心技术国际联合攻关力度，努力攻克一批制约全省振兴发展的关键核心技术和"卡脖子"技术，全力打造创新资源集聚高地。积极引进国外优质教育资源，大力发展中外合作办学，在高端装备制造与新材料、新一代信息技术和智能技术、绿色化工与新能源等领域，加快培养全省"一圈一带两区"区域发展格局急需的高层次国际化人才。深入实施"留学辽宁"品牌计划，打造辽宁省来华留学教育示范基地、品牌专业和品牌课程，全面提升留学生教育教学质量，促进来华留学事业的持续健康发展。聚焦国际科技前沿和国内、省内急需领域，进一步优化出国留学布局，稳定重点项目，开拓合作新渠道，扩大俄罗斯、乌克兰、白俄罗斯留学规模。建设好孔子学院合作大学联盟平台，整合资源、创新合作，扎实开展汉语国际推广工作，推进民心互通和文明交流互鉴。着力提升职业教育国际化水平，深化校企合作、产教融合，持续推进"双元制"办学，支持职业院校参与"鲁班工坊"建设，积极推动职业院校与国外高水平院校开展中外合作办学。

推进医疗健康领域国际交流合作。围绕国家区域医疗中心建设，加强与世界知名医疗机构、医学院校在前沿临床科研、医疗技术引进与应用、智慧医院等方面开展深度合作。推动辽宁医疗卫生机构在医务人员进修、全科医师培养等方面与国际友城院校与医疗机构之间的合作交流，学习先进技术和管理理念，加强重点学科团队培养，在医疗管理、卫生政策、科研攻关等领域开展务实合作，提高医院的技术能力和服务水平。积极承办高水平高层次的国际性学术技术交流研讨活动，搭建与国际高端医疗卫生人才的交流平台，进一步拓宽人才的学术技术视野。优化涉外医疗服务，在大型知名医院开设国际门诊部，建立与国际接轨的标准化涉外诊疗机制。推动具备条件的各级各类医疗机构进一步加强涉外医疗服务能力建设，优化涉外医疗服务流程，持续提高外籍人士就医选择自由性和便利度，鼓励医疗机构加强与国际保险公司对接。发挥辽宁中医药资源优势，推动辽宁中医药产业走出去。引进域外先进医疗品牌和资金，在健康管理、康复、护理、养老等领域共建高端服务机构。

扩大金融业开放。提升省内金融机构国际化水平，鼓励省内金融机构与境外金融机构开展战略合作，助力省内企业国际化发展。加强与国际知名创投基金、投资银行等相关金融机构合作，强化科技金融国际合作机制。加大招商引资力度，吸引更多优质外资金融机构来我省设立分支机构，引进外资资产管理公司，吸引境外资金参与不良资产处置化解工作。引导外资银行发挥全球网络优势和经验，深度参与辽宁经济发展，支持重点项目与国际金融市场接轨。鼓励外资银行加大对医疗、高科技等新兴行业的信贷支持，发挥产品创新优势，为中小企业提供更加灵活、更具特色的金融解决方案。针对辽宁人口老龄化趋势，鼓励外资人身险公司研究具有针对性的养老、医疗、疾病、照护等专属保险产品。各级招商部门可邀请外资银行参与自贸区、产业园区等招商引资项目的初级对接、早期尽调和信息咨询工作，推动项目对接。

密切对外人文交流合作。重点加强与日韩俄、"一带一路"沿线国家的文化交流合作，健全对外文化交流机制和渠道平台，加速推进"辽"字号文化品牌国际化进程，进一步优化核心文化产品出口结构，应用网络传播新模式推动辽宁文化走出去。主动融入国家外宣工作大局，在更大舞台、更广范围讲好辽宁故事、展示好辽宁形象、提升辽宁国际影响力。组织我省重点文化演艺团体、重点城市文化和旅游主管部门，开展辽宁特色文化品牌和非遗项目等海外文化展演等交流活动。以辽宁芭蕾舞团等文化品牌为重点，扩大文化对外交流和旅游对外合作。充分利用文化和旅游部海外中国文化中心、海外旅游办事处、国际旅游展会等海外交流合作平台，通过线上线下旅游推介活动，拓展海外传播渠道，全面推广辽宁特色鲜明的中华优秀传统文化和丰富的旅游资源，提升辽宁文化和旅游国际知名度和影响力。借助国家有关部委全球推广活动、国内大型对外交流活动平台，精心策划文化交流合作和旅游推广活动。提升国际旅客通关效率和签证便利化水平，延长在辽宁过境停留时间，吸引国际旅客在辽宁消费、在辽宁旅游。

专栏2 　　　　　"十四五"多领域开放建设项目和平台

序号	领域	重点项目及平台
1	科技	中德产业园离岸创新中心、"一带一路"联合实验室或研发中心等平台，海外学子创业周、俄罗斯科创周等国际科技活动，世界知识产权组织技术与创新支持中心（WIPO-TISC）辽宁机构
2	教育	国际产学研用合作会议、中外合作职业技术大学、孔子学院联盟、辽宁汉语国际教育人才资源库
3	金融	日韩人民币清算中心、沈阳金融岛、营口金融港、大连小窑湾金融商圈、国际工程承包和大宗商品交易跨境使用人民币
4	医疗卫生	依托辽宁中医药大学"互联网 + 中医药服务"跨境医疗服务平台、辽宁中医药大学附属第二医院与泰国庄甲盛皇家大学共建"中国-泰国中医药中心"、大连神谷中医医院特色中医药养生产品，推动中医药功能药膳海外市场建设
5	人文交流	外交部辽宁全球推介活动、中日韩"三省县道友好交流会议"、中日韩三省道体育交流大赛、东北亚青少年体育交流大赛、中日友好文化交流展、中俄友好交流基地、辽宁东北亚语言交流译配中心、"辽字号"广播电视节（剧）目"走出去"工程、辽宁文艺院团出国巡演、"魅力辽宁"海外播出平台

第四节　全面提升招商引资水平

抓住构建新发展格局和 RCEP 生效、中欧投资协定谈判完成的重要机遇，围绕做好改造升级"老字号"、深度开发"原字号"、培育壮大"新字号""三篇大文章"和"数字辽宁、智造强省"建设，谋划实施招商引资工作，高效务实抓招商引资，强化项目落地，提升服务企业能力。

提升利用外资质量和效益。全面落实准入前国民待遇加负面清单管理制度和中欧投资协定谈判完成的有关内容。扩大外商投资重点领域开放，取消或放宽交通运输、金融、商贸物流、专业服务等领域外资准入限制。优化外商投资导向，鼓励和引导外资更多投向先进制造业、现代服务业、战略性新兴产业，以及辽宁全产业供应链中的短板产业。重点引进一批智能制造、海洋工程装备、航空制造、石油化工、新一代信息技术、生物技术、新材料、新能源、节能环保等领域中具有国际影响力的龙头企业。鼓励外资投向金融、现代物流、科技服务、工业和建筑设计等现代服务产业。引导外资企业来辽宁设立生产性服务业企业、各类功能性总部和分支机构、研发中心、营运基地等。推动引资、引智、引技相结合，引进国际高学历、高技术人才，加强对外资企业申请高新技术企业认定的指导和服务，充分发挥外资企业先进技术在全省产业转型升级中的重要作用。推动外资企业深度融入地方经济社会发展建设，鼓励外资企业扩大本地人口就业规模。

创新招商引资方式。大力开展敲门招商、上门招商、以商招商、产业链招商、主题招商、园区特色招商、网上招商，通过"走出去"和"请进来"相结合，提升招商实效。强化与国际投资促进机构、商协会、专业服务机构等交流合作，建立健全外商投资促进工作体系。鼓励在辽企业以增资方式扩大投资，引导外资进行跨国并购和股权投资，大力引进一批外资创业投资基金、产业投资基金和外资金融机构。鼓励外资以参股、并购、融资租赁等方式参与企业的改组改造和兼并重组。积极引导民营企业利用外资，探索民营企业以海外上市、引入战略投资者和风险资金等方式与外商进行合作。

强化招商引资项目落地。每年在全省范围内筛选一批重大项目，按照属地原则，成立项目专班，明确责任单位、责任人，加强对重大项目的选址、环评、土地、融资和投资者实力等要素的综合论证研究，定期开展项目督查，全程跟踪服务，定期通报项目落实情况。建立招商项目分层督查推进机制，省级层面重点跟踪督导省级以上重大活动签约项目和重大招商项目落实情况，市级层面重点跟踪督查自办活动签约项目及市重大项目落实情况，县级层面具体负责本区域签约项目的推介落实和协调服务，形成省市县三级联动、各有侧重、分工推进的全方位项目跟踪落实服务体系。

提升服务外商投资企业能力。认真落实《鼓励外商投资产业目录》，坚持给予重点外资项目用地、环保、能耗等方面支持，推动重点项目落地。创新服务方式，主动上门与外企互联互通，了解企业生产经营状况，帮助企业释疑解难。支持各地区对研发中心项目、总部项目、新一代信息技术、人工智能、生物医药和新能源新材料等新设外资重大项目进行资金激励，稳定外资信心和预期，提升利用外资质量。发挥外资企业投诉工作机制作用，及时处理外商投资企业或者其投资者反映的问题，协调完善相关政策措施，营造良好的外商投资环境，依法保护好外资企业知识产权和合法权益。优化外商投资信息报告制度，完善信息报送系统，优化数据报送流程，持续跟进建立外企台账。

专栏3　　　　"十四五"各市主导产业及重点推进招商项目

序号	地区	主导产业	项目名称
1	沈阳	汽车及零部件、智能机器人、航空航天装备、智能电力装备、新能源汽车、人工智能、生物医药与数字医疗、新一代信息技术、现代服务业等	外资：华晨宝马铁西新工厂项目、华晨宝马大东工厂产品升级项目、艾联汽车零部件北方生产基地项目、正威沈阳国际稀谷项目（三期）、优尼湃克电商产业园项目（二期）、米其林高性能子午线轮胎扩建项目、沈阳远大压缩机高端氢气天然气压缩机装置智能制造基地项目、采埃孚新能源电驱动器项目、法国佛吉亚集团汽车零部件制造项目、恩斯克2.5工厂项目、德国格拉默汽车内饰项目 内资：华为辽宁区域总部项目、沈阳人工智能计算中心项目、正威沈阳国际稀谷项目、西门子工业数字化创新赋能基地项目、江丰半导体零部件智能制造基地、西子航空复合材料部件生产基地项目、中化环境科学园、金蝶苍穹数字经济创新中心、腾讯沈阳中心项目、中新智地国际产业园、建信盛宁金融产业园、爱尔眼科总部项目

序号	地区	主导产业	项目名称
2	大连	石油化工产业、精细化工、高端装备制造产业、船舶制造、海工装备、生物医药产业、集成电路产业、数字经济产业、软件和信息技术服务业、智能科技产业、新能源产业、港航物流产业、金融期货产业、文化旅游产业、现代商贸产业	外资：SK海力士集成电路项目、松下新能源三期项目、玛弗罗新工厂项目、中比动力电池升级扩建项目、首钢朗泽工业尾气清洁利用项目、尼得科智动（广州）车载电子新工厂项目、斯凯孚滚动轴承设计生产和销售项目、利勃海尔风电轴承制造项目、东北亚国际航运中心大厦项目、辽港托克油化品国际贸易项目 内资：高新区中国能建英歌石科学城开发项目、瓦房店上海电气风电装备产业园项目、金普新区中电国际新能源综合智慧能源项目、高新区国创氢能燃料电池发动机系统研发项目、清极能源科技燃料电池汽车示范应用项目、洺源科技燃料电池汽车示范应用项目暨燃料电池电堆产业链合作项目、旅顺口区和长兴岛经开区天润新能氢能"汽车＋轨道交通"示范项目、甘井子区哈工大机器人集团智能科创产业园、大连高新区与360集团战略合作项目、华为（大连）智能网联车创新中心项目
3	鞍山	钢铁原材料及深加工、菱镁新材料、装备制造、纺织服装、磁应用、激光设备、光电显示、新能源电池、光触媒催化材料、数字经济、文旅体育健康产业等	外资：北控水务环保项目、华润热电联产项目、经开区连铸三大件泥料加工项目 内资：年产35万吨洁净钢用镁质功能新材料项目、西鞍山铁矿开采项目、尾矿回收利用处理项目、华润燃气参与市燃气集团混改项目

续表

序号	地区	主导产业	项目名称
4	抚顺	石化深加工、冶金新材料、大宗固废资源综合利用、军民融合、农产品精深加工、文化旅游、中医药健康等	内资：辽宁清原抽水蓄能电站一期建设项目、抚顺新钢升级改造项目、博翔环保危废处理项目、辽宁美亚原料药项目
5	本溪	钢铁冶金、新材料、机械加工制造、生物医药、大健康、文化旅游等	内资：青云山（四方台）建设项目、观山湖森林公园项目、20万吨消防铸件二期项目
6	丹东	智能制造、精密电子、精密仪器仪表、大中型车辆、专用车、新能源汽车及零部件、新材料、纺织服装、农产品水产品精深加工、中医药材、生物医药及健康特色旅游等	内资：东北亚农产品交易中心项目、宽甸县青山湖生态渔业项目、广耀大健康红牛功能性饮料项目、热源厂异地搬迁改扩建项目
7	锦州	精细化工、光伏及新能源、汽车及零部件、生物医药、新材料、节能环保、电子半导体、大数据、石油化工、冶金及农副产品深加工等	外资：思凯国际物流园二期 内资：锦州180万吨/年丙烷脱氢项目、东北陆海新通道锦州港扩能改造项目、年产40万吨新负极材料一体化项目、中国兵器工业集团北方能源基地项目、前海联合交易北方中心项目、东北陆海新通道锦州基础设施建设项目、锦隆年产7万吨染料及中间体项目

续表

序号	地区	主导产业	项目名称
8	营口	高端装备制造产业、新材料产业、铝制品深加工、钢铁和镁质材料、物流业、精细化工、粮油食品饮料、文化旅游等	外资：信义中空玻璃项目 内资：换电重卡及充换储电站项目、精细化工中间体及染料产品项目、焦炉煤气制氢项目、年产10万吨高强共挤木塑智能化生产建设项目、厦门国贸金属东北总部项目
9	阜新	高端装备、农机成套设备、精密铸造、液压零部件、电子元器件、新能源、能源装备、新型材料、绿色食品、酒类及饮料、精细化工、氟化工、煤化工、氢能设备制造、皮革加工、现代蒙医药等	内资：北京延庆产业园建设项目，航天九鼎工业4.0汽车科技创新研发试验基地项目，高端智能化除雪装备产业基地项目，利用风力和光伏发电可再生能源电解水制氢、储氢、运氢项目
10	辽阳	芳烃及精细化工、新材料、铝合金精深加工、工程机械、电气设备、汽车零部件、裘皮制品、袜艺鞋业、建材、温泉特色旅游等	外资：欧洲智能制造产业园项目 内资：高温耐蚀合金先进制造科技产业化基地项目、灯塔市百万千瓦风电光储一体化示范项目、综合智慧能源项目、嘉德血液制品项目
11	铁岭	专用车及汽车零部件、农产品深加工、现代物流、新能源、造纸、换热设备、生命健康、阀门和橡胶、特色康养、文化旅游等	内资：弹体对接六自由度试验台及大型龙门数控铣床制造项目、高端养老文旅珠宝产业项目、新建中药饮片加工和鹿胶阿胶及其复合制品项目

续表

序号	地区	主导产业	项目名称
12	朝阳	特种冶金、汽车及零部件、新材料、电子信息装备制造、能源及新能源、建材、农产品及食品加工、文化旅游、数字经济和农产品深加工等	内资：综合智慧能源项目、八英寸砷化镓晶片生产项目、高效锂电池电芯生产项目、数字新经济产业园项目、无人机研发生产基地项目
13	盘锦	石化产业、精细化工、新材料、电子信息、能源装备、现代物流、氢能、光学电子、农产品深加工等	外资：宝来利安德巴塞尔项目二期 内资：北京长寿乐生态科技有限公司、辽宁长寿乐农业科技有限公司油脂加工项目、新发地东北农产品集散物流园暨城市安全保供仓项目、锂电池铜箔生产线二期项目、北方华锦精细化工及原料工程项目、金发科技60万吨/年ABS项目及其配套装置项目
14	葫芦岛	电子信息产业、高端装备制造、船舶及海洋工程、精细化工、生物技术、新能源技术、医疗康养、旅游等	内资：国家原子能研究院京外基地、大型精细化工项目、年产10 000吨硫代酯项目
15	沈抚示范区	数字经济、智能制造、云计算、大数据、信息技术应用及装备制造、5G通信、物联网、工业互联网组件及应用、生命健康、新材料和氢能、现代服务业等	内资：方大集团生命健康产业小镇项目、中国数码港国家蛋白质生命科学园项目、天年大数据医疗产业园项目、七喜精准医疗项目

第五节　全面提升国际经济合作水平

鼓励辽宁企业创新对外经济合作方式，参与国际产业链供应链重塑，开发海外能源资源，拓展国际产能和装备制造合作领域，参与境外经贸合作园区建设，提升国际工程承包规模和质量。

优化对外投资。以省内龙头企业为主导，充分发挥民营企业等各类主体作用，推动产业链上下游国内外协同发展，参与打造"中国投资"品牌，提升对外投资效益。抓住RCEP生效和中欧投资协定谈判完成给对外投资带来的国民待遇机会，有序推动传统优势产能向东南亚国家转移，拓展与日韩在电子信息等领域，与欧洲在新能源汽车、生物制药等领域合作，投资并购境外核心产业。加强与"一带一路"沿线国家在钢铁、化工、建材等领域的国际产能合作，建立境外生产加工基地。鼓励企业通过实物投资、股权置换、联合投资等方式进行多元化投资，重点引导具有跨国经营经验和品牌优势，在全球已形成分支机构网络的辽宁大型企业提升国际化经营水平，通过强强联合、上下游整合等形式并购重组，加快发展成为具有国际影响力的跨国企业集团。推动辽宁境外经贸合作园区建设，充分借鉴国内开发区和国家级境外先进园区管理经验，创新发展模式，逐步打造一批具有区位优势、发展产业清晰、运营管理先进、建设效果突出的合作区。

积极开发海外资源。支持有实力的辽宁企业参与东盟、中亚、非洲、俄罗斯等资源开发，投资并购优质资源。支持扩大与东南亚、非洲等地区在铁、镍、铬、锰及铝矾土等矿产资源方面的合作开发，建立一批境外矿产资源供应基地。在"一带一路"沿线国家建设一批农林渔合作开发基地。加强与俄罗斯及中亚、非洲地区在大豆、小麦等种植、加工领域合作，推进与东南亚在橡胶、水果等种植加工工业领域合作。在非洲、南美洲、南太平洋国家建设若干远洋渔业基地。

推动对外承包工程转型升级。鼓励对外工程承包龙头企业在交通、水利、电力等领域参与一批重大项目，优先推动一批PMC（管理总承包）、EPC（设计-采购-施工）项目。鼓励辽宁企业"联盟拓市"，抱团参与"一带一路"沿线国家、非洲、拉美等市场的基础设施建设和投资运营。推动建营一体化项目，带动辽宁装备制造、技术标准、服务等出口。支持对外承包工程企业通过新设、收购、控股等方式在境外投资合作，注册设立境外工程承包企业，获取当地各类投标承包许可。推动辽宁对外设计咨询企业按照我国标准化工作相关要求，遵循国际标准化工作规则，加强工程领域中外技术标准对比研究，积极在对外投资、技术出口和援建工程项目中推广使用。积极参加国际工程领域标准认证、交流、研讨活动，鼓励签署多双边标准技术认证协议，参与国际标准制定。

促进对外劳务合作和参与对外援助有序发展。加大培育海员、空乘、医护等中高端劳务竞争优势，扩大技能型、知识型劳务外派规模。巩固日本、新加坡等传统市场，逐步开辟以色列、韩国等劳务合作市场。强化辽宁对外经济合作项目对省内就业的带动功能，优先选派辽宁产业工人和农村富余劳动力特别是省内贫困地区人员参与境外项目生产建设运营。支持辽宁职业院校紧紧围绕地方产业、企业国际化战略，加强与"走出去"企业对接，共同制订面向"一带一路"沿线国家或企业海外分公司（生产基地、工程项目、国际劳务输出项目）的人才输出订单培养计划。加大外派劳务人员合法权益保护，畅通省市外派劳务纠纷处置渠道。贯彻新时期援外工作有关要求，壮大辽宁各类援外队伍力量，积极参与国家援外项目。

专栏4　　　"十四五"对外经济合作主要指标和重点项目

项目类别		2020年	2025年	
			数量指标	重点项目
境外经贸合作园区		5个	争取达到8个	阿曼金龙商贸物流园、刚果（金）三和农业产业园区、俄罗斯别雷拉斯特商贸物流园
境外投资	企业存量数	965个	1 050个	华锦集团哈萨克斯坦化工项目、俄罗斯别雷拉斯特物流中心二期、营口三和矿业公司莫桑比克贝拉港、赞比亚恩多拉、刚果（金）卢本18.9万平方米综合性仓储库项目
	投资存量数	139亿美元	150亿美元	
	年度流量	6亿美元	6.8亿美元	

续表

项目类别		2020年	2025年	
			数量指标	重点项目
国际工程承包及对外劳务合作	签约合同额	26亿美元	27亿美元	中铁九局匈牙利铁路升级采购项目、中能建东电一公司孟加拉国CMC帕亚拉2×660MW二期EPC项目、孟加拉国玛格丽特588.31MW燃气联合循环电站项目
	营业额	12亿美元	13亿美元	

第六节 推动对外贸易高质量发展

坚持"稳存量、扩增量、提质量",积极拓展以"一带一路"沿线国家为主的新兴市场和RCEP协定国市场,实施外贸市场多元化战略,优化国际市场布局,加快培育外贸新业态新模式,增强外贸发展动能,促进外贸均衡发展。

促进对外贸易量稳质升。全面实施外贸"双量增长"计划,发挥重点外贸企业引领作用,在重大技术装备、国家新型原材料、石油化工、机械制造、汽车及零部件、船舶、机器人、集成电路和重要技术创新与研发等领域,培育具有较强创新能力和国际竞争力的龙头企业,推动出口产品迈上国际产业链中高端。加快培育外贸群体数量,深挖培育外贸群体潜力,推进中小企业"抱团出海",增强中小企业贸易竞争力,在工具、服装、工艺品、农产品等行业,形成一批竞争力强的"小巨人"企业。做大做强全省外贸企业进出口联盟,促进中小企业深度融入供应链。支持龙头企业搭建资源和能力共享平台。引导企业与境外产业链上下游企业加强供需保障的互利合作。

开拓多元化国际市场。实施市场多元化战略,以深度融入共建"一带一路"为重点,以RCEP生效为契机,结合辽宁对外开放格局,巩固和提升对日本、韩国、俄罗斯、东盟和欧盟等传统市场的贸易规模,积极拓展以"一带一路"沿线国家为主的新兴市场,全力稳住美国市场。支持外贸企业利用中国信保资信咨询服务、外贸大数据平台等第三方工具，精准开拓国际市场。高质量办好辽宁国际投资贸易洽谈会、辽宁出口商品（日本大阪）展览会、辽宁出口商品（蒙古国）展览会等重点自办展会，利用中国进出口商品交易会、中国国际进口博览会等知名展会平台，助力企业开拓国际市场。探索以展中展形式在韩国、俄罗斯、越南、泰国举办辽宁出口商品展。

培育外贸新动能。做大做强外贸转型升级基地，鼓励企业创建国际品牌，打造国际知名品牌，提升品牌出口国际竞争力。支持外贸综合服务企业转型升级，通过互联网、大数据等技术，提高向中小型生产企业提供代办报关报检、物流、退税、结算、信保等外贸相关服务的能力。发挥鞍山西柳服装城国家市场采购贸易方式试点优势，扩大出口规模，鼓励沈阳五爱、辽阳佟二堡等重点市场开展内外贸结合商品试点。加快建立国际营销体系，推进国际营销公共平台建设，鼓励企业在境外，特别是"一带一路"沿线国家以合作、自建等方式，完善营销和服务保障体系，开展仓储、展示、批发、销售、接单签约及售后服务。积极推进大连、沈阳、抚顺、营口和盘锦5个国家跨境电商综试区建设，加快"辽宁丝路电商"布局，打造东北亚"买全球、卖全球"跨境电商核心区。支持沈阳、大连、锦州、营口、辽阳等地符合条件的企业开展航空、船舶、数控机床、大型机械设备和精密医疗设备等保税维修业务。以沈阳、大连获批二手车出口业务试点为契机，强化二手车境外售后服务体系建设，培育新的出口增长点。充分发挥丹东边民互市贸易进口来源国扩大的独特优势，推动丹东边境贸易创新发展，支持丹东国门湾、大东沟等互市贸易区建设，开展边民互市进口商品落地加工试点和市场采购贸易试点工作，培育商品市场和商贸中心。支持丹东适时举办东北亚互市贸易博览会，助推互市贸易创新发展。探索推动在大连建设东北亚石油天然气交易中心，提升原油、天然气跨境贸易能级。

持续扩大进口。引导企业扩大先进技术、设备、关键零部件进口，提高产品核心竞争力。鼓励炼化企业、冶金企业扩大原油、铁矿石等资源性产品进口。支持大连金普新区建设国家进口贸易促进创新示范区，打造外贸发展方式、贸易便利化、电子商务应用、商贸物流综合发展和金融服务制度高地，培育辽宁进口增长点。鼓励沈阳、营口等市依托自贸试验区建立国家进口贸易促进创新示范区。支持大型零售企业建立进口商品直销中心、国际名品室内街区、进口商品展示中心、进口商品体验店，引进世界知名品牌代理企业和进口独家代理企业，在辽宁设立分公司和代理交易平台，引导消费回流。充分发挥跨境电商综试区政策优势，重点推进保税备货、海运直购等业务发展。抓好跨境电商生态建设，做大跨境电商进口业务。推进丹东互市贸易区扩大边贸进口来源国，提升进口商品数量和质量。

专栏5　　　　　　　"十四五"货物贸易重点建设平台

序号	重点平台	2020年	2025年
1	辽宁自办国际展会	2个	新增4个，辽宁出口商品（韩国、俄罗斯、越南、泰国）展览会
2	省级重点境外展会	69个	力争达到95个
3	国家及省级外贸转型升级基地	36个	力争达到60家
4	外贸综合服务企业	57个	提升现有外贸综合服务企业的服务功能，全省外贸综合服务企业达到60家
5	国际营销网络（海外仓）	117个	在RCEP、"一带一路"沿线国家新设11个，力争达到128个
6	跨境电商综试区	5个	力争达到8个，实现沿海城市全覆盖

第七节　加快推进服务贸易创新发展

继续放宽服务业市场准入，主动扩大优质服务和先进技术进口，支持和鼓励外资企业积极参与数字辽宁、智造强省建设。积极推进服务贸易国际交流合作，打造服务贸易新优势，优化服务贸易结构，推进服务贸易创新发展。

拓展服务贸易市场。积极组织服务贸易企业参加境内外优质展会和专业对接会。积极推进服务贸易国际交流合作，搭建线下线上平台，重点在"一带一路"沿线国家举办服务贸易对接活动。鼓励和支持服务贸易企业积极开展跨国投资合作，带动国内劳务输出和货物、服务、技术、标准输出。支持服务贸易企业开展全球市场网络布局，通过新设、并购、合作等方式，加快建设境外研发中心和营销网络，积极开拓新业务、新领域和新市场。

优化服务贸易结构。进一步扩大国际旅游、运输、建筑等服务出口，着力增强传统服务贸易国际竞争力，提高服务外包、文化、教育、中医药、知识产权、创意设计、技术、金融等服务贸易占比。加快培育一批服务贸易领域的品牌企业。积极推动文化艺术、广播影视、新闻出版、教育等承载中华文化核心价值的文化服务出口，大力促进文化创意、数字出版、动漫游戏等新兴文化服务出口，努力培育辽宁特色文化贸易优势。

推进服务贸易创新发展。充分运用现代信息技术提升服务的可贸易性，重点支持远程医疗、在线教育等新型业态，促进金融与互联网深度融合，不断提高服务贸易的跨境交付能力。发挥我国电子商务发展优势，创新境外消费服务贸易发展。依托大数据、物联网、移动互联网、云计算等新技术，打造新型服务贸易促进和交易平台。大力发展"制造＋服务""文化＋旅游""中医药＋健康旅游"等，推动服务贸易新领域、新业态发展。抓住数字技术革命新机遇，大力发展数字内容服务、社交网站服务、搜索引擎服务等。顺应全球价值链分工新趋势，大力发展国际供应链管理服务，着力打造国际绿色供应链，提高供应链管理控制能力和业务发展水平，着力增强国际商务服务能力和全球商务运营能力。

完善服务贸易支撑体系。充分发挥省服务贸易发展领导小组作用，加强对服务贸易工作的组织指导协调督导，统筹服务业对内对外开放，促进产业政策、贸易政策、投资政策的良性互动，形成政策合力。充分发挥大连服务贸易创新发展试点带动作用，高标准办好中国国际数字和软件服务交易会等服务贸易展会平台，支持大连建设国际服务贸易合作园区，打造中日大连服务贸易合作典范。加快大连高新技术产业园区国家数字服务出口基地、辽宁中医药大学和大连神谷中医医院两个国家中医药服务出口基地建设。支持创建国家文化服务出口基地。

专栏6 　　　　　　　　"十四五"服务贸易重点项目及平台

序号	名称	主要内容
1	大连高新技术产业园区国家数字服务出口基地	重点发展智能科技、海洋科技、洁净能源、生命科学、数字文创五大产业。到2025年，基地高新技术企业达到1 000家以上
2	国家中医药服务出口基地	建设辽宁中医药大学、大连神谷中医医院国家中医药服务出口基地，发展以中医药为特色的医疗保健、教育培训、产学研、中医药文化传播和养生体验服务。到2025年，中医药服务出口成为服务贸易新的增长点
3	沈阳市沈河区国家文化出口基地	开展文化出口品牌塑造行动，深度挖掘盛京文化内涵，以文化旅游、文化演艺、文化创意、民族服饰、手工艺品为重点，着力培育文化服务出口增长点。到2025年，打造一批以"盛京文化"为内核的文化产品和服务，培育一批文化贸易重点企业，文化出口规模显著提高
4	服务贸易重要展会平台	举办中国国际数字和软件服务交易会，组织参加中国国际服务贸易交易会、中国国际进口博览会、中国国际技术进出口交易会、中国国际高新技术成果交易会等国家级展会

第八节　畅通对外开放国际通道

推进六大港口协同对外开发开放，建设东北海陆大通道，把中欧班列打造成为衔接日韩、欧洲的海铁联运双向大陆桥，以沈阳、大连机场为主体构建东北亚区域性国际航空枢纽，提高口岸通关与贸易便利化水平。

提升沿海港口对外开放水平。以大连国际枢纽海港为核心推进六大港口协同发展，促进航运、物流、贸易、金融融合发展，建设智慧、绿色、高效的国际性北方港口群。做好各港口的区域和功能分区，加快各港码头航道建设，提高综合通过能力，不断扩大港口集群优势。以辽宁港口整合为牵引，进一步完善辽宁港口规划建设，发挥港口企业主体作用，通过政府引导和市场调节等方式，鼓励各主要港口之间在集装箱码头运营、国际班轮航线开辟、物流平台建设等方面有序开展合作，并逐步扩展到资本运作、内陆无水港建设、信息服务等相关领域。

畅通海陆大通道。深度融入共建"一带一路"，提升"辽满欧""辽蒙欧""锡赤朝锦东北陆海新通道"等欧亚国际贸易物流大通道建设水平。加快沈阳港多式联运中心建设，构建陆港、空港、公铁海联运、商贸服务、生产服务等国际物流枢纽。提升莫斯科别雷拉斯特物流中心集散能力和物流服务水平，形成境内外功能匹配、协同高效的运营体系。推动辽宁中欧班列高质量发展，稳步提高辽宁中欧班列运能效能，逐步做到运输组织更加高效、运输通道更加多元、信息化智能化水平显著提升、投资贸易通道平台作用初步显现、服务支撑"一带一路"建设的功能和作用进一步强化，促进中欧班列与辽宁经济社会融合发展和全方位互联互通。推动中欧班列改革创新大力发展"班列＋"模式，推动中欧班列与自贸试验区、综保区、跨境电商综试区、经济开发区、境外合作区等功能区融合发展，在保税仓储、跨境电商、物流集散、国际中转、商品展示、金融服务、信用保险等方面扩大中欧班列增值服务。加大中欧班列相关联的产业招商力度，逐步形成优化资源配置和产业集聚发展的中欧班列新经济模式。充分发挥中欧班列优势持续推动"运贸一体化"发展，引导进出口货源稳步向中欧班列转移，提升中欧班列在进出口贸易中的份额，开展跨境电商和国际邮件业务运输，利用口岸节点及综合保税区布局优势，支持跨境货物加工与转口贸易发展。

建设东北亚区域性国际航空枢纽。以沈阳桃仙国际机场第二跑道建设和大连新机场建设为契机，打造以沈阳、大连机场为主体的东北亚区域性国际航空枢纽，构建紧密连接国内重点城市、辐射东北亚、联通欧美的辽宁国际航空港集群。大力拓展国际航线网络。研究推进与日韩俄等周边国家构建更高水平的航权开放模式，构建辐射东北亚、联通欧美和东南亚地区的对外开放重要通道。实现对俄罗斯远东、日韩主要市场的航空网络全覆盖，建设与日韩核心城市间的航空快线，实现对东南亚主要市场航班加密以及欧美地区通航点拓展。推动沈阳、大连开行固定国际航线货运包机，对标郑州、成都打造现代化临空经济示范区，培育中高端日用消费品相关产业，壮大现代国际航空物流产业，发展民用航空研发制造。以大连新机场为基地，构建全球飞行器维修、拆解及交易基地。

提高口岸开放与贸易便利化水平。持续推进口岸发展和开放，重点推进大连太平湾港区对外开放，长兴岛港扩大对外开放，在条件成熟情况下，推进7个原二类口岸转型升级工作。全面推进口岸通关体系建设，充分发挥口岸通关在推动贸易便利化、促进开放型经济发展、提高对外开放水平等方面的作用。全面打造智慧口岸，提升口岸信息化水平，按照国家标准版开发进度，加强国际贸易"单一窗口"建设和应用推广，逐步推动"单一窗口"功能由口岸通关向口岸物流、贸易服务等环节拓展，逐步覆盖国际贸易管理全链条。持续优化口岸营商环境，完善口岸收费公示制度，降低进出口环节合规成本，提升辽宁口岸跨境贸易便利化水平。

专栏7　　　　　　　"十四五"国际物流大通道主要项目

序号	名称	主要内容
1	国家中欧班列集结中心	依托中国外运东北有限公司，打造中欧班列（沈阳）数字化运行平台。建设中欧班列（沈阳）多式联运中心，联动鞍抚本辽阜铁等建设市域物流节点，构建"6（辽宁6港）+1（沈阳港）+N（东北亚主要城市物流节点）"发展格局，将沈阳打造成为中欧班列枢纽城市（中欧班列集结中心）
2	莫斯科别雷拉斯特物流中心	打造莫斯科别雷拉斯特物流中心成为中俄两国现代物流合作示范项目，具有国际影响力的欧亚贸易物流枢纽。完善别雷拉斯特物流中心网络建设，提升辽宁中欧班列在俄物流节点的联运、转运和集散能力

续表

序号	名称	主要内容
3	"辽满欧"通道	充分发挥辽宁港口优势，建设欧亚海铁联运物流通道，形成东北区域丝绸之路的起点和中心
4	"辽蒙欧"通道	充分发挥海铁联运的组合效率与综合优势，打通跨省、跨境铁路运输，缩短中蒙俄间的运输距离
5	东北陆海新通道	以锦州港为支点，建设联通锡林郭勒、赤峰、朝阳、锦州以及蒙古国、俄罗斯的陆海新通道
6	东北海陆大通道	发挥港口资源和腹地运输资源优势，以海铁联运为主要方式，以大连港为枢纽、营口港为骨干，以大连—沈阳—满洲里—欧洲、大连—沈阳—霍尔果斯—欧洲等为主轴，以长白通丹、锡赤朝锦等为支撑，联通蒙俄和欧洲铁路干线，实现基础设施"硬联通"。完善集疏运体系，优化运营组织，创新物流模式，加快建设中欧班列（沈阳）集结中心，提升通道整体运行效率，推进规则标准"软联通"

专栏8　　　　　　　　**"十四五"口岸开放建设项目**

序号	类别	2020年	2025年重点工作
1	陆路口岸	2个	启用新建鸭绿江公路大桥口岸，原友谊桥公路通行功能变更为双边性公路公务通道
2	海港口岸	9个	推进丹东港、葫芦岛港口岸扩大对外开放。推进大连太平湾港区对外开放，大连长兴岛港口岸扩大开放
3	空港口岸	2个	沈阳、大连机场通关环境建设工程。培育丹东机场航线，推进丹东机场对外开放
4	边境口岸	6个	推进丹东太平湾、长甸河口、哑巴沟等原二类口岸转型升级
5	涉外泊位启用	9个	推进大连港、丹东港、盘锦港等新建涉外码头的对外开放启用工作

第九节　构建高层次开放平台体系

对标海南、上海、深圳等自贸港（试验区）高标准建设中国（辽宁）自由贸易试验区，高水平建设沈抚改革创新示范区、大连太平湾合作创新区，推进跨境电商综试区建设和海关特殊监管区创新升级，发挥大连夏季达沃斯论坛、辽宁国际投资贸易洽谈会、大图们倡议平台等重要经贸交流平台的效应。

高标准建设中国（辽宁）自由贸易试验区。结合国家总体要求和辽宁实际，规划实施新一轮试点试验任务，制订中国（辽宁）自由贸易试验区进一步深化改革开放创新实施方案（2.0版），围绕"4+2+X"创新任务尽快形成一批高质量改革创新经验和实践案例，加强制度创新成果的系统集成和复制推广。对标海南自贸港、上海临港新片区打造高水平高标准自由贸易园区，在推动规则、管理、标准等制度型开放方面为全省乃至全国更高水平开放作出示范。推动自贸试验区产业高质量发展，大力开展招商引资，推进重点产业集聚。重点引进数字经济、人工智能和新兴服务业，为自贸试验区产业赋能。重点推动日、韩、俄等国家先进制造业、战略性新兴产业、现代服务业等产业在自贸试验区内集聚发展，加快培育发展大数据、云计算、工业互联网等新一代信息技术产业。大力发展生产性服务业，发挥自贸试验区在服务业领域先行先试的作用。深化金融领域开放创新，积极探索建立与自贸试验区相适应的本外币账户管理体系。鼓励自贸试验区内企业开展系统集成、设备租赁、维修再制造、检验检测、远程咨询等增值服务。推进建设专业技术研发、工业设计等集成创新载体及工程研究中心、科研实验室、企业技术中心等。积极争取国家赋予更大系统化集成化改革自主权，持续推进省级经济管理权限全部下放、全链条下放到自贸区。

高水平建设沈抚改革创新示范区。以高水平开放激发沈抚改革创新示范区创新活力，建成东北亚对外经济合作示范区，打造辽宁振兴发展新的增长极，形成对辽宁乃至东北强有力的辐射力和带动力。聚焦信息技术、数字经济、生命健康、人工智能、新（氢）能源等新兴产业和生产性服务业，着力推进和实施一批引领性、支撑性、带动性的重点项目和产业龙头，培育壮大重点产业集群。持续建设日本产业园，积极推进欧洲科技中小企业中心项目，谋划建设韩国产业园，规划新加坡产业园，支持建设东北亚跨境数字贸易总部基地。大力引进世界500强、行业龙头等企业，特别是重点面向东北亚国家推动一批先进制造业和现代服务业项目落地，积极发展面向东北亚的总部经济。

加快推进大连太平湾合作创新区建设。推进太平湾合作创新区建设。支持太平湾港区航道、码头等基础设施建设，积极协调交通运输部争取太平湾航道工程中央财政资金支持。推进太平湾合作创新区体制机制改革方案制订及各项规划编制，协调推动太平湾开发平台公司组建，打造融"港产城创"于一体的东北亚"新蛇口"。依托港口优势，突出滨海产业特色，实施多元化发展战略，坚持制造业与服务业双轮驱动、融合发展，逐步形成以先进制造业为支柱、生产服务业为支撑的产业体系。以科技创新为引领，着重发展先进制造业、新材料产业、高端汽车及新能源汽车产业、营养健康及生物医药产业等。积极培育航运贸易、航运物流、金融服务等生产性现代服务业发展。

专栏9　　　"十四五"重点示范区、国际合作产业园区

序号	园区名称	2020年	2025年
1	沈抚创新示范区	区域面积285平方千米，重点发展数字经济、信息技术、智能制造、生命健康、新材料和氢能、现代服务业等六大主导产业	到2025年，改革创新取得突破性进展，开放水平步入全省前列，技术创新体系基本建立，基本形成现代产业体系，初步具备对全省的引领示范作用
2	沈阳中德高端装备制造产业园	总面积约20平方千米，以宝马工厂为基础，重点发展汽车及零部件产业和先进机械装备制造产业	打造成为国际化、智能化、绿色化的高端装备制造业园区，力争到2025年，园区经济总量再翻一番，实现规模以上工业总产值1 600亿元，全口径税收200亿元，德国及欧盟企业达到园区内企业总量的50%以上，在创新驱动、绿色发展、人才培养、园区管理等方面达到国际一流水平

续表

序号	园区名称	2020年	2025年
3	沈阳万科中日产业园	总投资150亿元开发建设沈阳中日产业园，园区占地1 100亩，旨在以市场化运作模式，着力构建生产、生活、生态"三生融合"的新型国际产业社区	园区计划全周期招商引资实现50家日企（含中日合资）进驻，其中世界500强日企10家以上，聚焦健康医疗、节能环保与城市消费领域；产业部分运营稳定期年产值不低于80亿元，实现利税不低于6亿元；提供新增就业岗位2万人
4	沈阳中韩科技园	规划占地400亩，一期133亩土地已经摘牌，规划初步方案已经形成	力争到2025年，50 000平方米园区设施全部建成，入驻韩资企业不少于40家，其中高新技术企业不少于10家，并于园区内成立1家中韩合资的三级整形外科医院，初步实现中韩大健康类企业规模性集聚
5	中英（大连）先进制造产业示范园	规划占地14.5平方千米。《产业规划》、《总体规划》和《建设方案》通过了由国家发改委组织的专家评审。《建设方案》已由省政府正式报送国务院审批	到2025年，产业园综合经济实力和国际影响力有效彰显。预计实现进出口总额1亿美元，利用外资额度3 000万美元，规上企业落户10家，实现产值10亿元人民币，实现固定资产投入达20亿元人民币
6	大连新日本工业团地	规划面积约28平方千米。重点对日合作方向是高端装备制造业和新材料产业	发展新能源汽车整车及关键核心零部件、智能网联汽车产业、车用新型金属材料、高分子新材料产业。日本电产新工厂项目总投资10亿美元，占地10万平方米，设计年产360万台电动汽车马达，并建设1 000人规模的研发中心。预计到2025年，实现年产值80亿元

推动跨境电商综试区创新发展。加快推进沈阳、大连等5个跨境电商综试区建设。加强制度、管理和服务创新，加大政策支持力度，培育壮大跨境电商综试区经营主体，努力营造发展跨境电商产业链和生态

圈。沈阳跨境电商综试区利用跨境电商进出口商品集散地的中心区位优势，发挥陆港、空港和营口港作用，深耕日韩市场。大连跨境电商综试区以港口海运、软件服务外包为重点，突出培育跨境电商保税进口、海运直购等特色业态，深耕日韩市场。抚顺、营口、盘锦等跨境电商综试区围绕本地产业特色，充分发挥区位特点，促进外贸转型升级，打造专业化、特色鲜明的跨境电商发展创新模式。扩大跨境电商综试区范围，力争实现全省沿海城市全覆盖。

专栏10　　　"十四五"跨境电子商务重点项目和预期指标

序号	重点项目	2020年	2025年
1	跨境电商进出口额	20亿元	力争达到100亿元
2	跨境电商综试区	5个	力争达到8个，实现沿海城市全覆盖
3	跨境电商产业集群	1个	力争达到10个
4	跨境电商产业园区	5个	力争达到20个
5	跨境电商人才培训基地	2个	跨境电商人才培育体系逐步健全，全省跨境电商人才培训基地达到10个

推动园区高质量发展。逐步推进各级各类园区产业升级、体制机制创新、科技创新、协同发展。大力发展先进制造业、生产性服务业和科技服务业，推进传统产业数字化发展，推动园区产业升级。聚焦经济主责主业，建立健全与国际先进水平接轨的园区运营管理体制，渐进推行"管委会＋公司"等市场化体制改革。引导辽宁省级以上园区与沿海发达省（市）园区及省内各园区间的交流合作，学习借鉴发展规划、运行管理、招商引资、人力资源等经验，有序承接产业转移。研究制定促进国际合作园区、示范区等发展的政策措施，加大招商引资力度，探索市场化开发模式，建立跨国联合开发、引入战略投资者等多元开发机制，培育若干个综合性国际合作园区和一批专业性国际合作园区。支持符合条件的市新设省级经济开发区，到2025年末，全省省级以上经济

开发区数量力争达到120家。加大自贸试验区改革试点经验在各类园区的复制推广力度。

专栏11　　"十四五"省级以上经济开发区主要预期指标

序号	科目	2020年	2025年
1	国家级经济开发区数量（家）	9	12
2	省级经济开发区数量（家）	81	107
3	地区生产总值（亿元）	7 500	10 275
4	公共财政预算收入（亿元）	850	1 370
5	固定资产投资（亿元）	2 799	4 500
6	实际利用外资（亿美元）	15.3	30
7	进出口总额（亿元）	3 902	6 280
8	高新技术企业数（家）	2 038	3 000
9	高新技术企业产值（亿元）	4 525	9 000
10	单位土地地区生产总值（亿元/平方千米）	1.2	1.6

推进海关特殊监管区域创新升级。充分发挥综合保税区等海关特殊监管区域的辐射带动作用，有效利用保税物流中心、进口保税仓、出口监管仓等保税监管场所的辅助功能，全方位、多层次促进辽宁开放型经济发展。利用辽宁口岸及区位优势，加快制度创新、完善政策功能、释放政策红利。推进大连大窑湾综合保税区和大连湾里综合保税区顺利验收运营，推动大连保税区整合优化为大连空港综合保税区，支持现有综合保税区多元化发展，打造加工制造中心、研发设计中心、物流分拨中心、检测维修和销售服务中心，高质量发展保税加工贸易，培育发展转口贸易，探索发展保税维修、研发设计、融资租赁等新兴业态，着力把辽宁综合保税区等海关特殊监管区域及保税监管场所打造成对外开放的新高地、高质量发展的新引擎。

专栏12　　　"十四五"海关特殊监管区域（场所）建设

序号	名称	2020年	2025年	重点建设项目
1	综合保税区	5个	7个	推动大连保税区整合优化为大连空港综合保税区，支持丹东边境地区申请设立综合保税区，支持盘锦申请设立综合保税区。综合保税区主要开展加工制造、研发设计、物流分拨、检测维修、销售服务等核心业务，开展保税维修、租赁贸易和跨境电商等新业态模式。重点发展高端服务业项目、飞机检测维修项目以及沈阳综合保税物流产业园项目、英特尔半导体保税加工项目、毅都冷链物流项目
2	保税物流中心	4个	6个	抚顺保税物流中心、鞍山保税物流中心
3	进口保税仓库	66个	动态平衡	
4	出口监管仓库	11个	动态平衡	

第十节　服务构建新发展格局

深度参与服务构建以国内大循环为主体、国内国际双循环相互促进的新发展格局，在推动内需和外需、进口和出口、引进外资和对外投资协调发展、积极参与多双边经贸合作中推进辽宁更高水平对外开放。

大力推动内外贸一体化。积极贯彻落实国家有关部署，推动内外贸制度体系的对接、制度体系和市场的对接、国内和国际市场的对接。完善内外贸一体化的调控体系，参与推动内外贸法律法规、监管、经营资质、质量标准、检验检疫、认证认可方面衔接，使内外贸两个市场接轨、畅通。对标发达省份打造消费品"同线同标同质"公共服务平台，推动辽宁食品生产企业上线国家认监委"同线同标同质"公共信息服务平台，并逐步推动从食品生产拓展到一般消费和工业品领域。要确保内外销产品"同线同标同质",以改善供给,满足消费升级需要。

强化贸易投资联动发展。准确把握和利用 RCEP 和中欧投资协定,推动更多辽宁企业充分利用原产地规则、关税减免、贸易便利化和服务开放等重要开放政策,推动贸易投资融合发展。加强双向投资相互促进,以双向投资带动对外贸易发展。立足国内大市场优势,主动参与全球产业链调整和重塑,推动省内具有比较优势的产业链龙头企业、核心企业稳在当地,把产业链企业、研发中心、关键零部件、生产环节等留在省内。支持有实力的企业走出去,引导合理有序对外投资将国内产业链向外延伸,以我为主进行国内外资源整合,提升在国际产业链中的影响力和掌控力。

畅通国内国际双循环通道。推动国内外流通的融合,搭建平台、拓展渠道、支持适销对路的出口产品开拓全球市场。鼓励出口企业与国内大型商贸流通企业对接,多渠道搭建内销平台,降低出口产品内销成本,稳住外贸主体。支持辽宁企业优化境内外商贸流通节点布局,提升交通运输物流仓储现代化水平,应用电子商务、跨境电商、数字贸易等新业态新模式参与构建高效通畅的国际化物流网络。支持内贸企业提升国际化经营水平,充分发挥大连国家进口贸易促进创新示范区建设的引领作用,优化进口商品供给,引入国际知名品牌连锁店、国际大牌直营店,打造沈阳、大连国际消费中心城市。

积极参与多双边经贸合作。加大 RCEP、中欧投资协定的宣介、推广、培训力度,帮助省内有关部门、企业了解和把握协议内容,特别在原产地规则、关税减免、贸易便利化和服务业开放等方面,提升自贸协定综合利用率,更好地惠及我省企业。通过实施好自贸协定,巩固辽宁与相关国家地区利益纽带,提升多双边经贸关系水平。组织有关专家开展深入研究解读相关规则,帮助省内各市、各相关部门和企业更好地运用。紧跟中日韩自贸区谈判步伐,及时跟进中英、中以、中国海合会、CPTPP 等自贸谈判进展,开展相关工作,推动辽宁更高水平对外开放。

第十一节 对接国家重大区域战略

主动对接长江经济带发展、长三角一体化发展、粤港澳大湾区建设、京津冀协同发展等国家战略，重点借助对口合作机制，参与国家重大区域和东北区域内的产业分工协作，承接符合辽宁产业发展方向的产业转移和创新要素辐射，推动共同发展。

深化南北交流合作。依托辽宁与江苏、大连与上海对口合作机制，主动对接长三角地区、粤港澳大湾区，持续打造辽宁-长三角、辽宁-珠三角招商引资促进周，定向招商长三角、粤港澳大湾区的国内外知名跨国公司、行业领军企业，推动重大项目和配套企业来辽投资。支持省内园区探索整体委托沿海发达地区管理，推动跨区域要素共享、产业互动、协同发展。借助广交会、进博会等经贸展洽平台，共同帮助企业开拓国际国内市场。充分发挥我国港澳对外经贸联系广泛的作用，探索与港澳企业合作开展绿地投资、实施跨国兼并收购和共建产业园区、境外经贸合作区，共同开拓国际市场。支持辽宁企业借助港澳在财务、设计、法律、咨询、人才等方面国际化专业服务优势，扩展和优化国际服务网络。

加强京津冀辽合作。依托沈阳和北京对口合作机制，持续打造辽宁-京津冀招商引资促进周。积极承接北京非首都功能疏解和京津冀协同发展的产业外溢，通过强化市场对接，实现资源共享、产业共进、合作共赢。重点对接科技含量高、产业关联紧密、带动能力强的优势产业和核心技术。与京津高等院校、科研机构加强科技研发合作，开展学术交流。借鉴中关村模式，建立"1+4"科技创新政策体系，促进科技成果转化，推动知名创业平台落户辽宁。借助京沈高铁开通带来的人流、物流、资金流和信息流的快速流动，推动两地中高端人才交流互动、产业融合、服务提升。

构建东北区域合作发展新格局。提升沈阳、大连服务功能，面向东北腹地提升城市能级和核心竞争力，引领东北区域一体化发展。围绕国际经济、金融、贸易、航运和科技创新建设，着力提升综合经济实力、金融资源配置功能、贸易枢纽功能、航运高端服务功能和科技创新策源能力，形成有影响力的辽宁服务、辽宁制造、辽宁购物"三大品牌"，为东北区域高质量发展和参与国际竞争提供服务。发挥三省一区比较优势，强化分工合作、错位发展，提升区域发展整体水平和效率。加强区域合作联动，加强东北区域中心城市和次区域中心城市间的合作联动，建立城市间重大事项重大项目共商共建机制，推动跨地域跨行业商品市场互联互通、资源共享，统筹规划商品流通基础设施布局，推动内外贸融合发展，畅通东北区域市场网络。探索共建境内外合作园区等合作模式，共同拓展发展空间。

第十二节　优化对外开放营商环境

坚持把优化营商环境作为推动对外开放的战略问题，着力打造办事方便、法治良好、成本竞争力强、生态宜居的营商环境，为境内外各类市场主体营造稳定、公平、透明、可预期的发展生态。

建设高效透明的政务环境。加快转变政府职能，全面落实《外商投资准入特别管理措施（负面清单）》和《自由贸易试验区外商投资准入特别管理措施（负面清单）》。持续推进政务服务标准化、智能化，实现"一网通办"，大力推进"数字政府"建设，加强数据共享。强化政务服务制度建设，全面实行否定备案、容缺办理、告知承诺等制度。提升窗口服务质量，全面施行好差评制度。推进政务服务"综合窗口"改革，科学设置"单一部门""重点领域""无差别"等3种模式"综合窗口"。

建设对外开放法治环境。制定与市场主体生产经营活动密切相关的地方性法规、规章时，要充分听取不同类型市场主体的意见；制定政府及部门权力清单并向社会公布，在国家法律法规框架下设定审批、证明、收费、摊派等事项；严格执行行政执法公示、执法全过程记录、重大执法决定法制审核制度等。逐步建立和完善以市场主体和社会公众满意度为导向的法治化营商环境评价体系，发挥第三方评价对优化营商环境的引领和督促作用，用法治为企业发展保驾护航，为各类市场主体投资兴业营造稳定、公平、公正、平等、可预期的法治环境。

优化市场竞争环境。深化"放管服"改革，进一步精简市场准入行政审批事项，不得额外对民营企业设置准入条件，全面排查、系统清理各类显性和隐性壁垒。进一步规范失信联合惩戒对象纳入标准和程序，建立完善信用修复机制和异议制度，规范信用核查和联合惩戒。深入推进部门联合"双随机、一公开"监管，推行信用监管和"互联网+监管"改革。强化公平竞争审查制度刚性约束，坚持存量清理和增量审查并重，持续清理和废除妨碍统一市场和公平竞争的各种规定和做法，加快清理与企业性质挂钩的行业准入、资质标准、产业补贴等规定和做法。严格审查新出台的政策措施，建立规范流程，引入第三方开展评估审查。建立面向各类市场主体的有违公平竞争问题的投诉举报和处理回应机制，并及时向社会公布处理情况。破除招投标隐性壁垒，对具备相应资质条件的企业，不得设置与业务能力无关的企业规模门槛和明显超过招标项目要求的业绩门槛等。

完善公平贸易环境。不断完善我省国际贸易摩擦应诉工作措施，建立商务部、国家商协会、省级商务主管部门、涉案企业"四体联动"工作机制，突出重点、分类应对国际贸易摩擦。重点引导和支持辽宁重点出口产品且出口额相对较大的涉案企业积极应对国际贸易摩擦，切实维护我省企业的正当权益。加强国际贸易摩擦法律服务工作力度，进一步完善辽宁省国际贸易摩擦应对律师库，为出口企业开展国际贸易摩擦咨询服务，提升企业应对国际贸易摩擦综合能力。建立完善国际贸易摩擦预警体系，继续推进国际贸易摩擦预警联系点工作，并将有条件的预警联系点升级为工作站，不断增强公共服务能力。完善国际商事纠纷解决机制，支持大连市积极打造服务东北亚的国际仲裁中心。

打造创新包容的开放生态环境。推动在全省树立大抓对外开放的浓厚氛围，涵养开放的能力素质，认真查找解决扩大对外开放的重点难点痛点堵点，用市场化思维去谋划开放，以人的开放推动产业开放、带动全省开放。要坚持绿水青山就是金山银山的理念，充分发挥辽宁地区冰雪、森林、滨海等生态资源优势和开放包容的人文环境优势，营造好宜居宜业的生产生活环境和鼓励创新创业的氛围，吸引各类企业、人才在辽宁地区投资创业。要对各类新技术、新业态、新模式秉持开放包容心态，鼓励创新、宽容失败，敢为人先、大胆探索，支持经济新动能发展壮大，培育辽宁新的经济增长点。

第五章　保障措施

第一节　强化对外开放组织领导

充分认识我省对外开放工作的重要性和紧迫性，将对外开放工作摆在牵动辽宁全局发展的战略高度，在全省上下形成以大开放促进全面振兴全方位振兴的良好氛围。

健全组织领导机制。全面加强党对对外开放工作的领导，增强"四个意识"、坚定"四个自信"、做到"两个维护"，把思想和行动统一到以习近平同志为核心的党中央对对外开放形势的判断和确定的工作方针上来，以实际行动维护党中央权威，确保政令畅通、令行禁止。持续坚持开放工作高位推动，实行"一把手"负责制，管好开放大事、议论开放大事，发挥好把方向、管大局、保落实作用。充分发挥省对外开放工作领导小组及办公室的顶层设计、统筹协调、督导推进作用，省（中）直各有关部门密切配合，各市、县（市、区）建立相应工作机制，形成强有力开放领导体系。做实省市开放办的工作机构，明确职能、配强人员，更好地发挥统筹协调作用。

强化协作联动机制。进一步树牢开放工作全省"一盘棋"思想，强化部门配合、上下联动，形成工作合力。负责开放工作的职能部门重点研究本行业本领域对外开放工作的突破点、着力点，研究制定工作专案和配套政策，发挥好政策引导、产业规划布局和服务协调保障支持作用，推动落实一批本行业本系统对全局有重大促进作用的项目。负责开放工作的服务保障部门重点在转变职能、主动服务上下功夫，为扩大开放提供全方位保障。各地区要落实属地责任，聚焦本地实际，研究制订具体方案，主动对接、积极跟进、细化落实，用实招、抓实效。

构建工作激励机制。树立以办成事论英雄，以解决问题论能力，以高质量发展项目和高水平制度创新成果论业绩的鲜明导向，让政治强、敢担当、作风实的干部挑重担，建立并落实容错纠错机制，旗帜鲜明支持干事者、褒奖担当者、保护改革者，持续坚持在对外开放重要部门和重点开发园区优先配备综合素质好、开放意识强、熟悉经济工作的优秀干部。鼓励各地区结合实际创新制定招商引资奖励办法等对外开放政策，提高奖励标准、扩大激励对象、创新奖励方式、完善奖励机制。省对外开放工作领导小组将逐步建立全省对外开放工作考核评价体系，强化对各部门、各级政府的开放工作考核，定期通报开放工作领域的先进单位和个人。

第二节　强化对外开放要素保障

持续完善开放支持政策，用足用活现有的国家及我省开放支持政策，大胆试验新的开放促进政策，拓宽对外开放渠道，统筹处理好扩大开放与确保安全的关系，提升对外开放要素保障水平。

加强财税政策支持。统筹使用中央外经贸发展专项资金和省全面对外开放资金，重点支持招商引资项目、外贸进出口、服务贸易、外经贸企业"走出去"。加大税费优惠政策宣传和辅导，积极落实"最多跑一次"清单，精简办税事项，优化办税流程，提升办税效率，积极推行网上办税。开展税收服务"一带一路"专题宣传与辅导，为纳税人提供贴近实际需求的常态化税收服务，帮助企业用好用足国际税收政策，享受政策红利，落实税收协定待遇，消除或避免双重征税，正确履行境外涉税义务，规避和消除境外经营活动潜在涉税风险。

加强金融服务支撑。加大金融政策宣传力度，引导市场主体灵活地用好用足政策，使金融资源更多地流向优质企业。鼓励金融机构在风险可控的前提下延伸金融服务链条，拓展金融服务深度，创新金融产品，精准服务市场需求。不断提升跨境人民币服务影响力，落实"本币优先"理念，通过人民币"资本项下输出、贸易项下回流"等方式，带动辽宁商品和服务"走出去"。深入推进贸易外汇收支便利化试点，密切跟踪试点政策执行情况，按照"少而精、分步走、逐步推广"的工作思路，稳步推进试点工作，惠及更多银行和企业。进一步提升跨境投融资便利化水平，积极推进贸易便利化试点政策在辽宁实施，进一步推广资本项目收入支付便利化、外债便利化相关改革政策。探索开展金融支持辽宁深度融入共建"一带一路"效果评估，督促金融机构持续改进完善相关工作。密切关注跨境资金流动、汇率、贸易摩擦等形势变化，在"宏观审慎+微观监管"两位一体监管框架下，强化跨部门监管配合与协作，加强事中事后监管，守住风险底线，支持跨境贸易投资业务健康发展。积极争取国家开发银行、中国进出口银行、亚洲基础设施投资银行等政策性资金。整合各类金融资源，研究推广"政府+银行+保险"三方合作模式，破解新兴产业融资难"瓶颈"，发挥好中国信保"防风险、促融资、拓市场"政策性职能，支持扩大出口规模，支持服务贸易和外贸新业态发展，支持对外投资和对外工程承包。

拓宽对外交流渠道。根据辽宁对外经贸友好合作需求，统筹谋划我省高层代表团针对重点地区、重点国别、重点对象的交流。有针对性邀请外国代表团访问我省。积极拓展与辽宁经济社会发展互补性强的外国地方政府友好合作关系，构建"友好省州（城市）+友好交流关系省州（城市）"的对外关系网络，拓展我省对外交流合作渠道。在东北亚、东南亚、欧洲等境外重点区域（国家）设立驻境外商务代表处，充分发挥代表处"桥梁、窗口、协调、辐射、服务"作用，建立与驻在国（地区）政府经贸主管部门、商协会、华侨华人商会、行业组织和企业等经济组织和机构的良好关系，拓展经贸渠道，促进双边经贸关系健康发展。强化辽宁投资环境和发展环境的对外宣传推介，广泛利用各类媒体和对外交流合作平台，注重辽宁国际形象的整体宣传，提高辽宁对外知名度，增强国际社会对我省发展前景的认可。

实施开放人才政策。统筹政府、科研院所、高等院校、企业等领域人才资源，加大人才引进和培养力度，推动有利于人才培养、引进和发展的政策和制度创新。围绕重点领域创新发展需求，培养和引进国际化人才，推进中德人才培养培训基地建设。以重大科技专项、重点学科领军人才为主要目标，大力引进海外高层次人才，聘请重点学科专业领域的高水平外籍专家和学者。充分利用对接国家重要区域发展战略的契机，有计划选派省直有关部门和市、县（市、区）中青年干部到沿海发达省（市）对口部门和开放型园区挂职学习，提升辽宁各级干部队伍驾驭高水平开放的专业思维、专业素养、专业方法。

第三节　强化规划推进实施

要创新和完善规划实施机制，充分发挥本规划对全省对外开放工作的导向作用，实化细化配套政策措施，建立健全协同推进机制，强化监督考评，确保规划目标和任务如期完成。

加强规划分类推进。省对外开放工作领导小组结合国家及全省经济形势，研究全省对外开放经济发展战略、制定重大开放方针政策，提高对重大开放问题的科学决策、科学管理水平。负责发改、教育、科技、工信、财政、交通、农业、商务、文化、旅游、卫健、外事、市场监管、金融、营商、海关、口岸、税务、宣传等工作的职能部门，承担全省对外开放规划的具体落实、政策制定、组织协调等工作，建立和完善统分结合、责任明确的工作机制。

抓好规划落实工作。全省各地区各部门按照本规划确定的总体目标和重点任务，研究制定本地区、本领域对外开放的具体政策措施、重大项目安排、重要工作机制，加强部门之间与省市之间的横向和纵向协作。省对外开放工作领导小组办公室要加强对本规划实施落实的组织、协调和督导，适时组织开展规划实施情况监测和评估工作。本规划执行期间，如外部环境出现重大变化，在深入调研基础上，依照相关程序，适当调整本规划的预期目标。

强化规划跟踪评估。建立规划实施多阶段评估机制，组织开展规划实施年度分析、中期评估和总结评估，鼓励引入第三方机构开展规划评估工作。鼓励将规划实施情况作为政务信息公开的重要内容，及时公布规划实施进展情况，自觉接受人大、审计监督和社会监督。加强对外开放规划的宣传，描绘好全省对外开放的既有生动场景及未来美好蓝图，营造以开放促改革、促发展、促创新的良好社会氛围，使实施规划成为全社会的行动自觉。

资料来源：辽宁省人民政府办公厅．辽宁省人民政府办公厅关于印发辽宁省"十四五"对外开放规划的通知（辽政办发〔2022〕18号）〔EB/OL〕．〔2022-01-26〕．http：//www. ln. gov. cn/zwgkx/zfwj/szfbgtwj/zfwj2011_153687/202202/t20220211_4502959.html.

关键词索引